ROMEON
VERLAG

... mit 15 Soldat!

1. Auflage, erschienen 10-2023

Umschlaggestaltung: ROMEON Verlag
Text: Aldo Blindenhöfer
Layout: ROMEON Verlag

www.romeon-verlag.de

Bibliografische Information der Deutschen Nationalbibliothek:
Die Deutsche Nationalbibliothek verzeichnet diese Publikation in der Deutschen Nationalbibliografie; detaillierte bibliografische Daten sind im Internet über *https://dnb.dnb.de* abrufbar.

Aldo Blindenhöfer

... mit 15 Soldat!

In den vergangenen 81 Jahren hat sich die Welt verändert.
Die Menschen aber auch.

Aldo Blindenhöfer, im Mai 2011

Für meine Enkelkinder Ella Danae und Hadrian Joel

Inhalt

Vorwort

Heute starte ich den Versuch, die wichtigsten Ereignisse meines Lebens zu Papier zu bringen. Es kann nur ein ganz geringer Teil meines Lebens sein. Nach immerhin 81 Jahren Lebenszeit fällt mir dieser Versuch nicht ganz leicht.

Heute haben wir den 14.05.2011, vier Tage nach meinem 81. Geburtstag.

Es war ein schöner Geburtstag, weil - wie in jedem Jahr - meine Kinder, Freunde und Nachbarn und meine beiden Enkelkinder Ella Danae und ihr Bruder Hadrian Joel bei mir waren.

Ich freue mich schon immer vorher auf die beiden. Sie erfreuen meine Frau und mich mit ihrer Zuneigung, ihrer Herzlichkeit und Fröhlichkeit und besonders mit ihrem musikalischen Können und Vortragen von Gedichten. Sie sind für Gundi und für mich eine Bereicherung unseres Lebens. Sie sind das Heute und die Zukunft. Ich hoffe, dass ihre Intelligenz und ihr Fleiß sowie ein Quäntchen Glück sie zu erfolgreichen Mitgliedern unserer Gesellschaft machen. Möge ihnen ein großer Teil meiner Lebenserfahrungen er- spart bleiben. Leider kann man sich seinen Lebenslauf nicht aus- suchen. Wollen und Können sind die Voraussetzungen für den Erfolg und für das Lösen von Problemen.

„Es gibt keine verzweifelten Lagen,
es gibt nur verzweifelte Menschen“
General Guderian im Zweiten Weltkrieg

Ich kann mich seiner Auffassung nur anschließen.

Anlässlich meines 80. Geburtstages schenkten mir unsere Enkel Ella Danae und Hadrian Joel das Buch „Opa erzähl 'mal".

Dieses Buch hat mich dazu animiert, mich mit meinem Lebensweg, mit meiner Vergangenheit, den Erlebnissen, Höhen und Tiefen und vielem mehr eingehend zu beschäftigen.

Ich danke meinen Enkelkindern ganz herzlich dafür, dass sie mich mit dem Geschenk zur Auseinandersetzung und zur schriftlichen, öffentlichen Offenbarung meines oft abenteuerlichen und zeitweise nicht ungefährlichen Lebens gebracht haben.

Zeitabschnitte meines Lebens

1. Geburt 10.05.1930, Kindheit bis 1939
2. Kriegsanfang 1939, Kriegsende 1945 Russische Kriegsgefangenschaft
3. Kriegsende 8. Mai 1945
4. Entlassung aus der Kriegsgefangenschaft Flucht von Petershagen nach Hamburg Nachkriegszeit bis 1952
5. 1952 Heirat 1. Ehefrau Hildegund
6. 1949 Nachts auf den Straßen
7. 19.04.1953 Geburt meiner Tochter Cornelia
8. 05.07.1956 Eintritt in die Bundeswehr in Sonthofen/Allgäu 5 Jahre und 10 Monate Verpflichtungszeit als Zeitsoldat Ausgeschieden im Mai 1962
9. 1962 Zivilfahrlehrer aller Klassen in Hamburg
10. Wiedereintritt 1964 in die Bundeswehr
11. Januar 1981 Tod der 1. Ehefrau Hildegund
12. 22.02.1982 Hochzeit der 2. Ehefrau Margund in Celle mit Sohn Thomas
13. 1983 Entlassung aus der Bundeswehr als Berufssoldat (Hauptmann)
14. 1984 Amtlich anerkannter Prüfer für das Kfz-Wesen TÜV Hannover
15. Politisches Engagement in Stolberg und Celle
16. Ehrenämter

Ehrenämter

1. Ratsherr der SPD
2. Ausschussmitgliedschaften: Schulausschuss, Verkehrsausschuss, Umweltausschuss und Stadtentwicklung
3. Mitgründer der 1. SPD Arbeitsgemeinschaft von Soldaten der Bundeswehr im Bezirk Mittelrhein in Köln
4. Schöffe am Landgericht Aachen
5. USA - Washington DC, Gewählter Vertreter in die Personalvertretung und stellvertretender Vorsitzender
6. Personalvertretung beim Deutschen Militärischen Bevollmächtigten der USA/CA (General Link)
7. Gründungsmitglied, Vertreter der Bundesrepublik Deutschland in der International Association of Junior Officers, Washington DC
8. Celle
9. Ratsmitglied in den Ausschüssen für Verkehr, Bau und Verwaltung
10. Kreistagsabgeordneter und 2. Bürgermeister der Stadt Celle Schöffe am Amtsgericht Celle
11. Städtische Baugenossenschaft Stromversorgung Osthannover (SVO) Schützengesellschaft
12. Gesellschaft für Sicherheitspolitik
13. TÜV Hannover als Einzelkämpfer
14. Betriebsrat und Mitglied im Wirtschaftsausschuss des TÜV Hannover

Meine glückliche Kindheit von 1930 bis 1939

Am 10. Mai 1930 bin ich in Petershagen bei Berlin geboren.

Meine Mutter Marta, geb. Ramin, wurde 1909 in Olehowo (Polen) geboren. Sie war Hausfrau. Mein Vater Paul Blindenhöfer, geboren 1906 in Fürth/Bayern (Franken), arbeitete als kaufmännischer Angestellter. Meine Eltern wohnten kurzzeitig in Berlin-Mahlsdorf. Von dort zogen wir nach Herzfelde (Kreis Niederbarnim) nahe Berlin. Hier wohnte zu der Zeit die gesamte Großfamilie meiner Mutter, die Familie Ramin. Die Oma hatte 11 Kinder geboren, 7 Mädchen und 4 Jungen. Überlebt davon hatten 8 Kinder. Sie haben in Herzfelde und Umgebung wiederum 8 Familien im Laufe der Jahre gegründet. Opa und Oma lebten und arbeiteten auf einer großen Ziegelei. Besitzer war die Familie Mann. Diese Familie besaß nicht nur Ziegeleien, ihnen gehörten auch das große Gut Herzfelde und mehrere Rittergüter um Herzfelde herum.

Es arbeiteten zur damaligen Zeit nicht nur die Eltern auf dem Gut oder den Ziegeleien, ihre Kinder wurden auch als Hilfskräfte in sehr jungen Jahren in den Ziegeleien und Gütern eingesetzt. Die Großeltern von mir bewohnten mit ihrer Großfamilie eine Betriebswohnung auf der Ziegelei „Neu Berlin". Diese große Wohnanlage hatte die Firma Gebrüder Mann für ihre ehemaligen

„Fremdarbeiter", den Saisonkräften aus Polen, gebaut. Es waren, wie mein Opa, fremde, nicht ortsansässige Arbeiter, die damals zu bestimmten Zeiten schon vor dem Ersten Weltkrieg in Polen für die Arbeiten in Deutschland angeworben wurden. Sie kamen, so auch mein Opa, jeden Sommer nach Herzfelde bei Berlin, um hier als sogenannte „Schnitter" bei der Getreideernte zu helfen oder auch als Ziegeleiarbeiter.

Oma und Opa waren ehemalige Aussiedler aus Vorpommern, also „deutschstämmig“. Die Familien lebten aber schon in der 3. Generation in Polen. Zu Beginn des Ersten Weltkrieges zog die ganze Familie von Polen nach Herzfelde ins damalige Deutsche Reich.

Opa: Friedrich Ramin starb am 28. Dez. 1968 in Herzfelde. Oma Marta Ramin, geb. Schulz, starb am 2. April 1972.

Meine Mutter, meine Oma und mein Vater, der Kleine im Marineanzug bin ich.

Mein Vater Paul Blindenhöfer war bis 1939 im Transportwesen, zuerst als Kraftfahrer, später als selbständiger Unternehmer im Güterfernverkehr tätig. Er war somit sehr oft nicht zu Hause. Meine Mutter begleitete ihn aber oft während dieser Zeit. In der Abwesenheit meiner Eltern lebte ich bei Oma, Opa und der Großfamilie auf der Ziegelei.

Ich habe als Kind miterlebt, unter welch schweren Bedingungen Arbeiterfamilien damals lebten. Trotz des sehr einfachen Lebens und der schweren Arbeit jedes einzelnen Familienmitgliedes hatte ich als Kind niemals das Gefühl, dass diese Menschen unglücklich waren. Die Familienmitglieder vertraten wohl unterschiedliche Meinungen, wenn es aber um Hilfe untereinander ging, waren sie füreinander da.

Die Familie feierte gern und oft zusammen. Anlässe, wie Geburten, Hochzeiten oder Geburtstage wurden ausgiebig genossen. Ich war in bevorzugter Position meinen vielen Cousins und Cousinen gegenüber. Sie wurden nicht so oft von Oma und Opa verwöhnt. Ich bin meinen Großeltern noch heute für die schönen und glücklichen Jahre vor dem Schulanfang 1936 dankbar.

Ich hatte ein freies Leben, in freier Natur. Wald, Wiesen und Felder waren mein Spielraum. Abraumhalden, Tiefe und große Tonbrüche mit vielen Tümpeln luden zum Baden und zum Angeln ein. Opa sorgte dafür, dass das Angelzeug immer verfügbar war.

Im Winter hatten wir durch die Halden und Tonbrüche tolle Abfahrten für unsere Schlitten. Ich meine, die Winter zu der Zeit waren härter als zur heutigen Zeit. Es ist nur eine gefühlte Beurteilung!

Die Herrschaft Familie Mann führte und sorgte für ihre Arbeiter und deren Familien nach dem patriarchalischen Prinzip. Die Familienmitglieder bekamen außer ihrem verdienten Lohn Deputat. Naturalien wie z.B. Getreide, Kartoffeln etc. Für die Tierhaltung ihrer Arbeiter stellten die „Manns“ kostenlos Schuppen sowie

Schweineställe zur Verfügung. Auch für den Eigenanbau von Obst und Gemüse wurden den Familien Flächen kostenlos zur Verfügung gestellt.

Mehrere Schwestern meiner Mutter waren in „Stellung“ auf dem Schloss. In „Stellung“, bei der Herrschaft beschäftigt zu werden, war eine besondere Ehre und Anerkennung für die ganze Familie Ramin. Eine meiner Tanten war die sogenannte „Stütze“ im Schloss. Die Schwiegersöhne der Ramins kamen fast alle aus bekannten Nachbarfamilien. Wie z.B. der Mann meiner Tante Elli. Er war der Sohn des Schmiedemeisters Smolinski und ebenfalls aus- gebildeter Schmied der Firma.

Neben seiner Tätigkeit war er der Herrschaftschauffeur. Die Herrschaft hatte viele Gäste, wie z.B. den Boxer Max Schmeling, der jährlich zur Jagd eingeladen wurde. Nach dem Tod seines Vaters übernahm der Onkel Erich als Schmiedemeister die Leitung der technischen Einrichtungen von Gut und Ziegeleien.

Onkel Erich hatte am Ende des Zweiten Weltkrieges als Zivilist den Einmarsch der Russen in Herzfelde miterlebt. Die Russen bauten die wichtigsten technischen Einrichtungen der Ziegelei ab und schickten die Maschinen nach Russland.

Damit fielen die Ziegeleien als Arbeitsbeschaffer aus.

Dem Onkel Erich und seinem Können als Techniker war es zu verdanken, dass in relativ kurzer Zeit zumindest ein kleiner Teil der Ziegeleien wieder funktionsfähig war.

„Herzfelde gestern und heute“. Wir stehen noch heute in Kontakt. Vielen Dank! Ihrem Sohn hatte sie meinen Vornamen gegeben. Aldo II. lebt heute noch in Herzfelde.

Die Familie Ramin ist nach 1945 auseinandergefallen. Verschwunden ist damit auch der Zusammenhalt dieser Großfamilie.

Ich bin kein Prophet, aber was nach dem Ende des Zweiten Weltkrieges 1945 passiert war, kann in Zukunft vielen Familien passieren.

Werksiedlung Neu-Berlin im März 1998

Wasserpumpe nicht mehr vorhanden

Die Globalisierung ist der Feind der Familie alten Stils.

Wurden in der Vergangenheit nur Technik, Maschinen, Elektronik etc. in der Welt hin und her bewegt, von einem Land in das andere, so ziehen heute Menschen in großer Zahl von einem Kontinent zum anderen. Wegen Wirtschaftsentwicklungen, Naturereignissen, Katastrophen technischer Art sowie Kriegshandlungen, wie zum Beispiel den Bürgerkriegen gegenwärtig in Nordafrika.

Mit Internet kommt die Welt zu uns ins Haus. Internet schaut aber auch in unsere Fenster. Wenn ich im Fernsehen die Berichte über fremde Länder verfolge und die oft schrecklichen Lebensbedingungen sehe, dann kann ich diese Menschen verstehen, dass sie versuchen, sich durch Flucht in ein anderes Land zu retten.

Es erinnerte mich aber auch daran, dass die Zeit und die Lebensverhältnisse vor 100 Jahren für einen großen Teil der Bevölkerung in Europa ähnlich waren.

Ich kann mich aus eigener Erfahrung, als Kind in den 30er Jahren des letzten Jahrhunderts, an die Lebensverhältnisse meiner Mutter und meiner Großeltern erinnern.

Gestern und Heute

Nun aber den Vergleich zum Leben, Wohnen, Freude und Leid der Großfamilie Ramin in Herzfelde bei Berlin zur heutigen Zeit.

Die Großfamilie wohnte in einer Betriebswohnung der Ziegelei, direkt bei den Anlagen der Ziegelei. Sie hatte eine „Großküche", Flur, einen Schlafraum für Oma und Opa, der auch den erwachsenen Kindern als Schlafzimmer dienen musste. Dazu gehörte eine Vorratskammer, in der ein Teil als Räucherkammer genutzt wurde. Hier habe ich oft übernachtet.

Es gab kein fließendes Wasser in der Wohnung. Das gesamte Wasser für den Haushalt musste in Eimern oder Wannen mit Hilfe der damaligen Transportmittel, einer Schubkarre oder eines Bollerwagens transportiert werden. Das Wasser musste von einer etwa 100 Meter entfernten „Wasserversorgungseinrichtung", einer Handschwengelpumpe, mit Muskelkraft aus der Erde gepumpt werden. Im Sommer war das kein Problem, aber im Winter bei Eis und Schnee, musste diese Pumpe erst mit extra mitgeführtem (kochend) heißem Wasser enteist und somit gangbar gemacht werden.

Die Pumpe war für nur eine Person schwer zu bedienen, es war eine „Zweimannmaschine". Glücklicherweise wohnte noch ein Dutzend anderer Familien in „Neu Berlin". Diese Pumpe war aber auch noch in Zweitfunktion für das geordnete soziale Zusammenleben dieser Arbeitergroßfamilien wichtig. Hier trafen sich von früh bis spät Frauen und Männer der Betriebswohnungen. Die Vorreinigung nach getaner Arbeit erfolgte oft hier. Hier wurden

Erfahrungen, Gerüchte, Familienklatsch usw. ausgetauscht. Jeder kannte jeden. Und sogar ganz genau.

Die Pumpe diente aber auch als Ort zur Pflege guter Nachbarschaft. Es war ein mächtiger Sozialbereich auf „Neu Berlin".

Es gab keine Toilette in der Wohnung. Es gab auch kein Waschbecken in der Wohnung. Wer zur Toilette wollte, musste 100 Meter bis zum Schweinestall gehen. Dort befanden sich die „Toiletten". Bei der Bundeswehr sagten wir zu einer Anlage dieser Art schlicht und einfach „Donnerbalken", heute sagt man Plumpsklosett.

Toilettenpapier bestand aus Zeitungspapier. Zur Nachtzeit ging man natürlich auch nicht dorthin. Die „Not"-Toilette war ein Pinkeltopf oder ein Eimer.

Anstelle der heutigen wunderschönen Waschbecken mit Spiegel etc. wurden Schüsseln als Waschbecken benutzt. Diese Schüsseln aus Blech waren aber emailliert. Eine Kanalisation war nicht vorhanden.

Heizung in den Wohnungen?

Nur die große Küche wurde mit Hilfe eines großen Kohlenherdes beheizt. Es gab zu der Zeit in der Wohnung kein elektrisches Gerät. Die elektrische Beleuchtung war mehr als sparsam. Jeder Raum besaß nur eine Lichtquelle. Petroleumlampen (Stalllaternen) ersetzten das elektrische Licht.

In späterer Zeit war auch der obligatorische Volksempfänger in der Küche vorhanden. Es war das wichtigste Propagandamittel der Nazis.

An den Winterabenden saß ich oft auf dem Schoß meiner Großmutter in der Nähe des großen Küchenherdes. Die Heizungstür war geöffnet, man konnte in die brennenden Holzscheite sehen. Die Wärme erzeugte das Gefühl der Geborgenheit. Oma erzählte Geschichten oder sang mir deutsche und polnische Volkslieder vor. Das flackernde Licht des Brennmaterials erleuchtete die große Küche, es war romantisch. Der Opa rauchte seine Pfeife, er erholte sich von der Schwerstarbeit auf der Ziegelei. Im Wasserkessel brodelte das Wasser. Nach dem gemeinsamen Abendessen der Familie begleitete ich dann meinen Großvater zum Schweinefüttern. Ich trug dann die brennende Petroleumlampe, der Opa das Schweinefutter im Eimer.

Der von der Herrschaft erbaute Schweinestall war etwa 100 Meter von der Wohnung der Großeltern entfernt. Der Schweinestall hatte mehrere Verschläge, einer davon gehörte meinen Großeltern. Hier wuchs das Schwein auf, das später einmal geschlachtet wurde. Das schlachtreife Schwein wurde im Herbst von einem sogenannten „Hausschlächter" geschlachtet und zerlegt. Es war ein besonderer Tag für die ganze Familie, es war das Schlachtfest.

Hier wurden für das kommende Jahr wieder Vorräte angelegt. Es wurden Einweckgläser mit Wurst gefüllt. Es wurden Kochwurst, Leberwurst und Blutwurst hergestellt. Der größte Teil des Fleisches wurde durch Kochen, Pökeln (in Salzlauge gelegt) oder Räuchern haltbar gemacht. Danach roch die ganze Wohnung wieder mehrere Monate lang nach Räucherwurst oder Räucherschinken.

An den Schlachtfesten auf „Neu Berlin" nahmen alle Familien teil. Es war Tradition, dass die „Wurstbrühe", das war die Flüssigkeit, in der die Wurst gekocht wurde, unter allen Familien aufgeteilt wurde. Jeder Schlachttag auf „Neu Berlin" war ein gemeinsamer Tag aller „Neu Berliner".

Freud und Leid wurden geteilt.

Meine Großeltern habe ich das letzte Mal 1945, kurz nach meiner Entlassung aus der russischen Kriegsgefangenschaft, gesehen.

Kurz darauf musste ich mit meiner Mutter von Petershagen nach Hamburg fliehen. Mit Ausnahme meines Cousins Udo Köhler, der Sohn von der Zwillingsschwester meiner Mutter, hatten bei Kriegsende alle Mitglieder der Großfamilie den Krieg lebend überstanden.

Mein Cousin Udo und ich waren stark miteinander verbunden.

Es war mein bester Freund. Er war zwei Jahre älter als ich. Er hatte sich freiwillig bei der „HJ-Nahkampfbrigade“ gemeldet und ist seitdem vermisst. Ein unbekannter Mann hatte später einmal meiner Tante mitgeteilt, dass ihr Sohn auf der Zitadelle in Berlin gefallen sei.

Die DDR baute die Stacheldrahtzäune und die Mauern in Berlin auf. Der „Eiserne Vorhang“ kam später dazu. Er trennte die ehemalige Ostzone von den Westzonen. Vor dem Bau der Mauer, die Ost-von Westberlin trennte, war ich bis 1956 oft in Berlin und auch im Ostsektor mit den Lastzügen meines Vaters unterwegs.

Zu der Zeit fuhren wir für eine Spedition „Brokerhoff“ Transport von Ostberlin nach Westdeutschland. Mit dem Mauerbau wechselte diese Ostfirma rechtzeitig von Ost nach West.

Meine Eltern fuhren öfter von Hamburg zu Besuch von Oma und Opa. Die Großeltern wurden von meinen Eltern großzügig mit den monatlichen Paketen unterstützt. Mein Vater hatte eine besonders starke Zuneigung zu Oma und Opa. Er war ihr liebster Schwiegersohn. Die Zuneigung war auf beiden Seiten vorhanden.

Der Mauerfall 1989 war die größte Überraschung meines Lebens.

Leider hatte ich nur zweimal Gelegenheit, meine alte Heimat zu besuchen.

Oma und Opa waren schon gestorben. Das Zusammentreffen mit Familienmitgliedern nach so langer Zeit der Trennung war sehr schön. Was war aus diesem Teil Deutschlands geworden? Sie waren nicht nur in der Infrastruktur auf der Höhe von 1930-45 stehengeblieben, meine Verwandten dachten auch anders als ich. Sie waren mir etwas fremd geworden.

Eigenartig war dabei, dass ich noch in den USA als Gründungsmitglied einer internationalen Offiziersvereinigung in Washington/DC mit Russen, Polen, Ungarn etc., alles Offiziere aus den Ostblockstaaten im diplomatischen Dienst, keine Probleme hatte.

Wir sprachen wohl andere Sprachen, uns verband aber alle die englische Sprache; dies führte in sehr kurzer Zeit zu fast freundschaftlichen Beziehungen. Wir hatten alle die gleichen Probleme. Familie, Beförderungen, Versetzungen, Kinder.

Ich habe mir vorgenommen, noch einmal den Ort meiner Kindheit zu besuchen. Dabei werde ich das Grab meiner Großeltern besuchen. Sie haben es verdient. Ich muss mich für meine schöne Kindheit bedanken.

Schon von 1935 an transportierte mein Vater mit seinem Lastzug Güter von Ost nach West und von Nord nach Süd. Oft wurde er von meiner Mutter begleitet. Vor der Einschulung und danach auch in den Ferien durfte ich sie begleiten. Hamburg habe ich so nicht nur einmal besucht.

Es gab zu der Zeit noch keine Schlafkabinen für den Beifahrer. Der oder die Beifahrer saßen alle im Fahrerhaus. Restaurants und Autohöfe waren unbekannt. Dafür gab es an den Fernverkehrsstrecken die alten historischen Fuhrmannskneipen, die den „Kapitänen“ der Landstraße das Leben erleichterten. Man kannte jeden, man war bei Tag und auch bei Nacht ein gern gesehener Gast.

In solchen Kneipen machten wir Rast. Während meine Eltern sich mit anderen Fernfahrern austauschten, wurde ich nicht im LKW gelassen. Ich bekam Essen und Trinken und geschlafen habe ich bis zur Weiterfahrt auf dem Billardbrett. Bei einer dieser Fahrten von Hamburg nach Berlin hatten wir einen schweren Unfall. Der schwerste Unfall meines Vaters und auch von mir.

Der LKW-Unfall in Wustermark

Unser Beifahrer fuhr in Wustermark/Nauen. Früh um 5 Uhr schlief er ein und durchbrach dabei die erste Schranke der Bahn.

Es war die Strecke Hamburg-Berlin und wurde damals von dem schnellsten Zug der Reichsbahn befahren, dem Fliegenden Hamburger. Mein Vater, meine Mutter und ich schliefen als dieses Unglück passierte.

Mein Vater reagierte sofort, stieß den Fahrer vom Lenkrad, schaltete den Gang ein und durchbrach die zweite, gegenüberliegende Schranke. Einen Teil der zerstörten Schranken transportierten wir von den Schienen, den Rest nahm der Fliegende Hamburger mit.

Der auf dem Gegengleis in Richtung Berlin fahrende Zug beförderte die übriggebliebenen Reste wieder zurück. Der Fahrer, mein Vater, meine Mutter und auch ich blieben unverletzt. Die Frontpartie des LKWs war abgerissen. Die rechte Tür, wo ich auf dem Schoß meiner Mutter saß, war durchschlagen worden.

Wir hatten Glück gehabt!

Mein Vater arbeitete am Motor und ich saß im Fahrerhaus allein. Ich hörte nur, wie mein Vater den Fahrer beschimpfte. Vertraut mit den technischen Einrichtungen des LKWs, wollte ich auszuprobieren, ob der Motor noch lief. Ich steckte den Startschlüssel, der Motor sprang an. Dabei erwischte der Lüfter die Hand meines Vaters. Die Handverletzung war so stark, dass er sie bis an sein Lebensende als Erinnerung tragen musste.

Am nächsten Tag stand in der Nazizeitung „Völkischer Beobachter“: „Vollgas war die Rettung“ ein großer Bericht über das kaltblütige, professionelle Verhalten meines Vaters. Er hatte eine große Katastrophe durch seine Reaktion verhindert. Es ging um Minuten.

Wir lebten bis Anfang 1939 in Herzfelde, dann zogen wir von hier nach Petershagen, meinem Geburtsort. Mit sechs Jahren kam ich in die Volksschule Herzfelde. Mir machte die Schule Freude. In der Zeit bis 1939 hatte ich als Kind eine schöne Zeit. Es ging uns gut. Wir waren in großem Maße Selbstversorger. Das Leben war wohl einfach, aber die Familiengemeinschaft, gute Freunde aus der Nachbarschaft, waren nicht nur ein Ausdruck von Solidaritätsgefühl. Wir hatten ausreichend zu Essen und zu Trinken. Hühner, Gänse, Schweine aus eigener Zucht. Die Feiertage und auch die Geburtstage waren wirklich noch richtige Familienfeste. Die Geschenke für uns Kinder waren aber nur bescheiden. Strümpfe und Pullover wurden nicht gekauft, sie wurden von den Müttern und älteren Töchtern selbst gestrickt oder gehäkelt. Am Bild meiner Einschulung erkennbar. Zu Weihnachten bekam ich eine Burg, im nächsten Jahr Schlittschuhe. Hier führte das Pech dazu, dass ich am 1. Weihnachtstag beim Ausprobieren der brandneuen Schlittschuhe stürzte und mir den rechten Unterarm brach. Glück und Unglück liegen dicht beieinander.

Ein schlimmes Erlebnis 1938

Ein ganz schlimmes Erlebnis ist mir immer noch in Erinnerung. Es handelt sich um die sogenannte Reichskristallnacht am 9. November 1938 in Deutschland, die ich als Kind leider hautnah miterleben musste.

Ich war acht Jahre alt. Wir wohnten noch in Herzfelde, Strausbergerstraße. Es war schon dunkel, als wir Lärm auf der Straße hörten. Meine Mutter und ich gingen hinaus. Wir sahen hastig laufende SA-Männer in Uniform. Sie liefen zu unserer Kirche und von dort nach rechts in Richtung Berlin. Zum Teil hatten sie schon brennende Fackeln in den Händen.

Wir fragten unsere Nachbarn, die ebenfalls vor ihren Häusern standen, was denn los wäre. Wir erfuhren: „Es brennt beim Textilhaus Hermann" an der Hauptstraße. Der Besitzer war jüdischer Abstammung.

Wir schlossen uns der in Richtung Textilhaus Hermann gehenden Menschengruppe an. Schon beim Einbiegen sahen wir eine größere Menschenansammlung genau gegenüber vom Textilhaus. Ich sah und hörte randalierende „SA-Männer" in Uniform, die Möbel und Sachen aus dem 1. Stock durch die zerstörten Fenster auf die Straße warfen.

Es war ein furchtbarer, erschreckender Augenblick. In der Dunkelheit von den fackeltragenden SA-Männern für uns alle erkennbar gemacht. Meine Mutter kehrte mit mir sofort um, während ein Großteil der Herzfelder das Geschehen weiter beobachtete. Es war keine Feuerwehr im Einsatz. Es kam aus der Bevölkerung weder Gegenstimmen, noch Hilfe gegen diese Aktion. Ich kann mich nicht erinnern, ob die Familie Hermann anwesend war.

Schweigend gingen meine Mutter und ich zurück zu unserer Wohnung.

Mein Vater war zwischenzeitlich auch zu Haus. Es wurde von meinen Eltern über den Vorfall niemals in meiner Anwesenheit gesprochen.

Noch Monate später waren die Spuren der Vernichtung am Haus erkennbar. Erst später erfuhren wir von Nachbarn, was sich in dieser Nacht in Herzfelde alles zugetragen hatte.

Wir hatten einige Familien mit jüdischem Hintergrund. Alle waren seit Jahrzehnten und mehr im Ort ansässig. Es waren geachtete Personen bis zu diesem Zeitpunkt. Der Drogist von Herzfelde war der Vater einer meiner Mitschüler. Der andere war ein hilfsbereiter Arzt. Beide Mitbürger hatten im Ersten Weltkrieg als Soldaten ihre Bürgerpflicht erfüllt.

Einige waren wegen persönlicher Tapferkeit bei ihrem Einsatz besonders ausgezeichnet worden. Ich denke da an die Familien Reißmer, den Zahnarzt Dr. Blum, den schon erwähnten Drogisten König und unsere direkten jüdischen Nachbarn Jakobstal, mit deren Jungen ich befreundet war. Wir spielten oft miteinander.

Mit Scham und Trauer habe ich bei den Erinnerungen an meine Vergangenheit an das Schicksal dieser Menschen denken müssen.

Es waren bis zum Tag der Kristallnacht Menschen wie ich. Von diesem Zeitpunkt an gab es viele Gerüchte im Ort.

In der Zeit bis zum Kriegsanfang 1939, also nach einem Jahr, war nur noch der Drogist König jüdischer Einwohner unseres Ortes. Er war sogenannter Halbjude und mit einer Nichtjüdin verheiratet.

Von meiner noch in Herzfelde lebenden Cousine habe ich nach der Wiedervereinigung erfahren, dass der größte Teil der erwähnten jüdischen Mitbewohner ins Ausland gelangen konnte. Einige von ihnen wurden in den Konzentrationslagern gefoltert und umgebracht. Nichtarische Bürger wurden systematisch ausgerottet.

Es ist bedrückend, dass es so etwas in Deutschland gab und dass Menschen zusahen und nicht dagegen einschritten.

Ich verkenne nicht, dass es viele Deutsche gab, die nichts oder nichts Genaues über Konzentrationslager wussten. So auch meine Eltern. Aber eines dürfen wir alle nicht vergessen. Hitler und seine nationalsozialistische Arbeiterpartei sind 1933 legal, durch demokratische Wahlen an die Macht gekommen.

Alles was später passiert ist, hatte er in seinem Buch angekündigt und später in die Tat umgesetzt bzw. umsetzen lassen. Ich habe „Mein Kampf", Hitlers Buch erst nach dem Krieg in die Hand bekommen.

Wo waren die Intellektuellen, die Doktoren, Professoren, die Menschen, die die deutsche Tradition verkörperten?

Wo waren die Gegner, die den Gefreiten aus Österreich in der kurzen Zeit bis zum Zweiten Weltkrieg 1939 aufhalten wollten?

Ich weiß nur, dass dieser Mann Deutschlands Untergang war. Es waren Deutschlands Stunden der Schimpf und Schande. Emporkömmlinge. Ich musste für solche Typen bezahlen, mit Gesundheit und mit schrecklichen Erfahrungen. Ich hatte noch Glück, meine Familie auch, aber Millionen Menschen mussten sterben für eine menschenverachtende Ideologie.

Alles, was mit "-ismus" endet, sollte man sehr genau analysieren: Nationalismus, Islamismus, Katholizismus etc.

Siehe das Werk: „Nur zufällig überlebt". Dort schreibt der Schriftsteller Wellershoff, 81 Jahre alt wie ich, über das Thema Zeitgeschichte und versucht, Verstrickungen der deutschen Gesellschaft sowie ein Portrait der Flakhelfergeneration zu zeichnen.

Kriegsbeginn 1939

Im Sommer 1939 weilte ich wieder einmal bei meinen Großeltern in Herzfelde. Wir waren kurz vorher von Herzfelde nach Petershagen umgezogen. Es wurde zu dieser Zeit schon hier und da über Krieg gesprochen. Das verstärkte sich noch durch die Anwesenheit und Einquartierung eines größeren Verbandes der deutschen Wehrmacht in Herzfelde und Umgebung. Sie führten offiziell ein größeres Manöver bei uns durch. Es waren Gebirgsjäger- einheiten und berittene Verbände. Die bespannten Einheiten hatten eine größere Anzahl an Zug- und Reitpferden, die alle in Herzfelde untergebracht wurden.

Ein großer Teil war auf dem Gut der Gebrüder Mann und den umliegenden Rittergütern untergebracht. Die meiste Zeit verbrachte ich bei den Soldaten und ihren Pferden, die in der Nähe der Ziegelei ihr feldmäßiges Biwak errichtet hatten. Meine alten Freunde und ich waren beliebte Hilfskräfte der Soldaten beim Waffenreinigen, Pferde putzen, Pferde füttern und Geschirr putzen. Während der Zeit waren wir aber auch Verpflegungsempfänger der Soldaten.

An den Stallgeruch und an das Leben im Felde kann ich mich gut erinnern. Auch unsere Belohnung für die Hilfsarbeiten ist mir ebenfalls noch gut in Erinnerung: Erbsensuppe und Kommissbrot.

Diese Art von Verpflegung durfte ich später als Bundeswehrsoldat noch öfter genießen. Mir schmeckt dieses Gericht mit Brot noch heute.

1939 war der größte Teil der deutschen Wehrmacht noch nicht voll motorisiert. Die Umstellung von „Hot“ auf „Mot“ brauchte seine Zeit. Später, 1956 als Rekrut in Sonthofen, als Angehöriger der Technischen Truppenschule, wurden wir noch täglich mit diesem Problem konfrontiert. Aus Pferde- und Muliställen mussten Ausbildungsräume gemacht werden.

Böse Leute (auch ich) behaupteten über manchen unbeliebten Ausbilder: „Der sucht noch immer das Pferd in der Garage".

Aber zurück ins Jahr 1939 - Herzfelde

Wir durften unter Aufsicht die prächtigen Pferde reiten. Dass es der Vorbereitung auf einen militärischen Überfall auf Polen diente, kam uns nicht in den Sinn. Es führte aber tatsächlich nahtlos in den Zweiten Weltkrieg.

Geredet darüber wurde schon, aber nur wenige Menschen haben daran geglaubt. Diese Art von Manövern fand im August 1939 statt.

Im selben Monat mussten mein Vater und sein Fahrer mit einem Fernlastzug mit Gütern von Berlin nach Österreich fahren. Von Innsbruck sollte er Holz nach Berlin bringen. Meine Mutter und ich sollten mitfahren. Im letzten Augenblick vor dem Start er- reichte meinen Vater und seinen Beifahrer die Anordnung der deutschen Wehrmacht, sich mit dem Lastzug in 14 Tagen bei einer Funktruppe der Luftwaffe (Hottentottengrund) in der Nähe von Berlin einzufinden.

Unsere letzte zivile Fahrt

Es war ein klarer Gestellungsbefehl. Es konnte ein Manöver sein, es konnte aber auch der Beginn eines Krieges sein. Wir traten, ohne es zu wissen, unsere letzte zivile Fahrt an. Die Tour ging von Berlin nach Österreich. Bevor wir Innsbruck erreichten, hatten wir einen schweren Verkehrsunfall. Direkt am Inn, am Ende der noch nicht fertiggestellten Autobahn. Ein Krad mit Beiwagen der deutschen Wehrmacht war uns in einer unübersichtlichen Kurve seitlich in den hinteren Teil des dreiachsigen Anhängers gefahren. Der Kradfahrer gehörte, wie wir später sahen, zu einem motorisierten Verband der deutschen Wehrmacht.

Fahrer und Beifahrer waren leicht verletzt; Krad und Beiwagen waren erheblich beschädigt. Nach Aufnahme des Unfalles durch die Wehrmacht und unter Berücksichtigung des Gestellungsbefehls, entschied ein höherer Offizier, dass die Schuldfrage den Kradfahrer trifft. Er war vermutlich - auf der rechten Seite entgegenkommend - zu schnell gefahren. Auf dem Rollsplit hatte er nicht genügend Haftung und kam durch einen zusätzlichen Fahrfehler ins Schleudern.

Nach diesem Vorfall war meinem Vater klar, dass sich der politische Horizont verändern würde. Der Krieg war erkennbar!

Es ging leer nach Berlin zurück. Mein Vater und sein Fahrer waren pünktlich am befohlenen Zielort angekommen.

Von diesem Augenblick an bis zum Ende des Krieges kannte ich meinen Vater nur noch in Luftwaffenuniform. Er war bis 1945 Soldat. Es war die Zeit der „Verdunkelungen". Jedes Haus musste sachgerecht verdunkelt werden.

Der Krieg hatte begonnen!

Ich bin Preuße von Geburt an. Meine Erziehung hat mich geprägt. Die „Mark Brandenburg" ist noch heute mein Heimatland. Grundtugenden wie z.B. Ehre, Treue, Pflichterfüllung, Leistungsbereitschaft und Dienen, diese den Preußen nachgesagten Tugenden sind mir oft im Leben abverlangt worden. Viele Dinge davon habe ich freiwillig und aus Überzeugung erfüllt.

Ich habe zu keiner Zeit Zweifel an der Notwendigkeit der Tugenden in einem geordneten, verantwortungsbewussten Staat gehabt. Dazu muss ich aber darauf aufmerksam machen, dass ich bis zur Gründung der Bundesrepublik Deutschland den Begriff und die

Funktion einer Demokratie nicht gekannt habe (siehe Helmut Schmidt, Altbundeskanzler). Ich bin von meiner Jugend an ein Bewunderer vom „Alten Fritz", Friedrich II., dem König von Preußen.

Deutsche Sagen waren in den Jahren bis 1939 meine bevorzugte

Lektüre. Von 1945 bis 1962 hatte ich wenig Zeit zum Lesen guter Bücher.

Zwischen 1945 bis zum Eintritt in die Bundeswehr hatte ich nur zeitweise meine fehlenden Kenntnisse in der Schulbildung verbessern können. Es war der Beginn, nachzuholen, was mir am Ende des Krieges vorenthalten worden war. Ich musste das Lernen wieder lernen. Dazu später mehr.

Wo ein Wille ist, ist auch ein Weg

Ich besuchte die Volksschule in Petershagen. 1940 wechselte ich von der Volksschule zur Oberrealschule Neuenhagen-Hoppegarten. In Hoppegarten – östlich von Berlin – befindet sich eine bekannte Galopprennbahn. Ich fuhr täglich entweder mit dem Fahrrad zur Schule oder, besonders zur Winterzeit, mit der „Bimmelbahn", einem Dampfzug, der nach Rüdersdorf/Tasdorf über Fredersdorf fuhr. Er brachte mich bis zur nächsten Station Neuenhagen und von dort weiter nach Hoppegarten.

Ich war Einzelkind und aus einer Arbeiterfamilie stammend, ohne Vater im Haus. Meine Mutter war am Tage zum „Dienst am Volke" in einer Munitionsfabrik in Liebenberg dienstverpflichtet. 1940 musste ich dem Jungvolk beitreten. Es war die Unterorganisation der Hitlerjugend. Ich bin dieser Verpflichtung mit Freude nachgekommen. Es war ein „Wandervogelleben" mit viel Sport, Gelände- spielen und wöchentlichen Diensten. Last-but-not-least war ein wesentlicher Aspekt, die politische Pflichterziehung im Sinne der nationalsozialistischen Ideologie voranzutreiben.

Ich war nicht mehr allein, hatte Kameraden, Aufgaben und die Natur als Erlebnisraum. Wir marschierten als Gruppe, im Zug oder im Fähnlein. So hießen die Teileinheiten eines übergeordneten Jungstammes. Zu allen Diensten mussten die Uniformen getragen werden. Sie sollten die Gemeinsamkeit und Zusammengehörigkeit der Jugend in Deutschland dokumentieren. Es gab

Uniformen für den Sommer und solche für den Winter.

Sommeruniform:

Braunhemd, Halstuch schwarz mit braunem Lederknoten; kurze schwarze Manchesterhose, getragen handbreit übers Knie; Lederkappe mit Metall-Verschluss, Schulterriemen (wurde später abgeschafft), Fahrtenmesser. Dazu Tornister, sogenannte Affen mit Kochgeschirr, Brotbeutel mit Feldflasche, Essbesteck, Decke, Zeltplane und Kompass.

Winteruniform:

Wie oben, anstelle der kurzen Hose wurde eine sogenannte Überfallhose in schwarz getragen. Über dem Braunhemd trugen wir eine schwarze Jacke in Uniformschnitt.

Amtsautorität wurde durch das Tragen von Dienstgradabzeichen auf den Schulterstücken oder aufgenäht auf der Bekleidung am Oberarm optisch erreicht. Mein Werdegang im Jungvolk entsprach ungefähr der Idealvorstellung der obersten HJ-Führung.

Mein Vater war kein Freund der Nazis. Er war das Gegenteil seines älteren Bruders Hans Blindenhöfer, der Beamter in Nürnberg/Fürth war und schon seit 1923 Mitglied der NSDAP war. Er gehörte zur Spitzengruppe der damaligen NSDAP (Nationalsozialistische Deutsche Arbeiterpartei). Von Beginn an war er bis zum Kriegsende Offizier der Luftwaffe. Zuletzt Batteriechef einer Großkampfbatterie am Atlantikwall. In Langwasser (nahe Nürnberg) wurde er angeklagt wegen seiner Tätigkeiten von 1923 bis 1939.

Er wurde verurteilt und zur körperlichen Arbeit für mehrere Jahre verurteilt, sein Beamtenstatus wurde ihm damals aberkannt. Jahre später wurde seine Pension als Beamter ausbezahlt (Persilschein?).

Mein Vater hatte keine gute Beziehung zu seinem Bruder.

Vermutliche Begründung: Als Heranwachsender hatte sich mein Vater einer Auswandererfamilie angeschlossen, die nach Amerika emigrierte. Er brauchte dazu die Genehmigung seines älteren Bruders, der ihm diese aber aufgrund seines Amtes nicht gab.

Ich habe meinen Onkel erst nach 1945 in Fürth kennengelernt. Seine Frau war die Tochter einer Familie, die sich schon vor 1933 den Bibelforschern angeschlossen hatte. Der Vater und die Mutter dieser Tante Christel waren von 1933 bis 1945 in den KZ´s der Nazis.

Ihr Vater überlebte das KZ Buchenwald, die Mutter starb in Bergen-Belsen kurz nach dem Einmarsch der Engländer. Über diese Dinge habe ich nur Fragmente mitbekommen.

Hitlerjugend

Die Hitlerjugend (HJ) setzte sich aus den Hitlerjungen und den BDM-Mädchen sowie Jungmädchen und Pimpfen zusammen. Alter zwischen 10 und 18 Jahren. Die Überweisung vom Jungvolk in die Hitlerjugend erfolgte mit Erreichen des 14. Lebensjahres.

Hitlerjungen und BDM-Mädchen (Bund Deutscher Mädel) waren die Jugendlichen vom 14. bis zum 18. Lebensjahr. Danach wurden sie Mitglied der NSDAP.

Die Gründung der Hitlerjugend erfolgte bereits 1926, schon sieben Jahre vor der Machtübernahme

Als ich mit 10 Jahren in die damalige, vom Staat verordnete Jugendorganisation „Hitlerjugend" als Pimpf eintreten musste,-musste ich nicht nur das Marschieren lernen, sondern auch beim Marschieren singen.

„Singen sollte die Moral der Pimpfe stärken". Das gesungene Liedmaterial waren typische Texte der NSDAP, der Nazis, zum Beispiel:

„Das Leben ist ein Würfelspiel, es würfelt alle Tage. Dem einen bringt das Schicksal viel, dem anderen Müh und Plage".

Zu der Zeit hatte ich keine Ahnung, was damit gemeint war. Es wurde von uns Pimpfen lauthals gegrölt. Später habe ich mich als Erwachsener öfter an den Text erinnert und in schwierigen Phasen meines Lebens sogar für mich allein gesungen. Es hat mir geholfen, das Gute mit Freude zu genießen und das Schlechte, wie gefährliche Situationen in meinem Leben, zu meistern.

Hitlers (NSDAP-) Wahl

Hindenburg übergab an Hitler sein Amt. Für Hitler war die Jugend ein wichtiger Faktor seiner Ideologie. Mit Hilfe der Jugend wollte er seinen Traum, die Weltherrschaft und das „Tausendjährige Reich" aufbauen.

Schon 1933 verkündete er öffentlich die Zielrichtung und den Auftrag der „Hitlerjugend":

„Schaut auf diese Männer und Jungen. Gibt es etwas Besseres auf der Welt? Welches Material! Mit ihnen kann ich eine neue Welt erschaffen." Pathos perfekt!!

Bis 1933 stand seine Hitlerjugend im Konkurrenzkampf mit rivalisierenden religiösen, politischen und sozialen Jugendorganisationen.

1933 nach seiner Machtübernahme löste Hitler das Problem mit dem Verbot aller Jugendbewegungen, außer der Hitlerjugend und den katholischen Bewegungen. 1936 wurden die katholischen Jugendverbindungen auch noch verboten. Diese arbeiteten oft heimlich weiter. Sie verbanden sich mit anderen auch im Untergrund arbeitenden Organisationen. Die bekannteste ist wohl die

„Weiße Rose". Ihre führenden Kräfte wurden mit Haft und KZ und sogar 1943 mit ihrer Hinrichtung bestraft. Auch die sogenannten „Edelweiß-Piraten" wurden politisch verfolgt.

Leider wurden unter Hitler in der Zeit von 1933 bis 1945 die Grundtugenden Preußens schamlos benutzt, sein Verhalten zu idealisieren. Tradition, Vaterland, Ehre, Treue, aber auch Befehl und Gehorsam mussten herhalten, das Volk und hier vor allem die

Jugend zu willigen, überzeugten Nationalsozialisten zu erziehen.

Ich erinnere mich noch an einige Aufreißer dieser Zeit, zum Beispiel:

Die Fahne ist mehr als der Tod. Führer befiehl, wir folgen dir! Ein Volk, ein Reich, ein Führer.

Diese und ähnliche Texte wurden beim Marschieren gesungen. Von 1940 an beherrschten die Uniformen die Gesellschaft und Öffentlichkeit Deutschlands. Nicht die Uniformen der Soldaten, auch die sogenannten „Goldfasanen“ der Partei in ihren Theateruniformen trugen zu diesem Bild in der Öffentlichkeit bei.

Wir Kinder und Heranwachsende ergänzten diese Schau durch das Tragen unserer Uniformen. Die Propagandamaschine des Propagandaministers Goebbels lief auf vollen Touren.

Das Militärische prägte die Gesellschaft.

Mein Werdegang im Jungvolk

1941 **Jungenschaftsführer:** Kennung der Kleidung: rot-weiße, dünne Führerschnur getragen von der Brusttasche zur Knopfleiste

1943 **Zugführer:** grüne, dicke Kordel von der Schulterklappe zur Brusttasche

1944 **Hauptjungzugführer**: schwarz-grüne, dicke Kordel von der Schulterklappe zur Brusttasche

1944/45 **Kommissarischer Fähnleinführer**

Als einfacher Pimpf war ich Träger der Fähnleinfahne; Fungierte als 2. Paukenträger, manchmal sogar als Querflötenspieler des Spielmannzuges. Ich habe sogar bei Wettbewerben mitgespielt und versucht, nicht durch zu lautes Flöten aufzufallen. Ob ich immer den richtigen Ton erwischt habe, glaube ich nicht.

Das ist mir im Laufe meines Lebens noch mehrmals passiert. Habe mir das Leben dadurch aber nur schwerer gemacht.

Das Leben war hart

In der Oberrealschule gehörte ich zum 1. Drittel. Ich hatte keine Probleme. Außer Schulaufgaben zu machen, hatte ich den Garten zu bewirtschaften und unsere Hühner, Gänse und Kaninchen zu versorgen. Das waren unsere Versorgungsreserven im Krieg. Wir konnten uns damit gut über Wasser halten. Der Dienst im Jungvolk forderte wöchentlich bestimmt 15-20 Stunden. Dienstpläne, Unterrichtsvorbereitung, Zeltlager, Ausbildung, Sport, Jugendfilmstunden und von Ende 1943 an Sondereinsätze aller Art. Wir hatten in der Schule nahezu die gleichen Ferienzeiten wie heute. Es ist nachvollziehbar, dass wir kaum ein richtiges Familienleben hatten.

Von Urlaubsreisen nach Italien oder gar Amerika waren wir unvorstellbar weit entfernt. Wegen fehlender Arbeitskräfte in der Landwirtschaft mussten wir in den großen Ferien beim Bauern im Umkreis von 20 km um Petershagen herum die Ernte mit einbringen. Die Kartoffelernte dauerte etwa 14 Tage. Wir schliefen bei den Bauern in den Scheunen. Verpflegung bekamen wir von unseren Bauern.

Um 5 Uhr war Wecken angesagt. Waschen an der Hofpumpe, Zähneputzen etc. Arbeitszeit täglich 12-14 Stunden!

Gemeinsames Frühstück beim Bauern: 1. Frühstück, anschließend Fahrt auf die Felder per Pferdewagen. Um 10 Uhr das zweite Frühstück, Kaffee, Brote.

Arbeitsbeginn auf den Feldern war um 7 Uhr: Aufsammeln der ausgepflügten Kartoffeln. Die Kartoffeln kamen in große Weidenkörbe, die wir dann auf die bereitgestellten Pferdewagen entleerten. Für jede volle „Kiepe", so hießen diese Weidekörbe in Brandenburg, bekamen wir eine Marke.

Diese in 14 Tagen gesammelten Marken waren unsere Bezahlung. Die Bezahlung erfolgte in Naturalien wie z.B. hier mit den frisch geernteten Kartoffeln. Pro Marke erhielten wir 1 kg Kartoffeln. Die bei der Kartoffelernte verdienten Kartoffeln brachte uns der Bauer dann per Pferdekutsche nach Hause.

Die Kartoffeln kamen in einen kleinen Keller unter der Veranda. Mit unserer eigenen Ernte waren wir in der Lage, unser nicht unbeträchtliches Viehzeug über den Winter zu bringen. Mit dem Verkauf von Eiern, geschlachteten Hühnern, Enten und Gänsen wurden die sehr schmalen Einnahmen meiner Mutter und die Bezahlung als Soldat meines Vaters wesentlich erhöht.

Wir bekamen bei der Rübenernte auch Zuckerrüben. Diese Zu- ckerrüben wurden zu Sirup verarbeitet. Gar nicht so einfach, wie es sich heute anhört oder liest. 3-4 Zentner geerntete Rüben reinigen, zerschneiden, stundenlang kochen, bis die Masse weich war. Dann in eine Presse befördert und den Saft schließlich zum Kochen in einen großen Topf gegeben. Es war der große, überdimensionale Waschtopf in der Waschküche. Unter stundenlanger Aufsicht und permanentem Befeuern des Kessels mit Kohle oder Holz verdickte sich die Masse. Unser Nachbar war uns bei der stundenlangen Prozedur eine gute Hilfe. Er wurde mit Kartoffeln und Sirup entlohnt.

Einmal haben wir in der Nacht gekocht. Es kam zum Fliegeralarm, wir mussten aufhören zu kochen, weil unser Heizmaterial zu starken Funkenflug erzeugte, den die anfliegenden Bomber bestimmt erkannt hätten. Da die Angriffe nicht nur wenige Minuten dauerten, wurde das Heizmaterial entfernt, mit Wasser gelöscht und später wieder neu entfacht. Eine Tagesarbeit für zwei Personen!

Die kürzeren Ferien waren immer vom Jungvolk belegt. Wanderfahrten, Zeltlager an den herrlichen Seen Brandenburgs und den sogenannten Führerschulungen in den Jugendherbergen, wie z.B. 1943 zu Pfingsten in einer Jugendherberge bei Oranienburg in nächster Nähe der dortigen Strafanstalt, später Konzentrationslager.

Hier habe ich das „Mutspringen“ in einer Kiesgrube und das

„Umkehren“ liegend auf einer Asphaltstraße üben müssen.

„Auf dem Koppelschloss kehrt“ hieß der Befehl. Totale Schikane ohne jeden Hintergrund. Wenn ich mich heute daran erinnere und dann später meine Ausbildung bei der Bundeswehr damit vergleiche, dann kann ich nur sagen, dass dieser Typ von Ausbilder hirnrissig war.

Leider gab es zu dieser Zeit keine Beschwerdemöglichkeiten. Es gehörte zum Grundsatz: „Hart wie Kruppstahl, flink wie die Windhunde“. Auch ein Ausspruch von Hitler.

Marschübungen bei Tag und Nacht oder Geländespiele waren dagegen die reinste Erholung. So etwas habe ich später 1944 beim Schießen mit Gewehren, Maschinengewehren, Panzerfäusten und Handgranatenwerfen von militärischen Ausbildern nicht kennengelernt. Im Laufe des Jahres waren wir auch samstags und sonntags „Gäste“ unseres kommissarischen Bannführers, der aus Petershagen stammte. Er hieß Roland Weckend. War Hauptmann bei dem Ausbildungsregiment „Feldherrnhalle“, eines Traditionsverbandes zur Erinnerung an Hitlers Marsch auf die Feldherrnhalle in München.

In Güterfelde bei Berlin wurden wir vom Unteroffizier des Regiments als Panzernahkämpfer ausgebildet. Innerhalb der Kaserne und bei der Ausbildung trugen diese Unterführer die braunen SA-Uniformen. Diese Ausbildung war nicht leicht zu ertragen. Häuserkampf, Panzernahbekämpfung mit Molotowcocktails und Panzerfäusten gehörten dazu.

Für meinen späteren Einsatz in den direkten Kampfhandlungen im Kampf um Berlin waren sie tatsächlich sinnvoll. Das Ausharren im Schützenloch beim Überfahren durch einen Panzer gehörte zum Übungspensum.

Zur Ausbildung mussten wir von Petershagen per Bahn anreisen. Auf dem Weg nach Hause sahen wir aus wie aus dem Dreck gezogen. Über den Empfang zu Hause muss ich wohl nicht berichten.

Kanonenfutter für das Naziregime

Den kommissarischen Bannführer habe ich nie wieder gesehen. Aber wo er wohlbehütet sein Kriegsende überlebt hatte, wurde mir später in einer Hamburger Zeitung kundgetan. Er wurde dort als Geschäftsführer des Flotbecker Reiterclubs in Hamburg rühmend erwähnt.

Ob er sich einmal darüber Gedanken gemacht hatte, dass er und seine Gleichgesinnten uns Jungen und Mädchen vier Jahre lang verführerisch ideologisch im Sinn des Naziregimes erzogen hatte? Und dass wir für dieses so gepriesene System als Kanonenfutter missbraucht worden waren? Und das noch zu einer Zeit, als der Krieg schon verloren war. Kanonenfutter für die russischen „Stalinorgeln".

Wir haben den Krieg durch unseren Einsatz eher verlängert, vielleicht haben wir indirekt vielen dieser „Führer im Kleinformat" ihr Leben gerettet. Es waren die Profiteure unseres Einsatzes.

So sehe ich das Verhalten dieser Leute heute.

Mein Cousin Udo Köhler ist auf der Zitadelle in Berlin bei einem Einsatz als Mitglied der Panzernahbekämpfungsbrigade gefallen. Er war umsonst gefallen. In den ersten Jahren des Krieges begannen die alliierten Bombenangriffe der Engländer und der Amerikaner in Deutschland. Fliegeralarme bei Tag und in den Nächten wurden ein Teil unseres Lebens. Das Brummen der Bombermotoren der Flugzeuge habe ich heute noch in den Ohren. Genau wie das Schießen der Flugabwehrwaffen der „Flak". Die größte Lautstärke erzeugte das 8,8 cm Flak-Geschütz. Dazu kam das Bersten der Granaten in der Luft, wenn sie auseinanderplatzten. Die Granatsplitter kamen dann pfeifend wieder zurück zur Erde. Sie gingen auf Feldern, Wegen, Wäldern, Straßen und auch bewohnten Bereichen nieder.

30-40cm Länge und mit einem Gewicht von bis zu 1000 Gramm bohrten sie sich tief in die Erde. Noch Jahre nach Kriegsende wurden diese Granatsplitter gefunden. Noch als „Kapitän der Landstraße" zerstörten sie die Reifen unserer Lastzüge. In Niedersachsen war die Bundesstraße 3 Hamburg-Hannover nicht besonders breit ausgebaut. Dafür gab es aber neben dem gepflasterten Teil der Straße einen breiten Sandweg. Den mussten wir bei Gegenverkehr oft zum Ausweichen benutzen. Die Folge war manchmal ein defekter Reifen, verursacht durch Flaksplitter von 1945.

An diesen Flakgeschützen und Kanonen wurden von 1943 an die Schüler der höheren Schulen (Realschulen, Oberrealschulen, Gymnasien) als Bedienungspersonal ausgebildet und eingesetzt. Die großen Städte sollten von den Flakbatterien vor den anfliegen-den Bomberverbänden geschützt werden. Sie wurden rund um die Stadt aufgestellt. Sie bildeten einen Feuerwall, ergänzt wurden die Batterien durch Scheinwerferbatterien und Jagdflugzeuge, die bei Tag und Nacht auf die anfliegenden Feindverbände durch sogenannte Fliegerleitoffiziere an diese Bomberverbände heranführten.

Bei Nacht waren die Nachtjägerverbände der Luftwaffe im Einsatz. Zu Beginn des Luftkrieges waren sie sehr erfolgreich. Später veränderte sich die Lage zugunsten der Alliierten und zum Nachteil Deutschlands.

Die Luftwaffe des Generalfeldmarschall Göring konnte den versprochenen Schutz der Zivilbevölkerung und der Rüstungsanlagen nicht mehr übernehmen. Die Lufthoheit über Deutschland war in der Hand der Alliierten. Unsere Mitschüler der höheren Klasse waren direkt an den Geschützen untergebracht. Der Unterricht wurde von abgestellten Lehrern vor Ort weitergeführt. Dieses geschah bis zum Ende des Krieges 1945. Ich war mit Teilen meines Fähnleins nach einem Bombenangriff auf die Kugellagerfabriken in Erkner fast eine ganze Woche für Aufräumungsarbeiten eingesetzt.

Die zerstörte Stadt habe ich noch gut in Erinnerung. Als Vernichtungsmittel gegen Gebäude, Fabriken, Menschen und Tiere wurden unterschiedliche Waffen eingesetzt. Druckbomben, Phosphorkanister, Sprengbomben und Spezialbrandbomben erzeugten ein Inferno. Es geschah nach einem genau festgelegten Plan. Radio- durchsagen im Volksempfänger informierten uns bei Tag und Nacht über anfliegende Bomberverbände, ihre Stärke und ihre Zielrichtung und über ihren Standort zum Zeitpunkt der Durchsage.

Danach konnten wir uns aus Erfahrung ausrechnen, wann die Bomber bei uns eintreffen würden. Fliegeralarm. Heulende Sirenen verkündeten den Anflug der Feindverbände und ihren Abflug. Den Bomberverbänden flogen „Scouts-Flugzeuge" voraus, sogenannte Pfadfinder. Sie markierten die nachkommenden Bomberverbände über ihre Zielflächen. Die Art der Markierung nannten wir „Weihnachtsbäume". Die brennenden Fackeln hingen an Schirmen. Eigene schnelle, kleine Jagdflugzeuge der Alliierten schützten später nach Erreichen der Lufthoheit ihre Bomberflieger vor angreifenden deutschen Jagdflugzeugen. Am Tage für uns gut erkennbar, verfolgten wir oft die Zweikämpfe zwischen zwei Piloten und ihren Maschinen.

Auf diese Art banden die Alliierten unsere restlichen Luftwaffenkräfte. Die Zerstörungen unserer Städte wurden immer größer. Die Angriffe pro Tag immer öfter. Es war der totale Krieg, den der Propagandaminister Goebbels angekündigt hatte. Den tausende Zuhörer bejubelt hatten.

Frage: „Wollt ihr den totalen Krieg?“

Schreiende Antwort: „Ja“

Total ausgerastet. Bescheuert! Der „totale Krieg“, den diese Zuhörer bejahten, im Sinne der deutschen Kriegsführung, den Goebbels meinte, wurde uns in den letzten Jahren 1943-1945 von den Alliierten vorgeführt. Wir, unsere Soldaten, Väter, Mütter, Kinder, waren die Betroffenen, die Leidtragenden.

Der totale Krieg

Wir, das heißt meine Klasse, mussten den passiven Schutz unserer Schule während der Bombenangriffe übernehmen. Unter Aufsicht einer Lehrkraft schoben wir mit drei Kameraden wöchentlich eine Nachtwache. Wir schliefen in einem Lehrraum auf Matratzen. Verpflegung mussten wir uns selbst beschaffen. Waschen konnten wir uns am Morgen in der Toilette der Gymnastikhalle.

Hilfsdienste nach Bombardierungen einzelner Orte wie z.B. Erkner bei Berlin. Hier waren die „Kugellagerfabriken“ das Ziel der Alliierten. Darüber hinaus wurde zwischen zivilen Wohngebieten und dem Hauptziel kein Unterschied gemacht. Teile der Stadt waren Schutt und Asche. Viele Menschen starben und wurden verletzt. Kollateralschaden wird so etwas heute genannt. Wir übernahmen die Verpflegungsdienste für die Bevölkerung, andere Kameraden suchten in den Trümmern nach Verschütteten.

Nach mehreren erfolgreichen Feldzügen (mit Polen beginnend), griff Hitler 1941 die Sowjetunion an. Eine Kriegserklärung dafür gab es nicht.

Es war ein Überfall.

Von Erfolgen und Glück begünstigt, waren alle Feldzüge und Überfälle als sogenannte Blitzkriege abgelaufen. Nun hatte Hitler den Zweifrontenkrieg, den er am Anfang des Krieges noch vermeiden wollte. Die deutschen Truppen waren erfolgreich bis weit nach Russland vorgestoßen.

Der Glaube an die Unbesiegbarkeit der deutschen Truppen war in Deutschland zu diesem Zeitpunkt sehr groß. Die Deutschen standen vor Moskau, der Hauptstadt des Sowjetischen Reiches.

Zwei Giganten kämpften gegeneinander. Hier die nationalistische Ideologie gegen die des Kommunismus. Bei beiden handelte es sich um Diktaturen. Beide hatten das gleiche Ziel, nämlich die Beherrschung der Welt im Sinne ihrer ideologischen Vorstellungen. Die Sowjetunion schien bis 1942 ins Wanken zu kommen. Hitler erwartete keine große Gegenwehr mehr von den russischen Streitkräften. Hitler glaubte, dass er kaum noch großen Widerstand zu erwarten hatte. Die Rechnung ging nicht auf. An dem russischen Winter war schon Napoleon gescheitert. So auch Hitlerdeutschland 1943. Der Vormarsch in Russland wurde in Nowgorod (Stalingrad) unerwartet gestoppt. Die russischen Verbände hatten große Reserven und konnten sich in fürchterlichen Kämpfen den Angriffen der Deutschen widersetzten. Die 6. Deutsche Armee hat, unter Kommando von General Paulus, die Stadt Nowgorod unter schwersten Verlusten einzunehmen versucht. Der Versuch scheiterte. Die neu aufgestellten russischen Truppen, trainiert in Sibirien, kämpften und verteidigten Nowgorod mit nicht erwarteter Verbissenheit.

Tausende Soldaten auf beiden Seiten ließen ihr Leben. Es wurde buchstäblich um jeden Meter gekämpft. General Paulus hatte Hitler vorgeschlagen, seine angeschlagene 6. Armee in beweglichen Kampfhandlungen zurückzuziehen, um die hohen Verluste im Häuserkampf Mann gegen Mann zu vermeiden. Hitler lehnte den Vorschlag rigoros ab. Er befahl, Stalingrad mit der letzten Patrone und dem letzten Mann zu verteidigen. Alles andere war nach Hitlers Auffassung Feigheit vor dem Feind! Darauf stand nach deutschem Militärrecht die Todesstrafe.

General Paulus kapitulierte und ging mit den Resten seiner Armee in sowjetische Gefangenschaft.

Stalingrad war der Wendepunkt im Zweiten Weltkrieg.

Die deutsche Armee war jetzt die gejagte und rückwärts in Richtung Deutschland kämpfende, geschlagene Armee. Die Uhren liefen jetzt rückwärts. Nach zwei Jahren verlustreichen Kämpfen wurde von den deutschen Soldaten fast Unmögliches verlangt. Durchhalteparolen, Propaganda und die Hoffnung auf neue Waffen, wie z.B. die V1 oder V2 sollten den Neuanfang einleiten.

Der Krieg wurde direkt nach Deutschland gebracht.

Die Verluste an Flugzeugen und ihren Besatzungen waren auf beiden Seiten sehr groß. Oft brannten Flugzeuge und die Besatzungen und Piloten mussten sich mit Fallschirmen retten. Andere Flugzeuge explodierten in der Luft.

Während unsere Jagdflieger versuchten, die Zivilbevölkerung in den Städten vor den feindlichen Bombenangriffen zu schützen, kämpften die deutschen Soldaten an vielen Fronten in Europa und Afrika (z.B. das deutsche Afrikakorps im heutigen Libyen).

Hitler hatte 1941 mit dem Angriff auf die Sowjetunion den Zweifrontenkrieg begonnen. Blitzkriege, wie der Polenfeldzug oder die Eroberung Frankreichs, Hollands und Belgiens hatten ihn leichtsinnig gemacht.

Das Militärische bestimmt das Leben

1940 wechselte ich von der Volksschule zur Oberrealschule Neuenhagen-Hoppegarten. Ich musste aber auch meinen Dienst als „Pimpf" im Jungvolk antreten. „Musste" heißt, der Dienst als Pimpf im Jungvolk, der Unterorganisation der Hitlerjugend, war seit 1939 für alle Jungen und Mädchen im Alter von 10 bis 14 Jahren gesetzlich vorgeschrieben. Befehl und Gehorsam, wie beim Militär, waren die Basis des politischen, ideologischen, nationalsozialistischen Erziehungsprogramms.

1939 begannen die Wochenschauen der Propagandakompanien. Sie zeigten nur die Erfolge und die angebliche Überlegenheit des deutschen Volkes und seiner militärischen Macht.

Als Pimpf beim Jungvolk und später bis 1945 gehörten Durchhaltefilme wie der Film „Kolberg“, „Die Besatzung der H111“ und U- Bootfilme zur monatlichen politischen Berieselung der Jugend. Einmal im Monat gehörten das Antreten und Teilnehmen an einer dieser Pflichtübungen zur Ausbildung.

Das Militärische in Deutschland dominierte unser aller Leben. Uniformen bestimmten das Straßenbild.

Offiziere und Unteroffiziere, geschmückt mit den in Kämpfen erworbenen Orden und Ehrenzeichen für besondere Tapferkei-wurden von uns „ehrenvoll“ wahrgenommen. Im Laufe der Zeit waren es für uns die Idole der damaligen Zeit. Die Hitlererziehung und die Darstellung des soldatischen Lebens wurden für uns nachahmenswert.

Für Jugendliche von heute nicht verständlich. Wir wollten diesen „Helden“ nacheifern.

So wie beim Beginn des Ersten Weltkrieges 1914 tausende junge Männer ihre Gymnasien verließen und sich freiwillig als Soldaten verdingten, um ihrem „Vaterland zu dienen“. Sie starben auf den Schlachtfeldern in Frankreich und in anderen Teilen der Welt.

Sinnlos!

Wir wurden missbraucht - und ich gehörte auch zu denen.

Warum habt ihr nichts gegen Hitler gemacht? Diese Frage haben Millionen Männer und Frauen nach 1945 ihren Kindern erklären müssen. Die sogenannte „68er-Generation“ waren junge Menschen, die mit den Antworten ihrer Väter und Mütter nicht einverstanden waren. Sie rebellierten gegen ihre Familien. Was im A satz richtig war, führte Jahre später zu Mord und Totschlag. Die RAF (Rote Armee Fraktion) war eine sehr radikale, politische Vereinigung. Sie unterschied sich nicht sehr von den skrupellosen Machenschaften des Hitlerregimes. Eins war und ist auch heute für jedermann klar:

In unserer Demokratie ist unser Grundgesetz unmittelbar geltendes Recht.

Hier wird von unabhängigen Richtern Recht gesprochen. Die Freiheit und die Gleichheit aller Menschen sind die Voraussetzungen in einer funktionierenden Demokratie. Zu Hitlers Zeiten galt ein Ausnahmerecht. Das sogenannte „Ermächtigungsgesetz“ gab ihm die absolute Macht über das deutsche Volk.

Demokratie als hohes Gut

Ich bin stolz, am Aufbau der Bundesrepublik Deutschland mitge- wirkt zu haben. Mein Vorbild Helmut Schmidt sowie Mitglieder der SPD, wie Herbert Wehner und auch Willy Brandt, waren maßgeblich mitbeteiligt am erfolgreichen Aufbau der „zweiten Demokratie in Deutschland“. Sie waren Mitgestalter dieser Demokratie. Sie waren unsere Wegbereiter, wir haben den Auftrag, dieser zweiten Demokratie „Dauer zu verleihen“, wie es Hartmut Soll einmal formuliert hatte.

„Ihr, unsere Nachkommen, habt dafür zu sorgen, dass dieses Deutschland nie wieder zu einem Unrechtsstaat gemacht wird.“

Wir sind in der Völkergemeinschaft wieder ein geachtetes Mitglied. Wir schützen gemeinsam mit den Kameraden der verbündeten NATO-Staaten den Frieden und die Freiheit Europas.

Wir leben im Jahr 2011 und genießen seit Ende des Zweiten Weltkrieges:

- Demokratie
- Freiheit
- Sicherheit
- einen funktionierenden Sozialstaat

Dafür bin ich dankbar und genieße diese Rechte.

Für mich war die Übernahme von Pflichten von Kindesbeinen an selbstverständlich. Die preußischen Grundtugenden wie Ehre,

Treue, Leistungsbereitschaft sind oft von mir im Leben abverlangt worden. Ich hatte damit nie Probleme, denn oft habe ich mich auch freiwillig dazu bekannt.

Meine soldatische Erziehung hat mich aber zu keinem Zeitpunkt meines Dienstes in der Bundeswehr von 1956-1983 dazu gebracht, zu allen Anordnungen meiner Vorgesetzten „jawohl" zu sagen.

Für einen Teil dieser Vorgesetzten war ich in dieser Zeit nicht besonders beliebt. Fast jede zweite Beurteilung enthielt den Vermerk: „Könnte sich in seinen Äußerungen mehr zurückhalten" oder ähnliches.

Die erste Beurteilung nach sechs Monaten Soldatenzeit begann mit dem Satz: ***„Blindenhöfer besitzt Zivilcourage".***

Darauf war ich nicht nur stolz, es war für mich Verpflichtung, dieser Beurteilung gerecht zu werden. Gottseidank wurde zu meiner Zeit die sogenannte „Innere Führung" = zeitgerechtes Menschenführen eingeführt. Viele der ewig „Gestrigen" brauchten lange Zeit, sich an die Innere Führung zu gewöhnen.

Stabsfeldwebel-Lehrgang (Infanterieschule Hammelbert). Beurteilung: ***„Setzt sich uneigennützig für seine Kameraden ein."***

Wie beispielsweise einer meiner Vorgesetzten, ein Hauptmann aus Bayern, den ich als Untergebener des Öfteren auf sein Fehlverhalten hingewiesen habe. Er war das Musterbeispiel der Beurteilungsschreiber. In einer meiner Beurteilungen findet sich als Negativum: „Blindenhöfer kümmert sich mehr um die Durchführung der Inneren Führung als um die technische Ausbildung." Er hatte nie eingesehen, dass es als Ausbilder für handwerkliche Tätigkeiten besser geeignet war als zum Führen einer Teileinheit. Er sollte sein technisches Wissen nutzen, darüber hinaus aber in erster Linie Führer und Erzieher sein.

„Ausbildung ist von Erziehung nicht zu trennen"

Alter Leitsatz der Bundeswehr

Mein Vorbild der Alte Fritz

Aber nun zur Frage, warum der „Alte Fritz“ für mich eine Vorbildfunktion ausübte.

In der Kindheit war „Jung Siegfried“ mein Idol. Der „Alte Fritz“ und die Preußen waren zu der Zeit in der Aufklärung führend. Friedrich II. betonte den Grundsatz religiöser Toleranz. Nach „eigener Fasson“ leben, war in Preußen schon zur Zeit des Großen Kurfürsten erlaubt gewesen. Friedrich II. nahm die flüchtenden Hugenotten auf. Sie waren gleichberechtigte Bürger in Preußen. In Celle ließ Friedrich II. das Gebiet „Neues Land“ aus Sumpfland trocken legen.

300 000 Menschen fanden in Preußen ihre Heimat. Er war nicht nur der Erste Diener seines Staates. Es gab weder vor noch während seiner Zeit niemanden unter den Fürsten, Herzögen, Kurfürsten, Königen und Kaisern, der die Intelligenz des „Alten Fritz“ besaß. Er war der Denker seiner Zeit. Kriege benutzte er dazu, das kleine Preußen zu erweitern. In dieser Zeit gab es auch keine Gräueltaten oder Ähnliches gegenüber der Bevölkerung oder den von Preußen annektierten Ländereien. Diese wechselten nur ihre Herrschaft. Verfolgungen hat es damals auch noch nicht gegeben. Bei meiner Verabschiedung aus der Bundeswehr 1983 wünschte ich mir vom Kommandeur des Instandsetzungsbataillons 113 den

„Großen Kurfürsten Reitermarsch“ - wie es sich für einen „Preußen“ gehört.

Ostwallbau 1944

Die Deutschen hatten die angeblich uneinnehmbare Maginot-Linie in Frankreich durch Umgehung ausgeschaltet. Für die Alliierten war der Atlantikwall 1944, von Deutschen erbaut, auch keine unüberwindbare Einrichtung. Welchen Sinn hatte unser Einsatz von 1944, den sogenannten Ostwall zu verstärken? Diese Anlage bestand aus Betonhöckern zur Abwehr von Panzerangriffen und war völlig bedeutungslos, wie sich später herausstellen sollte.

Nun denn, wir haben in Schwerstarbeit ohne technische Hilfsmittel Panzergräben, Maschinengewehrstände und Laufgräben ausgehoben. Und das vom frühen Morgen bis zum späten Abend. Meine Freunde, ich und Hunderte weitere Hitlerjungen wurden zu dieser Arbeit abkommandiert. Mit „Affen", Brotbeutel, Essgeschirr, Uniform und Feldspaten ausgerüstet, wurden wir per Sonderzug am Alexanderplatz gesammelt, verladen und Richtung Osten abtransportiert. Wir konnten noch rechtzeitig vor einem Bombenangriff auf Berlin den Bahnhof verlassen.

Wir wurden zuerst in den Scheunen der Bauern untergebracht. Anschließend wurden Arbeitskommandos in Stärken von zwei- bis dreihundert Hitlerjungen aufgestellt und dann auf verschiedene Einsatzorte verteilt. Meine Freunde und ich landeten nach einem anstrengenden Marsch in einem großen Waldgebiet. In diesem Waldgebiet befand sich eine Försterei, mit Scheunen und Ställen. Mehrere Baracken ergänzten die Anlage. Daneben, durch den Wald getarnt, standen viele weiße Rundzelte. Sie waren schon komplett aufgestellt und bezugsfertig.

Das waren jetzt unsere neuen Unterkünfte. Jedes Zelt wurde mit einer Gruppe von bis zu 15 Pimpfen belegt. Apropos: Diese Zelte hatten schon den Reichsparteitag mitgemacht. Wir nannten sie deshalb die „Nürnbergzelte". Als Schlafunterlage diente uns Stroh. Wir verteilten es im Innenraum des Zeltes, ließen aber einen Weg vom Eingang und einen Bereich um den Mittelpfosten frei. Jeder von uns baute sich im Zeltbereich sein Bett. Als Kopfkissen diente der Tornister, „Affe" genannt, wegen des auf der Außenseite (Deckel) angebrachten Fells. Brotbeutel, Essgeschirr, Wasch- zeug etc. wurden auf Befehl nach Vorschrift an jedem „Bett" aufgebaut. Für Sauberkeit wurde täglich wechselnd einer von uns Pimpfen der Zeltgruppe eingeteilt. Beim Verlassen des Zeltes zum Arbeitsdienst wurde die Sauberkeit vom Zeltführer inspiziert. Nötige Korrekturen mussten sofort durchgeführt werden.

Während unserer Abwesenheit überprüften höhere Vorgesetzte die Zelte auf Ordnung.

Nachtappelle und Nachtschichten waren an der Tagesordnung. Zu Hause machten ja uns unsere Mütter die Betten. Für die Verschönerung und Gemütlichkeit mussten wir uns Sitz- und Essbereiche schaffen. Wir gingen in die Erde. Ein Wettbewerb für den schönsten Sitzbereich wurde besonders ausgezeichnet. Während dieser Zeit mussten wir den Ostwall durch den Bau von Panzergräben, Panzersperren, Maschinengewehrständen und Laufgräben verstärken. Täglich wurde singend, den Spaten auf der Schulter, zum Einsatzort marschiert. Die täglich erfüllte Arbeitsleistung wurde von der Lagerleitung überprüft. Das beste Zelt durfte dann am folgenden Tag die Lagerfahne zum Arbeitsplatz mitführen. Mein Zelt durfte mehrmals durch den Wald marschieren. Die Konkurrenz war groß. Diese große Waldfläche wurde in nächster Nähe unseres Lagers von einer ca. 100 Meter breiten Feuerschutzschneise durchzogen. Wo sie begann und wo die Schneise endete, habe ich niemals erfahren. Eines wussten wir, sie ging von Ost nach West. Am Morgen ging es oft gegen die Sonne, später gegen Abend befand sich die Sonne im Westen. Hier wurden von uns 3,50 Meter tiefe und etwa einen Meter breite Panzergräben ausgehoben. Da unsere Spaten keine drei Meter Länge hatten, wurde der zu entfernende Boden auf zwei Ebenen geschaufelt. Gott seidank war diese Art der Höherbeförderung der Erde per Spaten nur durch festen Boden möglich.

Zu jeder Panzersperre wurden Stellungen geschaffen, aus denen diese Panzersperre verteidigt werden konnte.

Noch heute erhaltene Reste des Ostwalls

Mir ist leider nicht bekannt, ob und wer diese von uns geschaffenen Werke verteidigt hat. Die Panzersperren sollten dazu dienen, den Russen den Vormarsch mit ihren Panzerkräften in Richtung Berlin zu verhindern.

Zu Küchendiensten abgestellte Kameraden sorgten dafür, dass wir zur rechten Zeit unser Essen bekamen. Wer sich aus irgendwelchen Gründen krankmelden musste, wurde als Küchenhilfe eingesetzt. Unser Einsatz beschränkte sich nicht nur auf das Graben. Holzarbeiten, Bäume fällen bis zum Zersägen gehörte auch dazu. Viele Kranke, Verletzte und Erschöpfte waren die Folge. Als ein- geteilter Zeltführer war ich für die Zeltgruppe verantwortlich. Wir mussten unser Zeltlager auch Tag und Nacht absichern. Das heißt, unter Führung der eingeteilten „Zeltältesten", mit Kleinkalibergewehren und einer Leuchtpistole bewaffnet, umkreisten wir im Wechsel mit anderen Zeltbesatzungen das sehr große Lager. Am Anfang war es nachts in dem dunklen Wald etwas eigenartig. Angst vor dem Unbekannten war bei jedem von uns vorhanden. Dazu kamen die Kontrollen durch die älteren Vorgesetzten, die zum Teil wegen ihrer Verwundungen vom Fronteinsatz befreit waren und als militärische Ausbilder für uns eingesetzt waren. Diese Typen hatten oft eigenartige Einfälle, uns in Angst und Schrecken zu versetzen.

„Hart wie Kruppstahl, flink wie die Windhunde", die Erwartung der Hitler´schen Ideologie, wurde von vielen meiner Kameraden nicht erfüllt. Postverkehr mit den Eltern während des Einsatzes war untersagt. Es gab Heimwehkranke, die sich vom Lager in Richtung Heimat entfernt hatten. Sie wurden wieder eingefangen und zurück ins Lager transportiert. Sonderarbeit war die geringste Bestrafung für diese sogenannte „Fahnenflucht".

Das Schlimmste und Entwürdigendste war das Spießrutenlaufen und das Einschmieren des Hintern mit Schuhcreme und das an- schließende „Blankputzen". Ich bin froh, dass wir in unserem Zelt niemanden hatten, der zu diesen Heimwehkranken zählte.

Während dieser Zeit am Ostwall kamen fast täglich Werber für den freiwilligen Kriegseinsatz ins Lager. Marine, Heer, Luftwaffe und Waffen-SS. Die Zeltführer waren die Ersten, die von der Not- wendigkeit des freiwilligen Kriegseinsatzes überzeugt werden sollten.

Hinter vorgehaltener Hand machte die Parole die Runde:

Wer will dem Ruf des Führers nicht folgen? - Vortreten!

Ich war zu der Zeit 14 Jahre alt. War mit vier Jahren meiner Zugehörigkeit zum Jungvolk von den Pimpfen zum Hauptjungzugführer aufgestiegen. Marine und Luftwaffe hatten den größten Zulauf.

Das „Heer" war nicht besonders beliebt. Zum Heer gab es spezielle Divisionen, wie z.B. die Division von Hermann Göring, Division Feldherrnhalle, die Hitlerjugend-Division oder die Division Fundsberg, in der Günther Grass gedient hatte.

Mein Wille war klar, ich wollte Offizier werden. Der Wunsch meines Pastors bei der Konfirmation, Pastor zu werden, wurde von meiner ganzen Familie bevorzugt, nur nicht von mir. Als Alternative war der Beruf des Försters für mich akzeptabel.

Ein Unterscharführer der Waffen-SS, ein ehemaliger Fähnleinführer, überzeugte mich durch sein Auftreten, seine Tapferkeitsauszeichnungen und der Ähnlichkeit unserer beider Jugend. So ließ ich mich als Kriegsfreiwilliger einschreiben. Dazu brauchte ich nicht die Genehmigung meines Vaters. Wir wurden benachrichtigt, dass ich für ein Jahr zurückgestellt wäre. Das heißt, ich musste erst im Jahr 1945 mit meiner Einberufung rechnen. Als äußeres Zeichen, dass man Kriegsfreiwilliger war, trug man auf den Schulterklappen ein rotes Band.

Zur Ergänzung: Das Telefon im Haus war zur damaligen Zeit nur in Haushalten von Ärzten, Gastwirten etc. vorhanden. Die Gesundheitsversorgung im Lager erfolgte durch Sanitäter. Zur medizinischen Betreuung musste man einen alten Bus nach Meseritz benutzen. Dieser Bus verkehrte täglich vom Lager nach Meseritz und zurück.

Alles nimmt einmal ein Ende, so auch diese so „kriegswichtige Verwendung" der Hitlerjugend am Ostwall. Nach mehreren Wochen waren wir wieder per Sonderzug in Berlin angekommen. Ehre wem Ehre gebührt! Wir wurden mit einer Urkunde über unseren „erfolgreichen" Einsatz beim Ostwallschaufeln geehrt.

Mein Einsatz als Luftwaffenkurier

1944 wurde ich auf Vorschlag meiner Klassenlehrerin Frau Dr. phil. Schroeder von unserer Schule für den Einsatz als Begleiter für kriegswichtiges Material vorgeschlagen - und somit für diese Zeit vom Unterricht befreit. Nach Meldung beim Luftwaffenzeugamt in Berlin bekam ich meine Einweisung in die vorgesehene Verwendung als Luftwaffenkurier. Außer einer täglichen Besoldung und Erstattung notwendiger Ausgaben bei der Durchführung der Aufträge erhielt ich den Sonderausweis der Luftwaffe. Dazu hatte ich ein Schreiben dabei, in dem das Zeugamt der Luftwaffe anordnete, mich in vollem Umfang bei der Erfüllung meiner Aufträge zu unterstützen.

Mein erste Aufgabe war der Transport von mehreren Kisten mit Material für das „Nachtjäger-Programm Nordpol" von Berlin zu einem Werk nach Litzmannstadt. Das liegt im heutigen Polen. Um bis dort zu gelangen, musste ich die Züge der Reichsbahn benutzen. Bei der Größe der Kisten brauchte ich zum Be- und Entladen die Hilfe des Zugpersonals. Verladen wurden die Kisten in die Güterwaggons hinter der Lokomotive. Beim ersten Transport noch unerfahren, habe ich mich tatsächlich nur im Güterwagen aufgehalten. Ich benutzte jedes Mal die Transportzüge für die Fronturlauber. So rollte ich mit hunderten Soldaten von Berlin in Richtung Osten. Ich hatte keine Probleme mit der Nahrungsversorgung, da an jedem Bahnhof Verpflegungseinrichtungen für die Fronturlauber eingerichtet waren. Bei Fliegeralarmen, vor allem bei Nacht, blieb der Zug auf offener Strecke stehen und reduzierte die für die Bomberpiloten erkennbare Befeuerung auf ein Minimum.

Als wir Litzmannstadt erreichten, meldete ich mich beim Bahnhofskommando und bat um Unterstützung. Ich habe in einem Vorortbahnhof entladen, das Material dann an den Empfänger übergeben. Damit war mein Auftrag erfolgreich abgeschlossen.

Jetzt musste ich zusehen, dass ich mit meinen Papieren wieder zurück nach Berlin kam. Das klappte prima.

Abmeldung, Vollzug sowie Abrechnung erfolgten beim Luftwaffenzeugamt. Lob, und Erteilung eines neuen Auftrages 14 Tage später. Transport nach Utrecht, Holland.

Weitere Transporte: Nürnberg, München, Hof in Bayern und St. Georgen im Schwarzwald. Bei diesen Transporten saß ich dann bei den Heimaturlaubern in den Personenwagen. Bei jedem Halt habe ich mich um mein Transportgut gekümmert. Dazu belegte ich grundsätzlich den ersten Personenwagen hinter dem Gepäckwagen. Ich fühlte mich in meiner Jungvolkuniform unter den Frontsoldaten immer als Exot.

Für mich als Junge war dieses Leben pures Abenteuer.

Ich war unter Erwachsenen und Zuhörer im Kreise von Soldaten, die offen ihre Kriegserlebnisse austauschten. Es waren Soldaten der Luftwaffe, Marine und Heer, die mich mit 14 Jahren als Gleichberechtigten ansahen. Darauf war ich stolz. Ich habe viel gehört, viel gesehen und auch viel erlebt. Und ich habe erfahren, dass man mit Sonderausweisen Privilegien in Anspruch nehmen kann.

Bei der Fahrt nach Nürnberg mussten wir nachts wegen eines Luftangriffs anhalten. Als der Bombenangriff beendet war, fuhren wir in das brennende Nürnberg. Wir hatten Glück, der Bahnhof stand noch und ich konnte mich bis zum Morgen darin aufhalten. Die Fabrik, von der ich das Material abholen sollte, war nur teil- weise beschädigt worden. Ich musste zwei Tage warten, bis ich das Transportgut übernehmen und dann nach Berlin zurückfahren konnte. Die Freizeit nutzte ich, die Verwandtschaft meines Vaters in Fürth zu besuchen. Es waren die ersten Begegnungen mit der Schwester meines Vaters sowie mit der Familie vom Bruder meines Vaters. Die männlichen Mitglieder, Onkel Hans, war Offizieram Atlantikwall und der Mann der Schwester war in Russland Berufssoldat.

Bombenangriffe 1944

Wir hatten im Haus keinen Keller, der uns bei Bombenangriffen Schutz gewähren konnte. Wir waren einige Zeit von direkten Bombeneinschlägen verschont geblieben. Das änderte sich aber zu Beginn 1944. Wenn es auch kein Objekt für einen Bombenangriff in Petershagen gab, so lagen wir leider auf der Ost-West-Achse Berlin. Die Bomberverbände bevorzugten diese Richtung für ihren An- und Abflug. Über Rüdersdorf und Strausberg wurde gewendet und der zweite Angriff auf Berlin eingeleitet. Da wurden die Reste der Bomben abgeladen. Dann ging es wieder zurück in Richtung Westen nach England. Deshalb bauten wir mit unseren

Nachbarn gemeinsam einen Bunker zu unserm Schutz. Hinter unserem Grundstück auf den Rieselfeldern des Tastdorfer Gutes, gab es einen tiefen und breiten Graben zur Entwässerung. Die Größe war für die Aufnahme von 14 Personen gedacht. Das erforderliche Holz mussten wir eigenhändig im nicht weit entfernten Wald schlagen. Zum Transport mieteten wir uns ein Pferdegespann bei einem Bauern.

Die Genehmigung zum Schlagen der Bäume und den Abtransport aus dem Wald wurde uns auf Antrag erteilt. Der Bunker war etwa drei Meter tief und hatte als Decke zwei Schichten Stämme Kiefernholz. Die Holzstämme hatten einen Durchmesser von ca. 50 Zentimetern. Die Wände bestanden aus dem gleichen Material wie die Decke. Zum Eingang gelangte man nicht direkt. Man musste dazu einen Laufgraben benutzen. Als Türen dienten alte Kartoffelsäcke und eine Zeltplane. Der Fußboden bestand aus den Zweigen der geschlagenen Kiefern. Sitz- und Schlafgelegenheiten wurden auch eingebaut. Als Beleuchtung dienten zwei Stalllaternen. Die Bunkerdecke wurde zusätzlich mit einer 1,5 Meter dicken Sandschicht gesichert.

Die Ankunft der Bomber wurde übers Radio angekündigt. Wir hatten einen sogenannten Volksempfänger. So kannten wir die Größe der Bomberverbände und die voraussichtliche Zielrichtung der anfliegenden Flugzeuge. Dann war es Zeit, sich in den Bunker zu begeben. Wenig später wurde der Ort durch die Luftalarmsirenen vor den Bombern gewarnt. An- und abschwellender Ton besagte Alarm, langer Dauerton der Sirenen sagte uns, dass sich die feindlichen Bomber im Abflug befinden. In den Bunker wurden nur die wichtigsten Sachen mitgenommen. Decken zum Schlafen, Trinkwasser, persönliche Papiere. Dazu kamen unser Wachhund und ein Kleinkalibergewehr. Wir beobachteten vom Bunker aus das Geschehen der Luftangriffe, die Abwehr durch Flakgeschütze, die eigenen Jagdflugzeuge und bei Nacht die Scheinwerferbatterien, die am Himmel die feindlichen Flugzeuge sichtbar machen sollten. Wir konnten auch das Geschehen über Berlin verfolgen. Die Flugzeuge, die vom Flughafen Strausberg und vom Flugplatz Werneuchen gestartet waren, versuchten schnellstens Höhe oberhalb der anfliegenden Bomber zu gewinnen, um von dort erfolgreich den Gegner anzugreifen und zu vernichten.

Angriff bei Tage

Ein schöner, sonniger Tag bis wir von weitem die ersten Bombeneinschläge und Explosionen in Berlin hörten. Dann die Motorengeräusche der alliierten Flugzeuge und am Anfang des Jahres die noch sehr hoch anfliegenden Bomberverbände. Sie erzeugten in bestimmten Höhen Kondensstreifen. Später, zum Ende des Krieges, flogen sie in wesentlich niedrigeren Höhen an. Die Lufthoheit hatten mittlerweile die Angreifer übernommen. Die sogenannten „Fliegenden Festungen" unter den Bombern; neue, besonders große Flugzeuge mit größeren Besatzungen, größerer Bombenlast und speziellen Abwehrwaffen gegen unsere angreifenden Jagdflugzeuge, konnten sich mehr auf ihre Aufträge konzentrieren und benötigten keine Begleitflugzeuge mehr.

Die beste Abwehrwaffe war jetzt der eigene Jagdschutz der Bomber. Die Luftkämpfe Jagdflugzeug gegen Jagdflugzeug waren an der Tagesordnung. Wir hatten zwischenzeitlich reichlich Erfahrung über Abläufe und Taktik von feindlichen und eigenen Flugzeugeinsätzen sammeln können.

Die Flakbatterien um Berlin schossen aus allen Rohren Sperrfeuer. Wir mussten uns vor den herumfliegenden Splittern der zerborstenen Granaten in Acht nehmen. Es wurde in mehreren Wellen angegriffen. Die erste Welle hatte ihre Bombenlast über Berlin abgeladen. Ohne Bomben an Bord wurden die Flugzeuge schneller und sie konnten auch schneller wieder an Höhe gewinnen. Dort griffen unsere Jagdflugzeuge an, die bei Tag und Nacht von Flugleitoffizieren an die Angreifer herangeführt wurden. Noch

1943 hatten die Engländer erhebliche Verluste an abgeschossenen Bom- bern, besonders durch den Einsatz der überlegenen deutschen Luftwaffe.

1945 waren kaum noch ausreichende deutsche Jagdfliegerverbände verfügbar. Unsere Verluste führten dazu, dass man Hitler- jungen der Flieger-HJ zu Raumfliegern ausbildete. Sie waren Segelflieger, die in Kurzlehrgängen zu Fliegerpiloten ausgebildet wurden, um die „Fliegenden Festungen" mit speziell dafür umgebauten Jagdflugzeugen vom Himmel zu holen. Diese Flieger griffen konventionell mit Maschinengewehren und Kanonen an.

Der Vernichtungsauftrag bestand darin, durch den direkten Anflug in Messerflugposition mit den verstärkten Raumflugflächen direkt den Kontakt zum Gegner zu suchen und ihn zu zerstören.

Himmelfahrtskommandos dieser Art kannte man nur von den Japanern, die mit den Kamikazefliegern die amerikanischen Kriegsschiffe vernichteten.

Konfirmation 1944

Es war wirklich ein besonderer Tag für mich. Ich hatte das Gefühl, erwachsen zu sein. In einer schrecklichen, unmenschlichen Zeit ein Fest zu feiern, war für viele meiner Freunde unmöglich. Für unsere Familie war es das schönste Fest des Jahres. Im Gegensatz zu den anderen Konfirmanden, hatte die Familie das Glück, dass mein Vater zu der Zeit seinen Dienst in nächster Nähe, nämlich in Strausberg auf dem Fliegerhorst leistete. Aufgrund einer schweren Halserkrankung war er nicht nach Russland geschickt worden. Er war mit der chronischen Erkrankung des Kehlkopfes und der Stimmbänder in die Charité Berlin eingewiesen worden. Der b handelnde Arzt war Professor Sauerbruch, der bekannteste Spezialist auf diesem Gebiet. Professor Sauerbruch war nach Berlin berufen worden, um seinen Studenten die Behandlung von

Kehlkopferkrankungen zu lehren. In fast zwei Jahren Behandlung entstand ein besonderes Beziehungsverhältnis zwischen meinem Vater, dem Stabsgefreiten der Luftwaffe und dem manchmal chaotischen Ausnahmearzt. Über seinen extravaganten Lebensstil ist ja viel geschrieben worden.

Mein Vater war in Strausberg als Stabsgefreiter verantwortlich für die Startküche für das fliegende Personal. Zu meiner Konfirmation hatte er auf dem sogenannten „Obergefreitendienstweg" über das fliegende Personal dafür gesorgt, dass es uns an nichts fehlen durfte. Die gesamte nicht an der Front eingesetzte Großfamilie war zu Gast. Als „Selbstversorger" wurden bei uns Enten, Kaninchen, und Hühner geschlachtet und gebraten. Die Kuchenbleche hatte ich persönlich zum Bäcker gebracht. Zucker und Sahne als Ersatz für Butter hatte mein Vater in selbstgenähten, taschengroßen Leinenbeuteln aus dem Fliegerhorst, vorbei an den Wachposten, geschmuggelt. Leider war der Alkohol wegen schlechten Wetters nicht rechtzeitig per Luftfracht aus Frankreich eingetroffen. Der Tag war sonnig-schön, mein Vater hatte einen Tag Urlaub.

Ich hatte meinen ersten handgeschneiderten Anzug mit langen Hosen an. Ich wurde in der Dorfkirche unseres Ortes Petershagen konfirmiert. Der Pastor war ein in Russland verwundeter Offizier. Er hatte den rechten Arm verloren und war freigestellt worden, um seinen Beruf als Pastor weiter auszuüben. Er wollte mich dazu überreden, eines Tages den Beruf des Pastors zu ergreifen. Ich hatte mich aber schon für den Beruf des Offiziers entschieden, um später im diplomatischen Dienst Verwendung zu finden. Alternativ hätte ich den Beruf des Försters ergriffen. Der Natur fühlte ich mich schon damals verbunden. Dieses hatte ich auf Befragung unserer Klassenlehrerin Frau phil. Schröder 1944 auch schon schriftlich kundgetan. Ich hatte Gelegenheit, sie nach dem Krieg in Berlin wiederzusehen. Es muss 1951/52 gewesen sein, da besuchte ich sie in Charlottenburg. Zu der Zeit war sie Dozentin an der Freien

Universität Berlin. Dass ich nur Fernfahrer war, enttäuschte sie erheblich. Sie hoffte aber, dass das Schicksal so manches noch verändern könnte. Sie hatte Recht.

Ich konnte in meinem Leben nicht alle Träume umsetzen. Einen Teil habe ich mit viel Einsatz, mit einem Quäntchen Glück und der liebevollen Unterstützung von mir freundschaftlich zugeneigten Vorgesetzten - und nicht zu vergessen von Gundi und auch meiner verstorbenen Frau Hildegund erreichen können.

Beiden habe ich viel zu verdanken!

Das Wiedersehen mit Prof. Dr. Sauerbruch

Eine Begebenheit, die mein Vater mehrmals erzählt hatte, ist mir noch im Gedächtnis. Bei einer Untersuchung hatte er meinem Vater eine Kanüle in den Hals geschoben, die er nicht wieder entfernen konnte. Er hatte Angst, dass mein Vater die Nerven verlieren und eventuell das Gerät verschlucken könnte. Er be- nutzte die bei ihm übliche Art, den Patienten zu duzen. „Paul, Paul, halte durch, wir schaffen es schon!" Es hatte geklappt. Später wurde mein Vater von Studenten untersucht, die seine Krankheit beurteilen mussten. Zum Beispiel, ob er in der Lage sei, zu sprechen oder nicht. Nur eine Studentin, eine Japanerin, hatte den Mut zu behaupten, mein Vater könnte nur mit großer Willensanstrengung sprechen. Das war tatsächlich richtig.

Nach den Erzählungen meines Vaters liebte der Professor das Leben, die Frauen und exzellentes Essen. Eine Pflichtübung für angehende Mediziner, die später einmal als Militärärzte eingesetzt werden sollten, war, ein Festbankett für den Professor auszurichten. Die Feiern mussten ein hohes Niveau haben. Essen, Trinken und Damen zur Unterhaltung sollen immer dazugehört haben. Wehe, wenn der ausrichtende Arzt das nicht wunschgerecht erfüllte. Böse Zungen behaupten, der erste Einsatz an der Front war ihm vergönnt.

Ich habe Sauerbruch persönlich nach dem Krieg durch Zufall kennengelernt. Mein Vater und ich waren in Berlin mit einem Lastzug unterwegs. Beim Besuch meiner Tante in der Nähe des Flughafens Tempelhof musste eine Nachbarin zur Charité ge- bracht werden. Sie bekam die Wehen und wir wurden gefragt, ob wir sie ins Krankenhaus bringen könnten. Mein Vater sagte zu und wir hatten das Glück, dass die junge Frau ihr Kind erst nach dem Transport in unserem LKW im Krankenhaus bekam. Wir hatten wegen der Eile den LKW direkt am Eingang zum Krankenhaus geparkt. Vor uns stand ein uralter Horch, davor der Fahrer. Mein Vater sprach mit dem Fahrer und erfuhr, dass er der Cheffahrer vom Sauerbruch wäre. Er erwarte seinen Chef. Auf die Frage meines Vaters, ob er sich noch immer intensiv mit Damen beschäftige, beantwortete er mit einem kurzen „ja". Im gleichen Augenblick erschien der Professor am Eingang. Ich war enttäuscht, denn ich hatte ihn mir ganz anders vorgestellt. Er war für mich optisch sehr klein.

So etwas Ähnliches ist mir später einmal mit meinem Vorbild Helmut Schmidt, dem Altkanzler der SPD, der auch sehr klein ist, passiert. Bei seinem Besuch in Washington DC im Weißen Haus, neben dem Präsidenten Ford stehend und die Parade der Ehrenkompanien abnehmend direkt vor dem Weißen Haus. Ich war Gast bei meinen amerikanischen Freunden.

Auch hier: Enttäuschung.

Mein Vater ging auf Sauerbruch zu und begrüßte ihn mit „Guten Morgen, Herr Professor!" - Er stutzte kurz, ging auf meinen Vater zu, gab ihm die Hand und sagte ohne zu zögern: „Hallo Paul, wie geht es dir, wo kommst du her?" Von dem Augenblick an wusste ich, wem wir es zu verdanken hatten, dass mein Vater nicht an die Front musste, sondern in Strausberg bleiben durfte. Es war ein schönes Erlebnis für mich, diesem bekannten Arzt begegnet zu sein.

Gefangennahme eines amerikanischen Piloten

Mai 1944 um die Mittagszeit. Meine Mutter war wohl noch immer dienstverpflichtet, konnte aber diese Dienstpflicht im eigenen Haus erledigen. Auf Antrag meines Vaters musste sie anstelle der Fabrikarbeit wöchentlich in Heimarbeit für Elektrowerke in Berlin eine festgelegte Menge Feldspat mit dünnen Messern zu sehr dünnen Plättchen für die Isolierung von Elektrogeräten herstellen. Es war eine Arbeit, bei der ich sie unterstützen konnte. Wenn mein Vater zu Hause war, wurde ich zu dieser Arbeit verdammt. Auch hier erwies es sich als Glück, dass ich auf diese Weise den Tag nicht allein verbringen musste. An Arbeit hat es bei uns zu Hause mit den vielen Tieren nie gemangelt. Bombenangriffe bei Tage gehörten für uns zur Tagesordnung, so auch am Tag nach meiner Konfirmation.

Wie üblich Fliegeralarm. Schöner Sonnentag. Papiere schnappen und ab in unseren selbstgebauten Feldbunker. Die erste Welle hatte sich schon von ihrer verheerenden Bombenlast befreit und wir beobachteten aus unserer Deckung heraus den Vorbeiflug der Flugzeuge. Wie üblich und von uns erwartet, flogen sie in Richtung Strausberg, über die wichtige Eisenbahnstrecke Berlin-Küstrin-Warschau. Die Fliegerabwehrkanonen (Flaks) schwiegen. Nach circa 10 Minuten konnten wir die nächste Welle erkennen. Der Himmel gehörte den Amerikanern und Engländern. Plötzlich und unerwartet tauchte von Osten her ein Flugzeug auf, das wir bisher noch nie gesehen hatten. Es flog mit einer Geschwindigkeit, die wir von keinem deutschen Flugzeug kannten. Es griff an und traf die Führungsmaschine des Pulkes. Das feindliche Flugzeug fing sofort Feuer, scherte aus dem Verband aus und verlor an Flughöhe. Zwei Besatzungsmitglieder sprangen mit Fallschirmen aus der torkelnden Maschine ab. Einige Minuten später zerbarst die Maschine in der Luft, etwa im Raum Rüdersdorf - Herzfelde an der alten Reichsstraße 1.

Wir waren Zeugen geworden von einem Angriff eines Düsenjägers, einer neuen deutschen Flugzeuggeneration.

So schnell, wie das deutsche Flugzeug gekommen war, war es wieder verschwunden. Ich möchte nicht verhehlen, dass alle Bunkerinsassen Beifall klatschten. Eine neue Waffe, aus den von Goebbels versprochenen kriegsentscheidenden Abwehr- und Angriffstechniken.

Zurück zu den abgesprungenen Piloten. Einer von ihnen trieb über die Rieselfelder in Richtung der Schäferei und musste nach meiner Einschätzung im Wald landen. Mein Hund Rolf und ich mit dem Kleinkalibergewehr des Fähnleins rannten ohne nachzudenken über die große Fläche des Rieselfeldes, um den Piloten in Empfang zu nehmen. Wir hatten Glück, denn wir sahen, wie er noch auf dem Rieselfeld etwa 100 Meter vom Waldrand entfernt niederging. Als wir bei ihm eintrafen, hatte er sich gerade von seinem Fallschirm befreit. Rolf brauchte keine Anweisung, er schoss auf den Piloten zu, sprang ihn an und verbellte den am Boden Liegenden. Ich musste ihn vom Piloten trennen. Er machte keine Anstalten, sich zu wehren. Mit erhobenen Händen stand er vor uns. Er erklärte mir, soweit ich sein Englisch verstand, dass er keine Waffen bei sich habe. Jetzt war mir plötzlich klar, wie blöd und unüberlegt ich mich in Gefahr begeben hatte. Ich zeigte auf mein Kleinkalibergewehr und er verstand, dass ich davon Gebrauch machen würde. Der Hund ließ ihn nicht aus den Augen und hatte sich nach meinem Befehl hingesetzt. Ich, der Pimpf, hatte einen Piloten des Gegners gefangen genommen.

Mann, war ich stolz!

Über den Stolz hätte ich fast vergessen, dass Krieg keine Kino- oder Theatervorstellung ist, sondern eine lebensbedrohende Angelegenheit zwischen sich bekämpfenden Rivalen. Ich fragte ihn, ob er verletzt sei, was er verneinte. Erschrocken war ich über sein

„Outfit“. Er trug keine richtige Uniform, so wie unsere Piloten.

Auf dem Kopf trug er noch die Fliegerkappe, ähnlich die der deut- schen, eine normale Hose, einen schneeweißen Rollpulli und eine Lederjacke in braun mit Pelzkragen, dazu holzschuhähnliche Clogs. Als er sich bei der Überprüfung nach Waffen umdrehte, sah ich auf seiner Jacke etwas, was ich nicht erwartet hatte:

Eine Malerei in tollen Farben.

Ein weißes, springendes Pferd und eine schöne Frau, natürlich nackt, auf dem Rücken des Pferdes. Junge, das war vielleicht ein Anblick! Davon hatte mir vorher niemand etwas erzählt. Meine Psyche wurde urplötzlich wieder normal. Das bekannte Pfeifen und Zischen in der Luft erinnerte mich jedoch daran, dass sich über unseren Köpfen noch immer der Krieg abspielte.

Wir -der amerikanische Bomberpilot, mein Hund und ich - waren immer noch Mitspieler in einer lebensgefährlichen Auseinandersetzung:

In der Luft hatte eine Rotte deutscher Jagdflugzeuge die 2. Welle der Bomber angegriffen. Und wie so oft in so einem Fall, versuchten die fliegenden Festungen sich durch Notabwürfe von ihrer schweren Last zu befreien, um dadurch flugtechnisch beweglicher zu werden. Die ersten Bomben fielen in nächster Nähe von uns ins Rieselfeld, andere in den benachbarten Wald. Staub und Dreck flogen uns Dreien um die Ohren. Wir wollten in Richtung Bunker zurücklaufen, um uns aus dem gefährlichen Bereich zu entfernen. Es war zu spät. Hunderte von Stabbrandbomben deckten uns ein. Der Amerikaner und ich hatten zu tun, uns vor diesen gefährlichen Brandbomben zu schützen. Der Hund begriff natürlich nicht, warum wir wie Verrückte hin- und hersprangen, um diesen schräg von oben pfeifend auf uns niedergehenden Dingern zu entgehen. Der Hund hatte sich instinktiv an den Hosen des Piloten festgebissen. Vielleicht wurde ihm dadurch das Leben gerettet, denn er konnte die Gefahr dieser tödlichen kleinen Bomben ja nicht einschätzen. Er wollte nur sein Herrchen schützen.

Deshalb auch heute noch meine Liebe zu Hunden.

Erst auf meinen Befehl hin ließ er den armen Menschen los. Es war aber auch dringend nötig! Denn die auf dem Boden eingeschlagenen Stabbrandbomben waren hochgradig gefährlich. Sie fingen sofort am Boden an zu brennen, ausgelöst durch einen Aufschlagzünder. Brandgeruch, Staub, Dreck, Motorengeräusche der sich bekämpfenden Flugzeuge, das Knattern der Maschinenwaffen; die abgeworfenen Phosphorkanister verstärkten das Inferno.

Der Wald brannte.

Wir waren in diesem kurzen Augenblick nicht mehr Feinde. Wir waren ängstliche, gemeinsam leidende Menschen.

Auf halber Strecke zum Bunker legten wir eine Verschnaufpause ein. Mit seinem eigenen Verbandszeug konnten wir gemeinsam die Bisswunde meines Hundes an seinem Bein verbinden. Er ließ sich hier noch einmal nach Waffen durchsuchen. Ich brachte ihn zu unserem Bunker. Meine Mutter wäre vor Angst fast gestorben…

Ich übergab ihn dann unserem Dorfpolizisten, der ihn zur Vernehmung nach Strausberg brachte. Meine Mutter hatte ihm auf seine Bitte hin etwas zu trinken geholt, dafür bedankte er sich ganz herzlich. Ich glaube, er war froh, dass er alles so gut überstanden hatte.

Der zweite Soldat war in Herzfelde gelandet. In dem Buch über Herzfelde, das mir meine Cousine im Jahr 2010 zuschickte, las ich, dass ein dort abgesprungener Soldat von der Menschenmenge umgebracht worden sei. Mitleid und Scham. Der eine hatte Glück, der andere Unglück. Diese Selbstjustiz kann ich persönlich nur verabscheuen. Was wäre gewesen, wenn einem ihrer Familienangehörigen dieses widerfahren wäre? Ich hatte meinen Auftrag nach bestem Wissen und Gewissen erledigt.

Ich hatte wie mein Gefangener auch Glück, dass wir uns getroffen hatten.

Am selben Abend stand plötzlich mein Vater in der Tür. Ich wollte ihm stolz mein Abenteuer erzählen. Das war aber nicht mehr nötig. Aufgrund des Umstandes, dass ich den Amerikaner vorschriftsmäßig gemäß der Genfer Konvention behandelt hatte, war es zu verdanken, dass mein Vater Sonderurlaub von seinem Kommandeur Oberst Julius Buckler bekommen hatte.

Oberst Julius Buckler

Ich kannte den Oberst vom Sehen. Wenn ich mit meinem Fahrrad zum Flughafen Fliegerhorst Strausberg fuhr, um von draußen den Flugbetrieb zu beobachten, hatte ich ihn mehrmals auf einem Krad gesehen. Er hatte mich in seiner Uniform, im Sommer ohne Jacke und nur mit einem Hemd bekleidet, am Hals die höchste Auszeichnung für Tapferkeit im Weltkrieg, immer wieder beeindruckt. Der Militärorden Pour le Mérite war wunderschön. Buckler hatte sich diesen Orden als Jagdflieger im Zweikampf mit seinem Gegner verdient. Er hatte mehr Abschüsse als sein Chef, der Generalfeldmarschall Hermann Göring, der sich diesen Orden ebenfalls als Jagdflieger erworben hatte. Da Buckler aber kein Nazi war und sich sein Geld als einer der bekanntesten Kunstflieger nach dem Ersten Weltkrieg mit Flugrennen und Kunstfliegen verdient hatte, war er erst sehr viel später wieder Soldat geworden.

Am Ende des Zweiten Weltkrieges gehörte ihm in Berlin die Baufirma Kopp & Cie. Nach dem Krieg, in der Zeit von 1947-1952, wohnte er in Timmendorf, nahe Lübeck. Er war mit der Schwester von Wernher von Braun verheiratet. Mein Vater unterstützte ihn in dieser Zeit so gut er konnte. Buckler fuhr sogar mit mir als Beifahrer auf unserem Lastzug mit. Nach 1952 zog er nach Bonn und gründete dort wieder eine Baufirma. Wir haben ihn und seine Frau dort mehrmals besucht. Das letzte Mal, als ich nach Huntsville, Atlanta (USA) zur Ausbildung ging. Er und seine Frau trugen mir besondere Grüße an Wernher von Braun auf.

Meine Tochter hatte das Vergnügen, Wernher von Braun die Hand zu schütteln, als er ihre Schule in Huntsville besuchte. Später, als Transportoffizier in Washington DC, hatte ich Gelegenheit, ihn kurz vor seinem Tod persönlich zu sehen. Es war auf einer Tagung des diplomatischen Korps der Deutschen Botschaft in Washington DC. Er hielt dort einen Vortrag über die Zukunft der Raketentech- nik.

Noch etwas Besonderes zu Oberst Julius Buckler.

Er hatte mir einmal sein Buch „Malaula, der Schlachtruf meiner Staffel" vom Dachdeckerlehrling zum Pour-le-Mérite-Offizier gegeben. Leider ist es nicht mehr vorhanden. Er war auch Ehrenbürger seiner Geburtsstadt Mainz. In den 20er Jahren des letzten Jahrhunderts hatte er den Englandflug gewonnen und von der Königin von England den Pokal überreicht bekommen. Dieser Umstand kam ihm 1945 am Ende des Zweiten Weltkrieges zugute. Er war von den Engländern in Schleswig-Holstein gefangen genommen und von dort in ein spezielles Offiziersgefangenenlager nach Hamburg transportiert worden. Bei der Aufnahme im Lager entriss ihm ein britischer Sergeant der Wachmannschaft den Orden. Buckler beschwerte sich beim englischen Kommandanten über die Art der Behandlung. Dieser befahl den Sergeanten zu sich und nahm ihm den Orden wieder ab.

Der britische Oberstleutnant entschuldigte sich bei Buckler. Eine Woche später wurde Buckler erneut zum Kommandanten befohlen, der ihm mitteilte, dass er mit sofortiger Wirkung entlassen wird. Er hatte seine Aussagen überprüfen lassen und war somit informiert über die besondere Ehrung Bucklers in England.

Meine Kriegserlebnisse

Wir hatten das Glück, das Weihnachtsfest 1944 mit meinem Vater zusammen zu erleben. Es war das wohl schwerste, bedrückendste Weihnachtsfest was ich erlebt habe.

Mein Vater hatte Urlaub. Er sprach davon, dass bei Näherrücken der russischen Front der Fliegerhorst Strausberg und das Jagdgeschwader 11 verlegt werden könnten. Es war die Zeit, wo am Abend das ganze Haus abgedunkelt war. Im Ort brannten schon lange Zeit keine Straßenlaternen mehr. Wir trugen zur Kenntlichmachung kleine „Buttons", wie man heute dazu sagen würde. Sie waren mit phosphoreszierender Farbe bemalt, die uns zur gegenseitigen Erkennung im Dunkeln auf Wegen und Straßen dienten.

„Hindenburglichte", Taschenlampen und die Petroleumlaternen waren unsere nächtlichen Beleuchtungsträger.

Ende 1944 wurde das „letzte Aufgebot", der Volkssturm aufgestellt. Äußerlich mit einer Armbinde gekennzeichnet, waren die Eingezogenen in militärähnlichen Einheiten als Waffenträger erkennbar. Sie hatten damit „Kombattantenstatus" und waren also keine Partisanen. Alter dieser Personen männlichen Geschlechts war von 14 Jahren bis zum Großvater.

Bewaffnung: Alles was man zum Schießen benutzen konnte. Zusätzlich wurden zum Zivilanzug mit Volkssturmbinde auch noch alte Uniformen und Waffen aus dem Ersten Weltkrieg getragen. Auftrag: Verteidigung der Heimat. Hitlers letztes Aufgebot. Es waren bunte Haufen. Ich gehörte auch zu einem dieser Haufen. Uniformiert mit der Jungvolkuniform und einem Teil meines örtlichen Fähnleins. Ich war als „Hauptjungzugführer" auch kommissarischer Fähnleinführer.

Ausgangslage

Die russischen Streitkräfte begannen von Polen aus den Großangriff auf Berlin. Unser Ort sowie auch Küstrin an der Oder lagen auf der Angriffsachse der Sowjets. In unserem Wohnort Petershagen zog ein Infanteriebataillon ein. Unsere „Neue Volksschule" mit der großen Sporthalle wurde zum logistischen Zentrum dieses Verbandes. Die Soldaten mit Ausnahme der Versorgungsteile waren im Raum Küstrin und den Seelower Höhen eingesetzt. Verpflegung, Munition, Waffen und Unterkunftsbaumaterial wurden in der Turnhalle gelagert. Die Feldküchen waren hier auch untergebracht. Die Verpflegung wurde täglich per LKW an die Front gebracht. Ein junger Leutnant war für dieses Logistikzentrum verantwortlich. Die Kameraden wurden unter meiner Führung dem Leutnant als Hilfskräfte–Truppe zur Sicherung, Bewachung und als „Pfadfinder" wegen unserer Ortskenntnisse unter- stellt. Ergänzt wurde unsere „Truppe" durch einige unserer älteren männlichen Mitbewohner. Ein bunter Haufen, das letzte Aufgebot eben. „Kanonenfutter" für einen „geisteskranken Führer" und einen Teil seiner Anhänger. So sehe ich heute die damalige Situation.

Damals waren wir Jugendliche überzeugte Mitläufer des nazistischen Systems.

Ich kann mich noch erinnern, wie die Bevölkerung aufgefordert wurde, Kriegswaffen und Waffen jeder Art einschließlich Jagdwaffen und Munition zu spenden. In dem Saal einer Gastwirtschaft wurde sortiert. Ein Teil der verwendbaren Schusswaffen wurde an uns übergeben. Ich war für die Bestandsaufnahme zu- ständig sowie bei der Verteilung der Waffen an die künftigen Nutzer beteiligt. Für mich hatte ich einen Colt russischen Typs (Trommelrevolver) mit Munition ausgesucht und mitgenommen. Der Colt stammte wahrscheinlich aus dem Beutefundus eines

Soldaten, der diese Waffe und die Munition zur Erinnerung nach Hause mitgebracht hatte. Die Genehmigung zum Tragen dieser Waffe bekam ich schriftlich von dem Leutnant, dem wir unterstellt waren.

Das Infanteriebataillon war an der Front, den Seelower Höhen, zur Abwehr der Russen eingesetzt. Weil die Mehrzahl des Nachzuges aus dem örtlichen Jungvolkfähnlein kam, wurde ich zum Stellvertreter des Leutnants eingesetzt. Dies galt bis zum Zeitpunkt seines Verschwindens bei unserem Rückzug von Petershagen in Richtung Berlin. Dort übergab er mir das Kommando. Er sagte mir, dass er uns bei der örtlichen Kommandantur der sogenannten Versprengtensammelstelle anmelden wollte. Es geschah vor einer Übernachtung in Grünau in einer Schule, die schon von Flüchtlingen belegt war.

Ich hatte schon erwähnt, dass ich in Petershagen auch zur Betreuung und Versorgung von Flüchtlingstrecks und auch zum Bau von Panzersperren auf den Zugangsstraßen in unserem Dorf eingesetzt wurde.

Ein besonderes Ereignis hatte für mich und für alle daran Beteiligten einen glücklichen Verlauf. Es war ein Einsatz von zwei meiner Pimpfe und mir. Gemäß Befehl des Standortkommandanten hatten wir den Auftrag, einen Mann in Petershagen festzunehmen, der wahrscheinlich von einem Nachbarn denunziert worden war. Als wir drei bewaffnet bei ihm zu Hause eintrafen, ließ er sich ohne Widerstand zu leisten festnehmen. Unser Glück! Er folgte meiner Anweisung mitzukommen. Er musste vor uns hergehen. Wir folgten ihm unter Androhung des Schusswaffengebrauches bei Fluchtversuch. Wir konnten ihn heil im Petershagener Rathaus abgeben. Auf Befragung, aus welchem Grund der Mann denn verhaftet worden ist, wurde uns kurz erklärt, dass er ein „Volksfeind“ sei, der schon einmal im KZ gewesen sei und jetzt zusätzlich noch kritische Bemerkungen über den „erhofften Endsieg“ Hitlers gemacht haben sollte. Er wurde auf der Toilette des Gemeindehauses eingesperrt. Was aus ihm geworden ist? Ich weiß es nicht.

Das alles bei einer militärischen Lage, die schlechter gar nicht sein konnte. Die Russen hatten bekanntlich mit einer Angriffsarmee die Oder erreicht (Ende 1944). Die Hauptstoßrichtung des weiteren Angriffes auf Berlin war die Achse Küstrin–Berlin. Tausende Panzer, tausende Geschütze und Raketenwerfer mit einer Personal- stärke in Millionenhöhe. Die Luftangriffe der westlichen Alliierten auf Deutschland, hier speziell auf Berlin, verstärkten die russischen Angriffskräfte.

Die einzige Luftwaffenunterstützung waren die Kampfeinsätze der Sturzkampfflugzeuge vom Typ Stuka sowie die Junkers Ju 87 einmotorige Flugzeuge, als reine Bomber konzipiert. Sie waren das erste Mal in Polen 1939 zum Einsatz gekommen! Besatzung: zwei Mann. Der Pilot vorne und der Heckschütze auf dem hinteren Sitz. Die angegriffenen Ziele wurden mit dem Flugzeug anvisiert und dann im Sturzflug vom Piloten direkt angeflogen. Unter normalen Umständen geschah dies im Rottenverband von zwei bis drei Maschinen. Während des Sturzfluges ertönten an den Maschinen Heulsirenen in überdimensionaler Lautstärke. Die psychologische Wirkung dieser Geräusche muss nach Aussagen von Betroffenen ungeheuerlich gewesen sein. Nach Auslösen der Bomben in sehr niedriger Höhe musste das Flugzeug sofort wie- der aufsteigen. Ein Problem war die große Belastung der Besatzung im Sturzflug mit dem anschließenden Hochreißen der Maschine. Die körperlichen Belastungen für die Besatzungen waren so stark, dass sie spezielle Ärzte in ihrem Verband hatten, die die körperliche Verfassung permanent beobachteten. Diese Art der Einsätze waren am Ende des Krieges „out“, überholt.

Führer dieser Spezialflieger war Oberst Rudel, der am höchsten dekorierte Soldat im Zweiten Weltkrieg. Er erfand die neue Einsatzverwendung seiner Flieger. Die Flugzeuge wurden am Ende des Krieges unter seiner persönlichen Führung im Einsatz gegen die in Massen angreifenden russischen Panzer verwendet. Die Flugzeuge waren mit speziellen Bordkanonen ausgerüstet und wurden im normalen Sichtkontakt Flugzeugführer–Panzer in Baumhöhe eingesetzt. Die schwächste Panzerung der russischen Panzer waren in der damaligen Zeit die oberen Luken, die im Gegensatz zu der tonnenschweren Panzerung vorn, seitlich und hinten sehr dünn waren. Sie mussten von Hand geschlossen und geöffnet werden. Rudel griff Panzer für Panzer im flachen Winkel auf diese Schwachstellen mit seinen Kanonen an. Auf diese Art vernichtete er in kürzester Zeit hunderte russischer Panzer. Als Jugendlicher war Rudel für uns er war ehemaliger HJ-Führer - das Idol überhaupt. Ich kann mich daran erinnern, dass er oft über unserem Ort mit seinen Flugzeugen die Panzer der Russen auf der anderen Seite der Oder bei Küstrin angriff. Wenn er zurück kam und Erfolg gehabt hatte, wackelten die erfolgreichen Flugzeugführer mit ihren Tragflächen.

Eines Tages kamen die Flieger ohne ihren Führer Oberst Rudel zurück. Er war nach einem Angriff selbst abgeschossen worden und musste im Niemandsland notlanden. Der nächste Flughafen war Strausberg, wo mein Vater Soldat war. Eine Such- und Kampfeinheit wurde dort sofort aufgestellt und in Richtung Osten transportiert. Auftrag: Rudel finden und ihn in Sicherheit bringen. Mein Vater war bei dieser Truppe im Einsatz. Aber Oberst Rudel hätte nicht Rudel geheißen, wenn er sich nicht selbst geholfen hätte. Er hatte sich in Richtung Westen, nämlich zur deutschen Seite, ohne Hilfe allein durchgeschlagen.

Ich schließe jetzt wieder an meine Ausführungen über unseren Rückzug aus Petershagen an. Wir verließen den Ort, als die ersten Panzer sich in Altlandsberg und auch in Herzfelde (Stienitzsee) befanden. Das Verlassen geschah bei Nacht. Hier hatte ich auch ein Erlebnis, dass ich erzählen muss.

Abschied aus Petershagen

Wir waren nur einige Kilometer Richtung Westen gekommen. Der Zug mit dem noch vorhandenen Leutnant bezog Quartier in Neuenhagen auf einem Schulhof, wo sich schon reguläre Soldaten in kleinen Gruppen befanden. Ich war eingeteilt worden, die Luftsicherung mit einigen meiner Kameraden zu übernehmen. Dazu hatte man mir ein Maschinengewehr mit einer speziellen Zieleinrichtung für die Flugabwehr in die Hand gedrückt. Im Morgengrauen und getarnt unter einem Baum beobachteten wir den Luftraum. Diese Waffe war nur für die Bekämpfung auf kürzerer Entfernung einsetzbar. Als aus dem Osten im aufgehenden Sonnenlicht ein einmotoriges Flugzeug der Russen anflog - wir kannten als Jugendliche diese Art des Geräusches - merkten wir, dass es sich um eine „Rata“ handelte. Diese Flugzeuge benutzten die Russen als Aufklärungsmaschinen. Zwei Mann Besatzung. Sie waren besonders gefürchtet, weil sie ein primitives Verfahren des Bombenabwurfes benutzten, um uns kampfunfähig zu machen. Sie warfen einfach Handgranaten zur Erde.

Ich hatte alles feuerbereit gemacht. Die Maschine befand sich im Vorbeiflug. Ich hatte sie im Visier und wollte gerade abdrücken, als mich jemand von hinten umriss und mir noch dazu mehrere Ohrfeigen versetzte. Vor mir stand ein Oberfeldwebel der Infanterie, nach seinem Orden ein erfahrener Russlandkämpfer. Er trug auch den sogenannten „Gefrierfleischorden“ für seine Verdienste in dem berüchtigten russischen Wintereinsatz. Er hatte das Alter meines Vaters. Ich konnte nur noch heulen.

„Bist du verrückt geworden, dem Piloten zu zeigen, wo wir sind?“ „Verschwinde und gehe in Deckung, wenn der uns gesehen hat, können wir uns auf etwas gefasst machen“.

Seine Truppe hatte dieses Theater mitbekommen, aus Erfahrung Deckung gesucht und nun auf die Befehle ihres Anführers gewartet, der mich gerade verrüscht hatte. Die Maschine tuckerte weiter, hatte uns entweder nicht gesehen oder hatte einen anderen Auftrag. Da stand ich nun heulend an meinem Maschinengewehr! Was ich gedacht habe? Ich weiß es nicht mehr. Dieser Oberfeldwebel - er war für mich absolute Obrigkeit. Einmal von seinem Dienstgrad her, dann wegen seiner erkennbaren Leistungen als Soldat durch sein Ehrenzeichen. Und, last but not least, war er außer der Amtsautorität auch für mich wie mein Vater! Als ich mich wieder erholt hatte, sah ich, wie er seine Truppe marschbereit machte. Plötzlich drehte er sich um, kam auf mich zu, gab mir die Hand und entschuldigte sich für sein Verhalten. Er wünschte mir „viel Soldatenglück" und im Nebensatz erklärte er mir, er hätte für einen kurzen Augenblick seinen eigenen Sohn vor sich gesehen, der fast im gleichen Alter wie ich war. Er kam aus dem Rheinland. Heute kann ich ihn voll verstehen. Ich bin ihm dankbar für die Ohrfeigen. Er hat uns alle vor dem Bösen bewahrt.

Ich wollte Held spielen.

Er war nur um unsere Sicherheit bemüht.

In Grünau, in Richtung Westen marschierend, übernachteten wir - 10 bis 12 Pimpfe - in einer Schule. Dort wurden wir zusammen mit Flüchtlingen betreut und verpflegt. Hier traf ich kurz meine Tante, die mit dem Treck der Familie Mann aus Herzfelde schon vorher eingetroffen war. Am nächsten Morgen zogen wir sehr früh weiter, ohne den Leutnant. Mit zwei Handwagen und einigen Fahrrädern. Die MG42, mehrere Panzerfäuste, Munition, Wasser und etwas Marschverpflegung wurden auf Fahrrädern verstaut. Die Sonne im Rücken und ohne jede Ortskenntnisse marschierten wir los. Mich hatte man zum Führer dieses Haufens ernannt. So oder ähnlich muss es im Mittelalter bei den Landsknechten zugegangen sein. Interessanterweise schlossen sich unserer Gruppe im Laufe des Marsches auch erwachsene Männer an. Darunter auch einige reguläre Soldaten. Wie unser verschwundener Leutnant hatte ich zum Schutze unserer Truppe einen Spähtrupp auf Fahrrädern, ca. 300 Meter vor uns eingesetzt. Die sollten uns bei Gefahr warnen und sich ohne Widerstand zurückziehen.

Heldentum war abgesagt

Motorengeräusche lenkten unsere Blicke nach links. Unser Schrecken war groß. Unser Vorkommando kam in vollem Tempo zu uns zurück. Zwischen Baumreihen und Gebüschen konnten wir landende Flugzeuge erkennen. Die waren so mit sich selbst beschäftigt, dass sie uns nicht wahrnehmen konnten. Einer der uns begleitenden Soldaten hatte ein Fernglas dabei. Er erkannte die berüchtigten russischen Ratas, die dort landeten und starteten. Gottseidank nicht in unserer Richtung. Es war ein deutscher Fliegerhorst mit abgestellten und teilweise zerstörten Jagdflugzeugen. Die Russen mussten sich an diesem Morgen einquartiert haben, nach Verlassen der dort stationierten deutschen Flieger. So oder ähnlich war es auch in Strausberg gewesen. Der große Flugplatz war schon vorher ohne Verteidigung aufgegeben worden. Die fliegenden Einheiten und die anderen benötigten Truppenteile wurden vor Eintreffen der Russen von Strausberg nach Schleswig-Holstein in den Ort Handewitt verlegt. So die Erzählung meines Vaters, ein Jahr nach Kriegsende.

Zurück zu uns! Hier half uns nur die Flucht und zwar schnell und sofort. Wir taten es so gut, dass wir nach einer halben Stunde eine riesige Ruhepause einlegen mussten. Die Belastung mit vollem Gerät war doch sehr groß für uns. Geschützt durch einige Bäume, hatten wir uns fast häuslich niedergelassen. Vier von meinen Kameraden unter Führung eines Landsers sicherten uns nach allen Seiten ab. Es herrschte wohltuende Ruhe. Aus dem Westen kamen nur vereinzelte Geräusche von Abschüssen feindlicher oder eigener Geschütze. Hier konnte man es aushalten. Ohne feindliche Flieger in der Luft wollten wir etwas länger hierbleiben.

„Die Rechnung macht man meistens ohne den Wirt", so sagt es eine Volksweisheit. Wir wurden wieder durch Motorengeräusche aus westlicher Richtung aufgeschreckt. Es waren Motorengeräusche von anfahrenden Panzern. „Volle Deckung" für alle! Der Soldat mit dem Fernglas erkannte, dass es sich um deutsche Pan- zer handelte. Sie standen gut getarnt in einem kleinen Wäldchen. So schnell wir konnten rannten wir zu ihnen. Wir fanden einen Panther-Panzer und mehrere Schützenpanzer. Sie hatten uns schon länger beobachtet, sich aber vorsichtshalber unter den Bäumen versteckt. Es war eine der vielen kleinen Kampfgruppen der SS-Division „Viking". Die Soldaten dieser Kampfgruppen waren Freiwillige aus Schweden, Norwegen und anderen Staaten. Wir wurden von ihnen sofort eingegliedert. Der Kommandeur befahl uns aufzusitzen, einige von uns auf den Panther, die anderen in den Schützenpanzerwagen.

In dem Bereich Oder Berlin waren noch andere SS-Einsatztruppen eingesetzt. Wie beispielsweise die Nordland-Division, die SS- Division Norge sowie die neu aufgestellte deutsche Panzer-Division Müncheberg. Wir zogen uns sehr vorsichtig in Richtung Westen zurück. Wir bezogen in Niederschönweide Stellung.

Verteidigung der Treskow-Brücke

Der Auftrag war erstens die Treskow-Brücke gegen russische Einheiten zu verteidigen und zweitens die fliehenden deutschen Soldaten aufzuhalten und sie wieder in eine kämpfende Einheit einzugliedern. Die Brücke sollte bis zur letzten Patrone verteidigt werden. Wenn ich es heute hier so hinschreibe, frage ich mich, welchen Sinn diese Aktion zu der Zeit noch hatte.

Das ist das Problem heute. Damals hatten wir einen Befehl und den hatten wir auszuführen. Feigheit vor dem Feind wurde gemäß militärischer Gerichtsbarkeit mit dem Tod bestraft!

Es gab auch für uns Pimpfe keine Alternative. Unter Führung eines Unterscharführers (Unteroffizier der Wehrmacht) mussten wir die Balkons im 1. Stock der noch nicht durch Luftangriffe zerstörten Häuser besetzen und zur Verteidigung herrichten. Primitiver ging es nicht. Steine, Sandsäcke, Matratzen etc. waren das Material, was wir organisieren konnten. Die „versprengten Soldaten“ sollten entweder sofort bei uns eingegliedert werden oder über die Treskowbrücke zur Versprengtensammelstelle ge- führt werden. Die Bewohner dieser Häuser an der Straße zur Brücke hatten die Wohnungen verlassen. Wir benutzten alles, was zu unserem Schutz verwendbar war. Einen Spähtrupp der Russen erkannten wir rechtzeitig und auf Befehl unseres Unterscharführers nahmen wir ihn unter Feuer. Wie erwartet zogen sich die russischen Soldaten kampflos zurück. Sie hatten ihren Auftrag erfüllt und waren wahrscheinlich froh, den Ort unversehrt verlassen zu können.

Gegen Abend kamen vereinzelt deutsche Soldaten erschöpft und teilweise verwundet aus Richtung des Feindes. Wir ließen sie ohne Hinderung passieren und erfuhren von ihnen, wo und in welcher Entfernung sich der Russe vor uns befand. Es handelte sich um Panzer, Raketenwerfer und Sowjetsoldaten in großer Zahl. Der Unterscharfüher rechnete mit einem Nachtangriff und den sogar noch in derselben Nacht. Unser Gruppenführer ging zum Gefechtsstand der Truppe auf die andere Seite der Brücke, um den Chef über seine Erkenntnisse zu informieren. Als er zurückkam, erklärte er uns, dass die Brücke von uns bis 24.00 Uhr gehalten werden müsse. Die Erkundungen von uns über eine Möglichkeit des Rückzuges nach der Brückensprengung konnten wir vergessen. Sollte sie früher, das heißt vor unserem Abzug (erlaubt) gesprengt werden, hätten wir einen alten Kahn nutzen können. Auf beiden Seiten waren Späher eingesetzt, die uns rechtzeitig warnen sollten. Genau um 24.00 Uhr spurteten wir in schnellster Gangart über die noch vorhandene Brücke. Gottseidank!

In einiger Entfernung trafen wir auf die SPz (Schützenpanzer) der

„Viking“, unsere derzeitige Truppe. Sie waren abmarschbereit. Wir waren unter Freunden, denn unter den Besatzungsmitgliedern der Kampffahrzeuge waren auch einige Schulfreunde aus Neuenhagen–Hoppegarten. Sie hatten einen ähnlichen Werdegang als Angehörige des Volkssturms wie wir durchlaufen. Im Dunkeln, nur bei abgeblendeten Taschenlampen, haben wir uns wiedererkannt. Teilweise trugen sie schon Uniformen ihrer Kampfgruppe, während wir in Jungvolkuniform mit der Armbinde „Volkssturm" als Angehörige der bewaffneten Streitkräfte erkennbar waren. Wir entfernten uns gemeinsam mit den Schützenpanzern in Richtung Britz, wo wir ein- und unterzogen. Britz war für kurze Zeit für alle Soldaten der kleinen Kampfgruppe feindfrei und unser Erholungsort. Wir übernachteten zwei Nächte in den von den Einwohnern verlassenen Einfamilienhäusern. Zusätzliche Verpflegung zu der noch in ausreichendem Maße vorhandenen speziellen „Einsatzverpflegung für Panzerleute im Kampfeinsatz" genossen wir alle. Wachdienst für uns war klar; im Wechsel mit den SS-Leuten. Diese hatten tagsüber ihr gesamtes Gerät auf Einsatzfähigkeit zu untersuchen, zu pflegen und zu warten. Wir konnten nur als gute Hilfskräfte fungieren. In den Betten der geflohenen Einwohner erholten wir uns. Endlich nach Wochen wieder mehr Wasser als nur zum Trinken!

Körperpflege war angesagt; die teilweise vorhandenen Badeinrichtungen wurden von uns ausgiebig genutzt. Heißes Wasser vom Kochherd hatten wir schon lange vermisst. Seife hatte ich das letzte Mal zu Hause benutzt.

Dieser Zustand ging schneller zu Ende als gedacht. Am zweiten Tag kam mittags per Funk der neue Einsatzbefehl. Ziel und Einsatzort sollte bei Adlershof sein. Nur ein Teil von uns konnte bei der Truppe bleiben.

Wir, die anderen, waren wieder erst einmal uns selbst überlassen. Wir wussten aber aus Gesprächen mit Kameraden, dass der Ring um Berlin von den Sowjets schon überall geschlossen war. Ein Entkommen wäre fast unmöglich gewesen. Ein Kamerad aus meinem Fähnlein schlug vor, seinen Vater, der als Kripobeamter im Polizeipräsidium Berlin tätig war, aufzusuchen. Das Präsidium lag am Schlesischen Bahnhof. Wir ließen uns erklären, wo ungefähr der Weg dorthin war. Es wurde in den Trümmerfeldern der Stadt Berlin immer schwieriger, den richtigen Weg zu finden.

Unsere Panzerfäuste, das MG, Munition, Verpflegung, Wasser, wurden wie gehabt auf einen requirierten (entwendeten) Bollerwagen geladen. Der Abschied fiel uns allen verdammt schwer. Es war das erste Mal in meinem Leben, dass ich den Begriff Kamerad und eine echte Kameradschaft kennengelernt habe. Dieser Begriff ist im Laufe meines Lebens nicht nur im Wortschatz als Erinnerung vorhanden. Er hat mich geprägt, mich verbunden mit den vielen mir fremden Menschen, mit denen ich zu tun hatte.

Freunde kann man sich aussuchen, Kameraden kann man sich als Soldat nicht aussuchen. Kameradschaft bedeutet ein Füreinander und Miteinander, als Bindeglied der Truppe, sich gegen- seitig unter Einsatz des eigenen Lebens zu helfen.

Wir erreichten tatsächlich das Polizeipräsidium von Berlin. Die Bombenangriffe der Alliierten und auch der Beschuss der vor de Tür stehenden russischen Artillerie mit den sogenannten „Stalinorgeln“ zwangen uns, eine schützende Deckung zu suchen. Die einzige Möglichkeit war das Kellergewölbe des Präsidiums.

Dort ging es zu wie in einem Taubenschlag. Soldaten, Zivilisten, Sanitäter, Volkssturm wie wir und Verwundete gingen ein und aus in dieser Anlage. Wir mussten auch hinein, allerdings nur mit Widerwillen. Denn beim Betreten dieser „Kommandozentrale“, stellten wir fest, dass durch die große Menschenmenge ein Atmen kaum möglich war. Unser Luftschutzbunker zu Hause war im Vergleich dazu ein Ort der Erholung. Hier sah ich zum ersten Mal einen Verwundeten mit einer Kopfverletzung. Ein Granatsplitter hatte den Helm zerschlagen. Er kam zu spät zur Behandlung. Er starb gleich am Eingang dieses Bunker-Kellersystems. Ich entschied mich, den Ort wieder zu verlassen. Die Handvoll Kamera- den waren meiner Meinung. Lieber draußen untergehen, als in diesem chaotischen Umfeld zu vegetieren! Wir verließen diesen Ort mit Bollerwagen, Waffen und Verpflegung.

Wohin? Nobody knows! Also wieder Richtung Westen. Das Wort „Westen“ war Hoffnung! War Zukunft! Nur nicht für uns!

Wir wurden von Streifen der Militärpolizei (später Feldjäger der Bundeswehr) nach Neukölln geleitet. Hier fanden wir ähnliche Umstände wie am Schlesischen Bahnhof vor. Kettenhunde, Versprengtensammelstelle, Soldaten, Flüchtlinge, versprengte Trecks mit einigen Pferdewagen. Angesichts des Neuköllner Rathauses zogen wir mit Bollerwagen und Gerät wieder einmal in Deckung.

Wo sollen wir hin?

Wir hatten unser Lager in einem ausgebrannten Hinterhofhaus aufgeschlagen und versuchten, Verpflegung zu ergattern. Wir waren müde und erschöpft. Während meine Freunde neben ihren Waffen schliefen, sah ich, was hier passierte. Wie sah die Zukunft aus? Während meines Suchens sprach mich ein junger Unteroffizier an. Er gab mir den guten Rat, mich und meine Kameraden in die hinterste Ecke zu verziehen. Andernfalls könnten wir bei der beabsichtigten Verteidigung des Rathauses Neukölln eingesetzt werden. Wir sollten uns bis zum Einbruch der Dunkelheit verstecken und dann versuchen, in Richtung Westen zu entkommen. Er erklärte, wie wir ungefähr zu gehen hätten. Wir warteten auf die Dunkelheit zum Verschwinden. Wagen, MG und Panzerfäuste stellten wir in der nächsten Ecke ab. Nur mit Handfeuerwaffen ausgestattet, marschierten wir ungehindert ab. Ohne Beleuchtung in einer zerstörten Stadt. Die Straßen kaum noch befahrbar. Die einzige Beleuchtung war unsere Taschenlampe. Allenfalls das Feuer in den in der letzten Nacht bombardierten Stadtteilen zeigte uns etwas den Weg.

Nach einiger Zeit wurden wir plötzlich angerufen. „Parole“ wurde von uns verlangt. Es waren Angehörige eines vorgeschobenen Feldpostens der „Leibstandarte Adolf Hitler“ (LAH), wie sich herausstellte. Die normale übliche Kennzeichnung am Ärmelstreifen „Leibstandarte Adolf Hitler“ war ihnen von Hitler persönlich abgenommen worden, weil sie angeblich bei den Einsätzen in Ungarn nicht immer bis zur „letzten Patrone“ gekämpft hatten. Es waren junge Soldaten im Alter von etwa 19 bis 20 Jahren. Sie fragten, was wir vorhätten. Wir erzählten ihnen von unseren bisherigen Einsätzen. Sie erklärten uns, dass auch sie keine genauen Kenntnisse über die tatsächliche militärische Lage hätten. Der Ring um Berlin hatte zu diesem Zeitpunkt kaum noch Schlupflöcher. Sie informierten uns, dass sich vor uns ein Teil unserer alten Einsatzgruppe bei ihnen gemeldet hätte. Diese hätten sich entschlosen, bei ihnen, der LAH, mitzukämpfen. Entweder wir versuchten, links an ihrem Vorposten vorbeizukommen oder es unseren Kameraden nachzumachen und der LAH beizutreten. Zu damaliger Zeit ein mehr als faires Angebot.

Wir hatten viel Glück, woanders hätte man uns wegen Feigheit und Kriegsdienstverweigerung erschossen. Sie begleiteten uns zu ihrem Gefechtsstand am Gendarmenmarkt. Im Keller der „Alten Reichsbank“ trafen wir einen Teil unserer alten Truppe wieder.

Die Keller der Alten Reichsbank waren schon durch die Zivilbevölkerung überbelegt. Kinder, Frauen und Soldaten lebten hier auf engstem Raum zusammen. Die Angst vor der Zukunft beschäftigte jeden Einzelnen von uns. Die hygienischen Verhältnisse waren katastrophal. Unsere Unterkunft bestand aus zwei Keller- räumen. Sie wurden normalerweise für die Lagerung von Kohlen- vorräten für die Heizung benutzt.

Unser neuer Chef, ein Hauptsturmführer, begrüßte uns sehr freundlich. Eine kurze Verpflichtung und die Aushändigung eines provisorischen Ausweises beendete die Zeremonie. Eine Einkleidung vom Pimpfen zum Angehörigen der LAH wurde ausschließlich in einer provisorischen Kleiderkammer durchgeführt.

Wer hätte das gedacht? Als ich mich 1944 in Meseritz als Kriegsfreiwilliger gemeldet hatte, mein Vater jedoch seine Zustimmung verweigerte, hätte man hellseherische Fähigkeiten haben müssen, um vorauszusehen, dass all das genauso eintreffen würde. In der Zwischenzeit hatte uns die Praxis zu Soldaten erzogen und ausgebildet.

Angehöriger der Waffen-SS und sogar der Leibstandarte Adolf Hitler? Heute für die Jugend unverständlich. Ich könnte als Jugendlicher von heute diese Erinnerungen auch nicht verstehen!

Seit der Zeit, als die Russen die Oder erreicht hatten, hatten wir uns an die verschiedenen Geräuschkulissen gewöhnt. Die Motorengeräusche der anfliegenden Bomberverbände, dazu die Geräusche der verschiedenen Flugabwehrsysteme, das Bellen der schnellfeuernden Flaks. Die Abschüsse der Flakgeschütze waren uns vertraut, wie z.B. der Knall beim Abschuss und der Knall beim Detonieren in der Luft. Hinzu kamen die Geräusche der detonierenden Bomben und das Pfeifen der abgeworfenen Bomben – in der Luft. Dieses alles kannten wir, wir hatten es hautnah miterlebt und glücklicherweise überlebt. Vom Anfang Januar kamen zu den Angriffen der alliierten Bomberverbände die Geräusche im Osten durch die Russen hinzu.

Ich habe beim Schreiben der Erinnerungen versucht, die Vorkommnisse und Ereignisse, vom Aufbruch aus Petershagen bis zum Zeitpunkt meiner Gefangennahme durch die Russen sowie die anschließende Gefangenschaft in den Lagern Wrietzen, Küstrin und Landsberg/Warthe zeitlich einzuordnen. Ich kann mich an die Orte, Verhältnisse und Erlebnisse gut erinnern. Der Faktor Zeit ist allerdings geschätzt! Daran kann ich erkennen, dass das Alter seinen Tribut fordert. Beim Wechseln der Ortschaften habe ich festgestellt, dass ich die Entfernungen zwischen den Orten falsch eingeschätzt habe.

Diese Erfahrung habe ich schon einmal gemacht. Nach der Wiedervereinigung DDR-BRD war ich das erste Mal zu Besuch bei den Geschwistern meiner Mutter in Herzfelde, Petershagen und Heinickendorf. Die Wege, die ich als Kind in Herzfelde von unserer Wohnung bis zur Ziegelei der Firma Mann oft gegangen bin, hatte ich gut in Erinnerung. Als ich nach Jahren die Wege noch einmal mit dem Auto abfuhr, war ich in viel kürzerer Zeit am Ziel. Ich hatte die Entfernungen viel länger in Erinnerung.

Deutschland war zu dieser Zeit eine Diktatur. Wie konnte es passieren, dass ein ganzes Volk innerhalb von nur sechs Jahren nazifiziert werden konnte? Ein „Kulturvolk“ schickte schon zu dieser Zeit „Kindersoldaten“ als letztes Aufgebot ins Gefecht. Ich meine, dass Ideologien, egal welcher Art und zu welcher Zeit, immer vom Guten, Besten reden. In Wirklichkeit hat uns die Praxis gezeigt, dass diese Versprechen sehr schnell vergessen werden. Die Beispiele kann man auch heute noch – wir schreiben das Jahr 2011 – im vorderen Orient, in Nordafrika und noch in vielen Ländern der Welt beobachten. Hier werden Bürgerkriege mit Kindersoldaten gefüttert, Menschen umgebracht.

Du bist nichts, dein Volk ist alles.

Ein Volk, ein Reich, ein Führer (oder Verführer!).

Hoffentlich bleibt unseren Nachkommen so ein Leben erspart!

Der Tod fürs Vaterland wurde verherrlicht. Der Islam benutzt diese Verherrlichung des Todes auch heute noch als Motiv für politischen Selbstmord und zur Vernichtung anderer Menschen. Gesungen wurden zur Hitlerzeit die patriotischen Lieder, wie z.B. folgendes Lied:

Graue Kolonnen ziehen durch die Sonne, müde durch Heide und Sand neben der Straße, blühen im Grase Blumen am Wegesrand.

Blumen am Wege, wie blüht ihr so schön aber wir dürfen ja stille nicht stehen, denn wir marschieren in Feindesland.

Junge Soldaten im Schrei der Granaten haben das Lachen verlernt. Während zu Hause ein Mädel weint, draußen Felder, da wartet der Feind, denn wir marschieren in Feindesland.

So oder ähnlich waren die vielen Lieder für die Märsche im politischen Stil gestrickt.

Vorwärts, vorwärts klingen die hellen Fanfaren, vorwärts, vorwärts, Jugend kennt keine Gefahren. Ist das Ziel auch noch so hoch, Jung zwingt es doch.

Ich bin ein überzeugter Patriot! Ich bin aber gegen nationale Deutschtümelei. Ich war und bin noch immer stolz, Deutscher zu sein. Der Artikel 1 unseres Grundgesetzes ist das Wichtigste, was wir Deutsche besitzen. Es zu achten und zu beschützen war für mich oberstes Gebot. Wer hätte das gedacht?

Verteidigung Berlins

Wir gehörten zu den Truppenteilen, die genau wie die anderen SS-Einheiten im Zentrum und am Rande einen Sicherheitsring um die Reichskanzlei, dem Zentrum Hitlers, bildeten. Wir schützten und verteidigten diese Denkmäler der nationalistischen Naziregierung. Unter ihnen z.B. Josef Goebbels, der Propagandaminister Hitlers, der „Klumpfuß", wie er wegen seiner körperlichen Behinderung genannt wurde. Er war ein glühender Verehrer „seines Führers". Bevor die Russen die Reichskanzlei einnehmen konnten, hatten sich bekanntlich er und seine Frau das Leben genommen. So auch geschehen mit Josef Goebbels, seiner Frau und ihren Kindern.

Für diese Typen war der Krieg zu Ende.

Wir mussten noch einige Tage länger die Reichskanzlei und Berlin verteidigen. Dort wurden wir abwechselnd bei Tag und bei Nacht als Spähtrupp eingesetzt. Beim Verlassen unseres Fuchsbaus Reichsbank wussten wir nie, wo der Gegner war. So musste man sehr vorsichtig Wege durch die zerstörten Ruinen suchen. Während wir nicht wussten, wo der Feind war, war er durch Einzelbeobachter über unser Ausrücken fast immer informiert. Am Tage wurden wir dann minutenlang von seinen „Stalinorgeln" (Raketenwerfern) beschossen. Die zerstörte Infrastruktur erschwerte unsere Bewegungen. Bei einem Feuerüberfall der Stalinorgeln auf uns wurden zwei Kameraden getötet. Sie hatten sich nicht schnell genug nach links oder rechts bewegt, um in den Trümmern Schutz zu finden. Die Zielgenauigkeit der Raketenwerfer war nicht punktuell genau. Nach den ersten Einschlägen vor oder hinter uns konnte man durch Schnelligkeit nach links oder rechts ausweichen. Ich kann mich daran erinnern, dass ich mich beim ersten Einschlag niederwarf und mich danach durch einen Sprung in den noch stehenden Torbogen eines Gebäudes in Sicherheit begab. Die Splitter von Steinen und berstenden Granaten flogen mir um die Ohren.

Plötzlich war Ruhe. Was passiert jetzt? Nichts geschah. Wir konnten uns weiter vorarbeiten. Daraufhin zogen wir uns mit den verletzten und toten Kameraden wieder zurück in die Alte Reichsbank. Auf dem Rückweg mussten wir auch noch einer Familie Erste Hilfe leisten. Der Mann hatte eine Schwerstverwundung am Bauch. Wir konnten ihm nicht mehr helfen.

Er bat uns, ihn im Beisein seiner Frau und seiner erwachsenen Tochter zu erschießen.

Es war schrecklich! Unsere physischen und psychischen Kräfte waren fast am Ende. Der Tod unserer Kameraden und die Hilflosigkeit in einer solchen Situation wurden uns aber erst nach Erreichen unserer Einheit so richtig bewusst. Wir Pimpfe bedurften der moralischen Unterstützung der erfahrenen, älteren Soldaten.

Erschöpft schliefen wir in unserem Kohlenkeller ein. Unser Zugführer, der Unterscharführer Blank, weckte uns auf. Er befahl uns Marschbereitschaft. Wir sollten ein Stoßtruppunternehmen durch- führen. Ziel war die Kochstraße.

Unser Auftrag war das erste Mal nicht nur ein Spähtrupp, der sich beim Zusammenstoß mit dem Gegner zurückzieht. Er beinhaltete hier auch den Kampfeinsatz, um die Stärke des Gegners einzuschätzen. Die Annäherung zum Einsatzort wurde über die Friedrichstraße durchgeführt. Wir wussten im Gegensatz zu dem

Gegner nicht, wo unser Feind war. Jeden Augenblick konnten wir angeschossen werden. Das Annäherungsgebiet war ideal für den Einsatz von Heckenschützen. Die Spannung war übergroß. Es war kurz vor Mitternacht, als wir Flugmotorengeräusche hörten: Wir stoppten, gingen in Deckung und warteten auf die obligatorischen Bomben. Tatsächlich kamen Bomben von oben - aber an Fallschirmen. Es waren Versorgungsbehälter der deutschen Luftwaffe. Zusätzlich fielen uns unzählige Papierzettel auf den Kopf. Es handelte sich hier um den Abwurf des „Durchhalteblattes" Berliner Bär, mit der Aufforderung zum Durchhalten. Die Armee

„Wenck" würde schon in der Nähe von Oranienburg stehen. Sie würde uns freikämpfen. Neue Waffen würden in kürzester Zeit die Wende des Krieges zu unseren Gunsten entscheiden.

Sogar uns Pimpfen in SS-Uniform war klar, dass es mit den Waffen nicht weither sein konnte. Wir glaubten an die Armee Wenck immer noch, sollten aber in kurzer Zeit enttäuscht werden. Viele Frauen und Männer mussten ihr Leben für eine verbrecherische Naziführung lassen. Bei den Versorgungsbomben war die Hälfte tatsächlich für uns und unsere Truppe verwendbar. Sie enthielten die sogenannte Einsatzverpflegung für Panzerbesatzungen im Gefecht. Die andere Hälfte bestand aber aus Panzergranaten für die Kanonen der Panzer Panther oder Tiger.

Wir kamen mit Verzögerung in der Kochstraße an, als uns schweres Maschinengewehrfeuer aus den noch nicht ganz zerstörten Häusern entgegenschlug. Dass es Russen waren, die uns beschossen, erkannten wir am Abschussknall der Waffen und der niedrigen Feuergeschwindigkeit ihrer Maschinengewehre. Das schwerste Feuer kam aus einem stehengebliebenen Haus ohne Fenster. Das konnten wir dadurch gut erkennen, weil im Nachbarhaus einige Etagen noch brannten. Der Feuerschein machte es uns möglich, sogar die einzelnen Schützen in den offenen Fenstern zu erkennen. Sie waren gute Ziele und auch etwas zu leichtsinnig. Die Mauer allein bedeutete nicht gleich kompletten

Schutz. Wir wussten, wo der Feind war. Wir schossen auf erkannte Ziele. Wohl etwas verhalten, denn unser Munitionsbedarf reichte nur für kurze Kämpfe.

Wir wollten uns nach Erwiderung des Feuers gerade wieder zurückziehen, als plötzlich das Motorengeräusch eines Panzers zu hören war. Das Motorgeräusch schwoll an und wir hörten das Quietschen der Ketten eines Panzers.

Vor uns der Feind – mit Panzer und die schon von uns erkannten Schützen. Im Häuserkampf ist der Panzer allein doch sehr bedroht; deshalb auch die Infanterie als Ergänzung. Er bewegte sich hinter der rechten Ecke auf uns zu. Hinter uns gab es ein größeres Gelände, das unbebaut war; hier machte die Kochstraße eine Kurve, dann kamen links und rechts mehrstöckige, ausgebrannte Häuser. Wie stark war unser Gegner? Ein schneller Rückzug war nicht mehr möglich.

Um besseres „Büchsenlicht" zu haben und um uns besser und gezielter bekämpfen zu können, schossen die Russen Leuchtkugeln in die Luft. Wir lagen auf dem Präsentierteller! Wir gingen in Deckung und bezogen dann unsere Stellung. Auf der linken Seite ein Kamerad und ich mit unseren MG42. Ich war der MG-Schütze 1, während der MG-Schütze 2 rechts von mir lag und mich unterstützte und auch sicherte. Bei meinem Ausfall oder allgemeinen Wechsel im Gefecht würde der 2. das MG übernehmen und der Erste würde Nummer zwei. Das hört sich so einfach an, im Ernstfall hängt das Leben von der Schnelligkeit dieses Wechsels ab. Bei der vormilitärischen Ausbildung wurde dieses Manöver drillmäßig bis zur Perfektion geübt. Links von mir standen die Überreste eines fast ganz ausgebrannten und zerstörten Wohnhauses. Es war unser Schutz nach links. Auf der anderen Seite war ebenfalls ein ausgebrannter Häuserblock. Die Straße war etwa einen Meter tief aufgerissen; Straßenbelag und Boden waren nach allen Seiten aufgehäuft.

Wir wurden geführt vom Unterscharführer Blank.

Er war ein Führer im Gefecht, wie man ihn sich vorstellt. Erfahren, cool, besonnen und letztlich für uns ein Vorbild, dem wir vertrau- ten. Der die Angst kannte und Mut in seiner Funktion als Führer im Kampf bewies.

Als Beispiel: Beim Verlassen unserer Unterkunft in der Alten Reichsbank trug er anfangs immer seinen Stahlhelm. Nach ca. 10 Minuten in der Trümmerlandschaft nahm er demonstrativ den Helm ab und setzte sich eine einfache Schirmmütze auf. Ein kurzer Stopp, eine kurze Einweisung in die Lage und den Auftrag. Und dann ging es weiter. Außer unserem MG führten wir mit uns Handgranaten, Panzerfäuste zur Bekämpfung von gepanzerten Fahrzeugen sowie Gewehre, teilweise auch automatische Sturmgewehre.

Wir eröffneten aus unserer Deckung das Gegenfeuer. Die Ziele lagen vor uns in den offenen Fensterhöhlen, aus denen wir beschossen worden waren. Mehrere Soldaten sicherten uns nach hinten ab, für den Fall, dass der Russe uns umgeht und von hinten angreifen sollte. Gespannt und auch ängstlich erwarteten wir den Panzer. Er ließ nicht lange auf sich warten. Panzer und begleitende Infanterie spielen im Kampf zusammen. Sie arbeiten zusammen. So auch hier in unserer Lage.

Die Panzerfäuste lagen griffbereit in der Deckung. Ich hatte mir liegend und kriechend eine behelfsmäßige Deckung vor dem MG aufgebaut. Der Trümmermüll war ja in jeder Menge verfügbar. Als das Motorgeräusch des erwarteten Panzers anschwoll und er sich für uns hörbar quietschend und mit ratternden Ketten in Bewegung setzte, waren wir bereit. Wir sahen zuerst die drohende Kanone des T-34 (Standardpanzer der Russen). Er stoppte und drehte das Rohr langsam in unsere Richtung.

Wir hatten Feuervorbehalt. Nur schießen auf Befehl!

Gleichzeitig wurde aus dem Fenster auf uns geschossen. Er wollte den Panzer auf der Stelle drehen, um seine MG´s einzusetzen, als ein Feuerstrahl auf der anderen Seite den Abschuss einer Panzerfaust signalisierte. Das war für uns alle das Signal, gemeinsam den Feuerkampf aufzunehmen. Der Unterscharführer hatte aus der Deckung heraus den Panzer seitlich im Kettenbereich mit der Panzerfaust getroffen. Ich sah, wie er aus der Deckung sprang und stehend die 2. Panzerfaust abschoss, die ebenfalls traf. Eine Rakete musste Teile des Motors und seiner Kraftstoffversorgung getroffen haben. Er fing an zu brennen. Die Besatzung bootete unter dem Schutz der uns in Deckung zwingenden Infanterie aus. Sie schossen aus allen Rohren, denn zwischenzeitlich hatten sie unsere Stellung genau erkannt. Wir zogen uns von der Straße zurück und suchten Deckung in den Häusern. Ich wurde als MG Schütze 1 auf Anordnung des Gruppenführers abgelöst. Mein MG übernahm ein spanischer SS-Freiwilliger. Ich sollte mich als jüngster Teilnehmer etwas ausruhen. Einige Treppenstufen am hinteren Kellereingang boten sich an. Von hier konnte ich durch die offenen, nicht mehr vorhandenen Kellerfenster Teile der Straße einsehen. Vor Erschöpfung bin ich eingeschlafen.

Allein und ohne Kameraden

Ich muss felsenfest geschlafen haben. Bis zu dem Augenblick, als ich nur noch mutterseelenallein am Ort war. Von meinen Kameraden keine Spur. Es war schon hell, als ich Motorengeräusche eines Panzers hörte. Durch das zerstörte Kellerfenster sah ich mit Erschrecken das Laufwerk und die Ketten eines Panzers, der sich in Richtung Friedrichstraße bewegte. Er stoppte auf meiner Höhe, also in dem Bereich, in dem wir gekämpft hatten, genau vor meiner Nase. Ich vermutete, dass er feststellen wollte, welche Ausfälle wir hatten und welche Kampfstärke vorhanden war. Nach einer kurzen Pause setzte er langsam wieder zurück. Mir war klar, dass ich schnellstens von hier zu verschwinden hatte, um nicht in die Hände der Russen zu fallen. Ich schlich mich rückwärts in das Trümmerfeld. Hier war ich als Einzelperson in guter Deckung.

Wo waren meine Kameraden? Was war passiert, nachdem ich das MG übergeben hatte? Als ich mich von meinem Schreck erholt hatte, kroch ich bis zur Kochstraße.

Es war früh am Morgen, ein sonniger Tag. Ich war durch mein Verschlafen aus dem Verbund der Kameraden verschwunden. Was würden die von mir denken? Hinter der Hausecke des letzten Hauses erkannte ich eine am Boden liegende Person, direkt neben einem MG42 (meinem MG?). Ich kroch ängstlich immer näher, bis ich keine zwei Meter entfernt meinen toten Kameraden, den Frei- willigen aus Spanien erkannte. Er war getroffen von mehreren Geschossen im Kopf- und Brustbereich. Ich konnte ihm nicht mehr helfen. Ich hatte keine Waffe mehr, also zog ich vorsichtig das MG42, das noch mit einem eingelegten Munitionsgurt geladen war, in meine Deckung. Das MG war nicht getroffen worden. Ich entschied, es mitzunehmen und den Weg zurückzugehen, den wir für die Annäherung benutzt hatten. Kochstraße, Friedrichstraße, Gendarmenmarkt. Allein zu sein in solch einer Situation ist wohl das Schlimmste im Leben eines Soldaten. Später als Bundeswehrsoldat wurde das „Buddy-Prinzip" der Amerikaner ein Teil unserer Ausbildung:

Immer zu zweit - niemals allein.

Nach mehreren hundert Metern hörte ich Stimmen. Ich wollte mich gerade in die Büsche (Trümmer) schlagen, als mein Gruppenführer Blank vor mir stand. Er war genauso erschrocken wie ich. Er brüllte in den Hauseingang und es erschien der Rest unseres Stoßtrupps. Das MG und den Kameraden hatten sie in der Nacht fluchtartig zurücklassen müssen. Mich hatten sie gesucht, aber nicht gefunden. Sie nahmen an, ich hätte mich von ihnen entfernt. Ich erfuhr dann den weiteren Verlauf des Kampfes, nachdem ich zum „Ausruhen" abkommandiert worden war.

Die Russen hatten den ersten abgeschossenen Panzer in Deckung gezogen (mit einem anderen Panzer). Sie setzten danach einen zweiten Panzer ein, der eine andere Taktik anwandte, um uns erfolgreich anzugreifen. Er sollte schnellfahrend auf unserer Höhe stoppen, auf der Stelle wenden und uns direkt angreifen. Er hatte sich verschätzt. Drei Panzerfäuste der Gruppe, von drei Schützen gleichzeitig abgefeuert, vereitelten den Überraschungsangriff. Anschließend hatten die Russen die umliegenden Häuser besetzt und versucht, die Gruppe zu umzingeln. Der Schreck der Russen über den Verlust des zweiten Panzers änderte dieses Vorhaben und gab der Gruppe die Chance zum schnellen Rückzug ohne weitere Verluste.

Gemeinsam erreichten wir heil die Alte Reichsbank. Stunden der Ruhe, aber auch Stunden der Trauer um den gefallenen und zurückgelassenen Kameraden.

Der Anhalter Bahnhof

Der nächste Einsatzort war der Anhalter Bahnhof. Abmarsch bei Einbruch der Dunkelheit durch den U-Bahn-Tunnel, Eingang

„Brandenburger Tor". Oberirdisch war der Anhalter Bahnhof nicht zu erreichen. Hier befanden sich schon die russischen Kampfeinheiten. In dem Labyrinth der unterirdischen Gleise konnte man sich verirren. Ohne elektrische Beleuchtung, nur mit Taschenlampen oder Hindenburglichtern ausgerüstet, mussten wir auf den Schienensträngen gehen. Es sollte absolute Geräuschlosigkeit herrschen, denn über uns befand sich der Gegner. Er traute sich nicht in die elf Bahnschächte, hatte aber Horchposten, die von Zeit zu Zeit wahllos Handgranaten von oben in den U-Bahnschacht warfen.

Der Anhalter Bahnhof war ein Sackbahnhof. So wie man eingefahren war, so musste man ihn auch wieder verlassen. Wir erreichten ohne Probleme den Bahnhof. Dort war die unterirdische U-Bahnanlage vollgestopft mit Zivilisten, Männern, Frauen, Kindern, Katzen und Hunden. Es erwartete uns hier am Ziel ein penetranter Gestank. Es roch nach Kloake! Die Menschen waren hier schon länger eingesperrt. Es gab weder Toiletten, noch eine Wasserversorgung mit Wasch- oder gar Trinkwasser. Essen, Schlafen und die Erledigung von persönlichen Bedürfnissen geschahen in aller Öffentlichkeit. Es war schrecklich. Nach der Meldung beim verantwortlichen Kommandanten, einem jungen Oberleutnant der Luftwaffe, wurden wir in die Lage eingewiesen. Wir bekamen den Auftrag, den Bahnausgang zu sichern. Andere Soldaten sicherten hinter uns den Ein- und Ausgangsbereich der Personalabfertigung ab. Es war also unsere Rückendeckung. Mit der begrenzten An- zahl an Soldaten mussten wir aber auch die Flankensicherung mit übernehmen. Wir waren in einer eingekesselten Lage. Zu- und Ausgang nur über U-Bahnschächte.

Zur Erläuterung: Es gab U-Bahnanlagen, in denen Russen die dort stehenden U-Bahnen angesteckt hatten. Dort gab es keine militärische Abwehr, das hätte für uns schon zu der Zeit die Gefangenschaft bedeutet. Wir bezogen den Ausgangsbereich. Von hier hatten wir auch Einblicke in die Umgebung des Bahnhofs. Der Bahnhofsvorplatz mit einer einmündenden Straße gehörte zu unserem Sicherungsbereich. Von hier aus konnten wir die russischen Soldaten in einer Entfernung von mehreren hundert Metern beobachten, wenn sie in ihren hellen Uniformen und mit den einfachen Rucksäcken schnellstmöglich springend die Bahngleise überquerten. Wegen der großen Entfernung waren wir nicht in der Lage, diese Überquerungen mit unseren Gewehren oder dem MG gezielt und erfolgreich zu verhindern. Wir konnten den Übergang für sie nur erschweren.

Im Gegensatz zu uns beschossen ihre Scharfschützen Zivilisten, die immer wieder versuchten, an die einzige Wasserstelle in unserem Bereich zu gelangen. Diese Pumpenanlage befand sich rechts von uns auf der anderen Seite. Wir versuchten am Tage, die erkannten Scharfschützen unter Beschuss zu nehmen. Es war bei jedem Einsatz, den ich während dieser Zeit mitmachen musste, immer das gleiche Kräfteverhältnis. Der haushoch überlegene russische Angreifer mit seinen unzähligen Einsatzverbänden, mit allen zur Verfügung stehenden Waffen, von der Pistole über Granatwerfer jeden Kalibers, Artillerie und Panzer in Unmengen. Luftunterstützung am Tag und auch in der Nacht.

Und auf der anderen Seite, wir die „tapfere Jugend Deutschlands", für Führer, Volk und Vaterland. Es war ein hinhaltender, verzweifelter Kampf, der nur letztlich im totalen Chaos enden musste. Wir waren zum Abschuss freigegeben! War unsere Propagandamaschinerie bis zum bitteren Ende aktiv, so stand die Propaganda auf der russischen Seite auch für uns oft stündlich zur Verfügung.

Über Lautsprecher, die bis in unsere Nähe gebracht wurden, sollten wir zur freiwilligen Aufgabe unseres Widerstandes aufgefordert werden. Alles natürlich in deutscher Sprache. Laute Musik jeder Art und immer wieder das Versprechen der „guten Behandlung" in Gefangenschaft sollte uns zur Aufgabe bringen. Sex, gutes Essen und Trinken würde uns bei ihnen erwarten.

Wir waren ungefähr drei Tage im Einsatz. In den zwei Nächten arbeiteten sich die Russen in den Gleisen und auch in nächster Nähe der Gleise bis auf 50 Meter an unsere Stellung heran. Sie versuchten, nachdem wir sie erkannt hatten, uns frontal anlaufend und feuernd zu überrennen. Die Verluste waren für die Russen sehr groß. Ihre Toten lagen direkt vor uns auf den Gleisen oder seitlich daneben. Der Anblick war für uns jedes Mal furchtbar. Wir konnten sie nicht bergen. Wir fühlten Angst in uns bei ihrem Anblick. Es war aber auch Mitleid.

Pflicht, Angst, Mitleid, Befehl, Gehorsam und Tod beeinflussten unsere Gefühlswelt. Das Unterbewusstsein sagte mir, das kann und darf doch nicht alles in deinem Leben sein.

Wir wehren uns gegen Chaos und Verderben, wir bringen anderen aber auch Chaos und Verderben. – Wir mussten sie kriechend in Deckung der Schienen identifizieren. Fast alle rochen erheblich nach Alkohol. Bewaffnet waren sie mit „Kalaschnikows“(russische Gewehre) und Handgranaten. Zwei Nächte war ich mit meinen Kameraden in dem Turm, den wir verteidigten. Wir konnten von hier auch beobachten, wie an den einzelnen Häusern vorsichtig weiße Bettlaken gehisst wurden, die den Russen signalisierten,

„Wir geben auf“. Ob die Russen dieses Angebot annahmen, ist mir nicht bekannt. Wir konnten auch nicht erkennen, ob es sich um Soldaten oder Zivilisten handelte, die sich ergeben wollten.

Nicht nur Munition und Wasser waren nur noch in geringer Menge verfügbar. Die Verpflegung ging auch zu Ende. Der größte Teil der Zivilisten hatte im mitgeführten Gepäck für einige Tage Verpflegung mitgenommen. Eine befohlene Razzia von Kommandanten des Bahnhofs brachte doch noch erhebliche Reserven ans

„Tageslicht“. Es wurde, soweit möglich, eingesammelt und an Bedürftige verteilt. Dieses geschah unter unserer Aufsicht mit Hilfe von freiwilligen Zivilisten. Es klappte sogar. Bei uns Soldaten waren Nudeln, Erbsensuppe und noch einige der Einsatzverpflegungssätze unsere tägliche Nahrung. Es reichte gerade zum Sattwerden. Einmal am Tag essen und das bei Einsätzen über zweieinhalb Tage und Nächte. In welcher Verfassung wir uns befanden, kann man sich heute einfach nicht mehr vorstellen.

Meine Beinverletzung

Ich hatte bis dahin „Fortune“ - wie der Alte Fritz es genannt hatte. Der obligatorische Schusswechsel zwischen uns und der russischen Seite war kurz unterbrochen, als eine Salve von Granatwerferabschüssen uns in Deckung zwang. Ich wollte beobachten, wo und mit welchem Resultat dieser Angriff stattgefunden hatte, als ein Knall und ein Feuerschein mich umwarfen. Ich hatte mich nämlich vom Geschehen auf der linken Seite kurz- zeitig ablenken lassen und mich somit als Ziel den Russen geradezu aufgedrängt. Die Splitter streuen nach dem Auftreffen flächendeckend. Mich trafen am linken Fuß mehrere dieser Splitter. Ich kam erst wieder zu mir im Sanitätsraum, in den mich die Kameraden geschleppt hatten. Die Verbände waren schnell durch- blutet. Ich hatte viel Blut verloren. Am späten Nachmittag besuchte der Oberleutnant die Verwundeten. Er teilte mir mit, dass meine Einsatzgruppe der LAH zwischenzeitlich auf höheren Befehl den Bahnhof verlassen hätte. Sie sollten an einem anderen Ort in der Nähe der Reichskanzlei eingesetzt werden.

Ich erklärte dem Oberleutnant, dass ich zu meiner Truppe zurück wollte. Dabei erzählte ich ihm auch die Story von der Kochstraße, wo ich schon einmal ohne meinen Willen zurückbleiben musste. Er befahl einen Sanitäter zu sich. Dieser kannte aus eigener Erfahrung die Verhältnisse im U-Bahnschacht. Der erklärte dem Oberleutnant, dass ich ohne Hilfe in den Untergrundanlagen verloren wäre. Der Oberleutnant befahl ihm, mich zurück zu meiner Truppe zu begleiten. Er stellte sogar einen Marschbefehl für uns beide aus. Dieser Marschbefehl ermöglichte uns, ohne Beanstandung und mit Genehmigung der Feldpolizei am Brandenburger Tor den U-Bahnschacht zu verlassen. Endziel war gemäß Marschbefehl die „Alte Reichsbank“.

Diese sogenannten Kettenhunde, wegen der großen Blechschilder um den Hals, waren bei den Soldaten besonders gefürchtet. Wer in ihren Fängen landete, konnte meistens nur Böses erwarten.

Hunger und Durst ließen uns Ausschau nach Essen und Trinken halten. Zum Hunger und Durst kam die „Einfußgeherei“ (mit Hilfe eines Knüppels). Der Verband war aufgeweicht und ich hatte erhebliche Schmerzen, denn es befanden sich noch mehrere Klein- teile der Granate im Fuß, wie sich später in Gefangenschaft im Lager Wrietzen herausstellte. Hier wurden sie einzeln herausgeholt.

Unser Weg führte uns am Hotel Adlon vorbei. Kein Mensch in Sicht. Wir gingen in das Hotel, suchten die Küche und fanden sie auch. Weit und breit kein Koch, kein Mensch. Kein Essen? In einer Ecke entdeckten wir aber eine größere Menge Kuchenreste. Nicht von gestern oder vorgestern, sondern noch älter. Aber lieber diesen Kuchen essen, als verhungern. Dazu abgestandenes Wasser.

Blick vom Brandenburger Tor auf das zerstörte Hotel Adlon (rechts)
Die Aufnahme stammt aus dem Jahre 1950

Eine längere Pause, und die Moral reichte bis zur Alten Reichsbank. Keiner unserer Truppe war mehr da. Nur die Reste der letzten warmen Verpflegung waren noch vorhanden. Wohl schon länger abgekühlt, aber Hunger treibt es rein. Wir verspeisten die Nudeln, die man mit dem Messer auseinandertrennen musste. Den Rest nahmen wir vorsichtshalber in einer Schüssel mit. Die Zivilisten befragten wir, wo unsere Einheit sein könnte. Man vermutete, dass sie unsere Truppe komplett in die „Neue Reichsbank" verlegt hätten. Wir marschierten durch die Straßen mit den ausgebrannten und zerstörten Häusern bis dorthin. Wir trafen auf das Feldlazarett einer größeren Sanitätseinheit. Hier meldeten wir uns zurück. Ich wurde mit meiner Verwundung fachgerecht versorgt. Dabei hörten wir, dass man von einem neuen Einsatz für den Rest unserer Truppe sprach. Danach schlief ich in der nächsten Ecke des überfüllten Lazaretts ein.

Die Armee Wenck sollte laut „Berliner Bär" schon am Rand von Berlin in Oranienburg stehen. Sie sollte uns entlasten; wir mussten uns nur bis Oranienburg durchkämpfen, um dann in Richtung Westen zurückzugehen. Alle Verletzten sollten am Ort verbleiben und somit den Russen überlassen werden.

Gegen Abend war erkennbar, dass etwas bevorstand. Ich entschied mich, nicht dort zu bleiben, sondern zu versuchen, beim Durchbruch dabei zu sein. Den linken Stiefel umkoppelt, den ganzen Fuß mit Fußlappen bandagiert, wollte ich mitmachen. Es hatte sich herumgesprochen, dass die Truppe, die den Durchbruch versuchen wollte, sich am Bahnhof Friedrichstraße sammeln wür- de. Auf dem Weg dorthin begegneten wir vielen Zivilisten. Es waren Flüchtlinge mit Pferd und Wagen. Ein bunter Haufen aus Heer, Luftwaffe, Volkssturm und Waffen-SS hatte sich schon vor der S-Bahnstation Friedrichstraße eingefunden. Ich sah Schützenpanzer der Viking-Division und einen großen Panzer vom Typ Tiger nahe der Sperrung stehen. Sie formierten sich zum Durchbruch. Wir anderen liefen planlos, aufgeregt und ängstlich hin und her. Auch die restlichen Teile der LAH aus der „Alten Reichsbank" waren hier wieder anwesend. In diesem Durcheinander war es unmöglich, in größeren Gruppen beieinander zu bleiben. So auch bei meinen Kameraden und mir. Gefragt war in dieser Situation die kleinste Kampfgruppe in einer Stärke von zwei bis drei Mann. Ich kann mich nicht daran erinnern, dass mir irgendein Vorgesetzter einen Befehl erteilte. Ich war auch keinem meiner Vorgesetzten aus der Kampfgruppe „Alte Reichsbank" begegnet.

Ich vermutete, dass sie sich bei der Truppe befanden, die den Durchbruch erzwingen sollte. Der Angriff konnte nur im Laufe des anbrechenden Abends nach Einbruch der Dunkelheit erfolgen. Selbst mit meiner geringen Erfahrung als Soldat hatte ich Bedenken, wie eine Truppe dieser Stärke und dem zusammengewürfelten Haufen einen Durchbruch gegenüber den überlegenden Russen erfolgreich erzielen sollte.

Ich hatte mich etwas entfernt und in einem zerstörten Haus versteckt. Von hier aus konnte ich den Ablauf der Aktion beobachten. Ich wollte eventuell auch durchbrechen. Bei Einbruch der Nacht wurde die Panzersperre entfernt und die Spitzengruppe setzte sich in Bewegung. Die Ansammlung von Menschen versuchte sich ebenfalls anzuschließen. Dieses war kaum möglich, weil sie sich gegenseitig behinderten. Vielleicht für viele ein Glück. Genau wie für uns, die sich etwas weiter hinten befanden. Es hatte uns seit langer Zeit niemand mehr befohlen, was wir tun mussten. Wir Jungen hatten ja schon öfter Panik bei den Abwehrkämpfen miterlebt.

Schnell von hier weg, war mein Gedanke!

Eigenartigerweise kann ich mich nicht mehr daran erinnern, ob wir während der ganzen Zeit von den Russen beschossen wurden. Ich meine, die hatten uns in Ruhe gelassen. Die wussten wahrscheinlich, welchen Weg und mit welchen Kräften der Rest der Verteidigung fliehen wollte. Meine Kameraden und ich setzten uns in Richtung Ost-Westachse ab („Unter den Linden"). Wir versteckten uns. Wir hörten nur das Feuer der Russen sowie die MG42 von der Ausbruchgruppe mit Panzergranatabschüssen und Granatwerfern. Es ist ja bekannt, dass die Truppe nicht einmal bis zum Friedrichstadtpalast gekommen war.

Es war die Totalvernichtung der Kampfgruppe!

Viele mitmarschierende Parteioberen und das Führungspersonal Hitlers waren verwundet. Oder schon tot. Aber wir lebten noch! Die abgeschossenen Kampffahrzeuge brannten, jeder getroffene oder bewegungsunfähige Panzer behinderte den nächsten. Es muss ein absolutes Chaos gewesen sein. Alles flutete zurück und versuchte in Deckung zu gehen. Alles unter Beschuss des Gegners mit überlegener Feuerkraft.

Ich blieb mit meinen noch vorhandenen zwei Kameraden in den Trümmern liegen. Wir schliefen uns aus.

Erst im Laufe des neuen Tages fühlten wir uns fit, um einen Standortwechsel durchzuführen. Planlos liefen wir umher. Wir hatten keinen Gefechtslärm mehr in nächster Nähe wahrgenommen. Dabei gerieten wir, von der Straße „Unter den Linden" kommend, in eine Seitenstraße der Humboldtuniversität. Meine Kameraden waren älter als ich. Der Eine war 19, der Andere 20 Jahre alt. Es waren reguläre Angehörige der Waffen-SS und der LAH. In dieser Seitenstraße war ein Seiteneingang zur Universität. Davor stand ein abgestelltes Flak-Geschütz. Offensichtlich war geplant, die angreifenden russischen Panzer auf der Ost-West- achse mit dieser hochkarätigen Waffe im Erdkampf direkt zu vernichten. Die Besatzung hatte sich rechtzeitig abgesetzt. Meine Kameraden hatten sich schon in das Gebäude begeben, um sich „Zivilklamotten" zu besorgen.

Neben diesem Geschütz stand ein offener Kübelwagen der „Großdeutschen Wehrmacht". Am Lenkrad saß ein Obergefreiter. Die Frontscheibe war nach vorn abgelegt. Auf dem Beifahrersitz saß ein Major älteren Jahrgangs der Infanterie. Er war vom Bauch in einen Gipspanzer eingezwängt. Er trug die höchsten Tapferkeitsauszeichnungen, die man im direkten Kampf mit dem Gegner erwerben konnte. So die „Nahkampfspange", das „Deutsche Kreuz in Gold" etc. Er fragte mich, wie alt ich sei. Ich sagte ihm:

„15 Jahre, Geburtstag am 10. Mai". Er gab mir den Rat, meinen Kameraden zu folgen. Mir Privatsachen besorgen, anziehen und abwarten, was geschieht. Und Ruhe bewahren!

Ich wollte gerade seinen Rat befolgen, als sich uns mein Chef, ein Hauptsturmführer der LAH, mit seiner Frau und seinem vielleicht einjährigen Kind näherten. Ich meldete ihm vorschriftsmäßig, dass ich beim Durchbruch versprengt wurde. Ich wollte mir in der Universität Verpflegung besorgen („organisieren"). Die beiden Offiziere, mein Chef und der Major der Infanterie unterhielten sich über unsere und ihre eigene Zukunft. Ich hatte mich etwas entfernt, traute mich aber nicht, die Zivilklamotten zu besorgen.

Da vernahm ich, dass die beiden Offiziere sich stritten. Sie waren in einer bestimmten Sache nicht einer Meinung. Bis ich mitbekam, dass der Hauptsturmführer gezielt die Humboldtuniversität angesteuert hatte, um seine Frau, sein Kind und sich selbst hier zu töten. Sie konnten sich nicht einigen. Da befahl mir der Hauptsturmführer, mein Noch-Chef, mit ihm und der Familie in den Keller zu gehen. Ich wusste nicht, was ich machen sollte. Weglaufen konnte ich nicht. Eine eigene Waffe hatte ich auch nicht mehr, um mich eventuell zu wehren. Der Major hatte meine Reaktionen mitbekommen. Er sagte zu seinem Kameraden: „Wenn ich Sie nicht von der Tötung ihrer Familie abbringen kann, dann tun Sie es!" „Aber den Jungen lassen sie hier! Er hat vielleicht noch eine Zukunft!" „Sie gehen allein, ihr Soldat bleibt bei mir!" Ohne Wort entfernte sich der Hauptsturmführer. Er verschwand im Seiteneingang der Universität. Vielleicht zehn Minuten später fielen drei Schüsse hintereinander.

Er hatte sich, seine Frau und sein Kind getötet. Heute verstehe ich, dass er zu diesem Zeitpunkt als SS-Führer keine Chance mehr sah.

Besonders unter Kenntnis der Vergewaltigungen der Frauen und Mädchen durch die russische Armee: Stalin persönlich hatte die Genehmigung zu dem Verhalten seiner Soldaten nach Überschreiten der deutschen Grenze gegeben. Der Major und sein Fahrer unterhielten sich über ihre gemeinsamen Erlebnisse in den Kriegseinsätzen der vergangenen sechs Jahre. Was sie denn noch machen sollten? Ich hörte, wie der Major zu seinem Fahrer sagte: Ich gehe mit meiner Verletzung niemals in russische Kriegsgefangenschaft. Die Qualen will ich mir ersparen! Seinem Fahrer schlug er vor, auszusteigen und nach Hause, nach Ostpreußen zu seiner Familie zu gehen. Er sollte sich umziehen und sich verstecken. Allein hätte man schon noch eine Chance! Sie kamen beide aus Ostpreußen, wie es unschwer an der Sprache zu erkennen war. Der Fahrer lehnte kategorisch ab. Er erinnerte den Major daran, wie oft er ihm schon das Leben gerettet hätte. Die Familie in Ostpreußen am Ende eines verlorenen Krieges? Wer wusste, was da alles passiert war? Sie beschlossen: „Wir machen den letzten Gang zusammen."

Bis dahin war ich neugierig, ich konnte das Gespräch nun aber nicht weiter ertragen und suchte Zuflucht in die Reichsbank.

Ich fand einen Malerkittel, den ich anstelle der SS-Jacke anzog. In der Humboldtuniversität traf ich einige ältere Kameraden wieder. Mit ihnen zusammen versteckte ich mich in der Besenkammer unterhalb der großen Treppe, die zum Hauptausgang „Unter den Linden" führte. Der Eingang war vergittert, hatte aber eine kleine eiserne Eingangstür, durch die man auf die Ost-Westachse blicken konnte. Einige von uns hatten noch Pistolen dabei, womit sie sich und uns erschießen wollten. Wir schliefen alle erschöpft in dieser Kammer ein. Keiner hatte mitbekommen, dass die Nacht zwischenzeitlich vorbei war. Das war mein Glück. Schlaftrunken hörten wir vor der Tür:

„Die Russen sind schon da, die Russen sind schon da."

Kriegsende

Dazu lautes Schreien in russischer Sprache, aber auch einige Stimmen in Deutsch: „sich ruhig zu verhalten", „es geschehe niemanden etwas!" Die Tür wurde aufgerissen und vor uns standen russische Soldaten - nicht älter als wir - bedrohten uns mit ihren Kalaschnikows und brüllten „Woina kaputt" (Krieg zu Ende). Dann schrien sie „Hitler" und machten dazu das Zeichen des Halsabschneidens.

Wir waren gefangen! Aber ohne Verluste und ohne Verletzte.

Im Oktober 1944 erreichten die russischen Angriffstruppen Ostpreußen, den Boden des so gepriesenen „Großdeutschen Reiches". Am Ende des Jahres 1944 standen aber auch die westlichen Alliierten am Rhein. Aachen war die erste Stadt in Deutschland, die von den westlichen Alliierten erobert wurde. Die Innenstadt Aachens, aber auch das Umland, wie zum Beispiel der Hirtgenwald, waren Bereiche, um die erbittert gekämpft wurde. Sie wechselten in kurzer Zeit mehrfach den Besitzer.

Die besonderen Kenntnisse dieser Gegend stammen aus meinem späteren Lebensabschnitt in Stolberg nahe Aachen.

Die Verluste an Mensch und Material auf beiden Seiten waren enorm. Der Ehrenfriedhof mit seinen Reihen gefallener Soldaten legt noch heute Zeugnis ab über den vernichtenden, brutalen Verlauf der Kriegshandlungen. Dazu kam noch der Hitlerbefehl der "verbrannten Erde", das heißt, er hatte befohlen, beim Rückzug Brücken, Fabriken und noch mehr zu vernichten, damit der nachrückende Gegner keinen Nutzen von diesen Anlagen haben konnte. Die Mehrzahl der deutschen Truppenführer ignorierte diesen Befehl. Am Ende eines sinnlosen Krieges noch sinnloser zu handeln, wurde von ihnen verantwortungsbewusst abgelehnt. Zum Glück!

Bemerkung: Der von Hitler mit größtem Aufwand betriebene Bau des „Westwalls" waren in den Sand gesetzte Millionen Reichsmark. Er hielt die Alliierten zu keinem Zeitpunkt in ihrem Vormarsch auf. Mir ist nicht bekannt, dass aus einer der gebauten Betonanlagen verteidigt worden ist.

Russische Kriegsgefangenschaft

Die russischen Kameraden sagten uns, wohin wir sollten. Quer durch Berlin, Richtung Osten. Beim Verlassen der Humboldtuniversität trafen wir auf kleine und große Gruppen, die alle in die Gefangenschaft marschierten. Kurz vor dem Alexanderplatz zogen wir an zertrümmerten Fahrzeugen vorbei. Mit Schrecken erkannte ich den offenen Kübelwagen des Majors und seines Fahrers wieder. In dem Kübel noch die beiden toten Soldaten, denen ich gestern begegnet war. Es waren der Major und sein Fahrer.

Wenn ich dieses jetzt schreibe, kann ich nur hoffen, dass sie einen schnellen, gemeinsamen Tod gefunden haben.

Wie heißt es in dem Lied vom „**Treuen Kameraden**“:

Ich hatt‘ einen Kameraden / einen besseren find´s Du nicht /
Er ging an meiner Seite / Er ging an meiner Seite /
als wär´s ein Stück von mir / als wär´s ein Stück von mir.

Ich bin stolz, solchen Menschen in meinem Leben begegnet zu sein. Diesen Menschen bin ich später auch im zivilen Leben begegnet.

Ehre, Anstand, Verlässlichkeit und Pflichterfüllung dürfen nicht zu leeren Worthülsen verkommen.

Die Kolonne wurde immer länger, von überall trafen sie auf die ostwärts marschierende „graue Kolonne.“ Bewacht von den russischen Soldaten marschierten wir alle in eine ungewisse Zukunft. Hier sahen wir das erste Mal russische Soldatinnen, die an größeren Kreuzungen den Verkehr regelten. Unsere Marschkolonne wurde von vielen Kriegsberichterstattern, den Russen und den Alliierten fotografiert. Durch eine zerstörte, teilweise noch brennende Stadt. Unser BERLIN - unsere Hauptstadt.

Russische Soldaten versuchten, die erbeuteten Fahrräder zu benutzen. Das klappte meistens nicht, links stiegen sie auf, rechts fielen sie zu Boden. Fairerweise muss ich zugeben, sie haben diese für sie unbekannten Dinger schnell begriffen. Es gehörte zum Spiel des Siegers, auch einmal Freude an kleinen Dingen zu haben. Unser Weg führte über Orte, die uns gut bekannt waren, wie z.B. Kaulsdorf, Mahlsdorf, Altlandsberg usw. Als erste Station er- reichten wir das Gefangenenlager in Wriezen. Auf dem Weg dort- hin tauchte bei uns die Frage auf, ob wir nicht bei nächster Gelegenheit fliehen und direkt um die Ecke zu Hause anklopfen sollten. Ich hatte bei dem Gedanken ein ungutes Gefühl. Gelegenheiten zum Fliehen waren auf diesem Abschnitt des Gefangenenmarsches noch vorhanden. Die Straßen und Wege waren mit Militär, Zivilisten, Flüchtlingen auf dem Rückmarsch und KZ-Häftlingen in ihren gestreiften Anzügen heillos überfüllt. Und nicht zu vergessen auch der Abtransport von Rindern und Pferden als Beute- gut, die in Richtung Osten getrieben wurden.

Aber zu mir zurück. Flucht? Ja oder nein? Ich war mir nicht sicher, weil wir wussten, dass die tatsächlichen Gräueltaten nicht von der ersten Welle der Angriffsarmee verursacht wurden. Die zweite Welle waren die tatsächlichen Täter. Ich sagte vom Gefühl her, nein! Später habe ich festgestellt, dass es die richtige Entscheidung war.

In Wriezen angekommen, wurden wir auf einem großen Schulhof eingesperrt. Die dazu gehörenden Gebäude waren von den russischen Wachmannschaften belegt. Unser erstes Gefangenenlager wurde unter Bäumen und im Schutze der Häuser aufgeschlagen. Die Schule lag direkt an der Hauptstraße Oderbruch-Berlin. Hier erwarteten uns schon hunderte deutsche Soldaten, die sich vor uns den Russen ergeben hatten. Das genaue Datum der Ankunft ist mir nicht mehr in Erinnerung. Ich weiß nur, dass ich dort das Alter von 15 Jahren erreicht habe.

10. Mai 1945 – die Geburtstagsfeier fällt aus

Wir bekamen typisch-russische Verpflegung: Suppe mit Brot. Zum Trinken und zum Waschen standen uns zwei Wasserpumpen auf dem Schulhof zur Verfügung. Sie waren fast immer besetzt. So ähnlich erging es uns mit den menschlichen Bedürfnissen. Die konnte man auf Ersatztoiletten erledigen. Diese Dinger, sogenannte „Latrinen" oder „Donnerbalken" genannt, standen auch nur zweifach zur Verfügung.

Bauweise der Latrine? Über einer Grube, Tiefe circa einen Meter, Breite etwa zwei Meter, Länge ungefähr zehn Meter. Sitzgelegenheiten für bis zu zehn Soldaten. Ein langer Baumstamm wurde über eine Grube gelegt und an beiden Enden auf einem Balkengerüst verankert. Fertig ist die feldmäßige Toilette. Zur Sicherheit konnten in Blickrichtung Pfähle (je ein Pfahl pro Person) in den Boden geschlagen und mit Seilen versehen werden, so dass man gegen rückwärtiges Umfallen geschützt war.

Hier hatte ich ein unangenehmes Erlebnis. Beim Benutzen des Klos muss man die Hosen fallen lassen. So auch ich, dabei blickte ich in meine, mir von der „Kammer" der LAH übergebene Hose. Ich musste mit Entsetzen feststellen, dass jetzt jeder sehen konnte, wo ich zuletzt zugehört hatte. Hier stand für jedermann zu lesen:

SS-Zeugamt - Ausgabe der Hose - Empfänger A. B.

Mit Hilfe meines Schlafnachbars und einem Messer wurde dieses gefährliche Beweisstück bei Dunkelheit entfernt. So war ich wieder der Junge vom Volkssturm. Diesen 21jährigen Unteroffizier hatte uns bestimmt der Himmel zur rechten Zeit geschickt. Er sprach Russisch und war vertraut mit russischen Verhaltensweisen. Nur mit seiner Erfahrung und seiner Kameradschaft war es mir und meinen zwei Kameraden möglich, später den Marsch von Wriezen bis zum nächsten Gefangenenlager in der Nähe von Küstrin zu erreichen.

Meine Verwundung, die Schmerzen am linken Fuß und eine

Entzündung schränkten meine Gehfähigkeit erheblich ein. Diesem Unteroffizier gaben wir den Spitznamen „Stuka“. Er trug nämlich als Kopfbedeckung eine deutsche Fliegerkappe mit herausgeschnittenen Kopfhörern. Für ihn waren wir Pimpfe, mich nannte er „Hitlerjunge Quex.“ Unsere gemeinsame Schlafkoje in Wriezen war unter freiem Himmel, aufpoliert mit Pappe, Papier oder Jutesäcken. Da wir bis zur letzten Minute kämpfen mussten, hatten wir keine Gelegenheit mehr gehabt, uns mit Notproviant, Decken, Mänteln oder einer Zeltplane zu versorgen. Ein größerer Teil der in Wriezen eingesperrten Zivilisten und Soldaten sahen oft so aus, als wären sie gerade aus einer Kleiderkammer gekommen. Gefüllte Rucksäcke zeigten an, dass sie nicht zu uns gehörten.

Wir besaßen nur das, was wir am Körper trugen.

Unsere Körper waren im Laufe der vergangenen Monate erheblich durch die Kämpfe beansprucht worden. In Wriezen fand nur eine kurze Überprüfung der Gefangenen durch die Wachmannschaften statt. Das Hauptaugenmerk der russischen Wachen gehörte den Armbanduhren. Sie wurden sofort abgenommen. Wir sahen Soldaten, die nicht nur mit einer, zwei oder drei Uhren herumliefen. Nein, sie hatten Uhren an beiden Armen. Ich hatte keine Uhr mehr. Die war bei einem der Einsätze zu Bruch gegangen.

Beute machen gehörte leider immer zu den Verhaltensweisen der Sieger nach Kriegsende. Und das schon seit Hunderten von Jahren. Natürlich nicht nur auf der russischen Seite. Wir, die deutsche Wehrmacht, hatte es in früheren militärischen Auseinandersetzungen leider vorgemacht. Und das nicht nur von der kämpfen- den Truppe. Die Beutezüge von Hermann Göring in den besetzten Gebieten wie Holland, Belgien, Frankreich etc. sind weit bekannt. Kulturgut wurde massenweise gestohlen und nach Deutschland geschafft.

Unser Lager in Wriezen lag direkt an der Hauptstraße dieser kleinen Stadt. Diese Straße brachte viel Abwechslung in unser Lagerleben. Sie war von Sonnenaufgang bis Sonnenuntergang von Ost nach West und von West nach Ost mit Verkehrsströmen belegt. Von West nach Ost wurden große Mengen an Vieh, Kühe und Pferde getrieben. Dazwischen die Panjewagen der russischen Armee, die einen Teil der Logistik (recht primitiv) abdeckte. Flüchtlingstrecks, die von der russischen Armee überrollt worden waren und sich jetzt zurück in ihre Heimat bewegten. Dazwischen kleine Gruppen Gefangener. Die KZ-Häftlinge marschierten mehrheitlich in Richtung Westen. Sie beschimpften und bespuckten uns. Das war uns schon auf dem Marsch von Berlin in die Gefangenschaft passiert. Hier waren es mehrheitlich deutsche Frauen, die schon Kontakt zu Siegern aufgenommen hatten. Lachend unterhielten sie sich mit russischen Soldaten.

Der Strom der Kriegsgefangenen riss nicht ab. Täglich strömten hunderte Soldaten in unser Lager. Die Versorgung der Gefangenen mit Lebensmitteln war nicht mehr gegeben. Der Schulhof war restlos überbelegt. Eines Morgens kam der Befehl zum Antreten und zum Abmarsch aller Insassen des Lagers. Wir sahen außerhalb des Lagers eine größere Anzahl Panjewagen und viele russische Soldaten. Es war unsere Begleiteskorte. Wohin? Nobody knows. Es ist heute schwer zu schätzen, mit wie vielen Gefangenen wir den Marsch in Richtung Osten antraten. Ich schätze, es waren mehr als 1000 Personen. Der Stand der Sonne zeigte uns, dass wir direkten Kurs Ost hatten. Jeweils zwei bis drei Wachen zu Fuß rechts und links: mit Rucksack (Jute), Kordel und Kalaschnikow. Die Panjewagen hatten die Versorgungsgüter für die Begleitmannschaft zu transportieren. Niemand wusste, wohin die Reise ging. Entlang der Landstraße marschierten wir an den Trümmern von gepanzerten Fahrzeugen deutscher und russischer Fabrikate vorbei. Der Gestank, der aus diesen Fahrzeugen kam, ist mir heute noch in Erinnerung. Verbrannter Öl-Kraftstoff und dazu auch der Geruch noch nicht beerdigter Besatzungsmitglieder, die entweder noch in ihrem stählernen Grab oder daneben lagen. Dazwischen von Fliegerangriffen zerstörte Treckzüge, Pferde, Zivilisten. Einige Gräber mit provisorischen Holzkreuzen zeigten, dass es auch zwischen den Kampfhandlungen Pausen gegeben haben musste, dass man den gefallenen Soldaten oder den Zivilisten die letzte Ehre erweisen konnte. Deutsche Panzer vom Typ Panther und russische Panzer des Typs T-34 hatten sich hier schwere Gefechte geliefert. Dazu Einsätze der Ju37 durch Oberst Rudel, der die T-34 aus der Luft ausschaltete.

Stuka habe ich viel zu verdanken

Beim Beginn unseres Marsches hatte uns unser Kamerad Stuka an die Hand genommen und uns genaue Anweisungen gegeben, wie wir uns verhalten sollten. Er brachte uns an die Spitze des Zuges. Es wurde in Dreierreihe marschiert. Er hatte sofort versucht, zu dem ersten Panjefahrer Kontakt aufzunehmen. Angeführt wurde die Kolonne von einem russischen Hauptmann zu Pferde. Stuka kam zurück und informierte uns, was er erfahren hatte. Die Russen waren froh, einen Ansprechpartner zu haben, der sie verstand. Unser Ziel war Küstrin. Die Stadt an der Oder. Am Ende des Jahres 1944 hatten die Russen Küstrin erreicht. Den Übergang über die Oder konnten sie erst Anfang Januar erobern.

Ich kann mich an eine Beobachtung bei den Luftangriffen der deutschen Luftwaffe auf Küstrin erinnern. Wir bestaunten niedrig fliegende deutsche Flugzeuge, die im Huckepackverfahren flogen. Wir hatten erfahren, dass das Transportflugzeug oben, die unten eingeklinkte einmotorige und mit Sprengstoff gefüllte Maschine über dem Ziel ausklinken sollte. Das Flugzeug wurde somit zur überdimensionalen Bombe mit einer höchstmöglichen Zerstörungskraft. Zur Zerstörung von Brücken und größeren Objekten sollte diese Art von Fliegerangriff besonders geeignet sein. Ich glaube, dass es sich mehr um Propaganda der damaligen politischen Führung handelte. Mir ist nicht bekannt, wie groß die Erfolge mit diesem neuartigen Waffensystem gewesen sind. Es war eine letzte Verzweiflungstat am erkennbaren Ende des Zweiten Weltkrieges.

Stuka erklärte uns auch, dass wir unterwegs einige Pausen einlegen würden. Er befahl uns, immer in der Mitte der Kolonne zu bleiben. Wir sollten niemals versuchen, uns seitlich von der Kolonne abzusetzen. Egal, ob wir mal mussten oder weil eine Wasserstelle schnell angelaufen werden sollte, um die Feldflasche aufzufüllen. Die Russen hatten absolute Freiheit, in solchen Fällen von der Schusswaffe Gebrauch zu machen. Wir sollten bei körperlichen Problemen nicht versuchen, aus der Kolonne auszuscheren. Wir sollten uns gegenseitig stützen und helfen, so auch bei Schwierigkeiten mit meiner Fußverwundung. Bei der ersten zu erwartenden Rast und auch bei den folgenden Pausen sollten wir die Zeit nutzen, innerhalb der Kolonne wieder an die Spitze zu gelangen, um unseren alten Platz wieder zu bekommen. Er wollte weiterhin versuchen, an der Spitze zum Panjefahrer Kontakt zu halten und vielleicht Verpflegung und Wasser zu bekommen. So geschah es tatsächlich. Es war unglaublich! Schon vor der ersten Rast saß unser Freund Stuka als Beifahrer neben dem eingenickten Iwan und lenkte den Panjewagen. Wir richteten uns genau nach seinen Anordnungen.

Ohne Stuka hätte ich erhebliche Probleme gehabt, das nächste Gefangenenlager zu erreichen.

Die erste Pause verlief nach Plan. Wir stoppten in der Nähe eines Bauernhofes. Die Schwengelpumpe war weithin sichtbar. Viele der Gefangenen reagierten unkontrolliert und stürzten auf die Wasserstelle zu. Die Reaktion der Wachsoldaten und auch die des

Panjefahrers waren nachvollziehbar. Sie forderten auf Russisch auf, stehen zu bleiben, ähnlich unserem „Halt". – „Stoy!" Da keiner der weggelaufenen Gefangenen Anstalten machte anzuhalten, feuerten die Russen zunächst über ihre Köpfe hinweg. Ein Teil der Gefangenen gehorchte, mehrere Ältere liefen leider weiter; auf diese wurde dann von den Wachposten gezielt geschossen. Es gab Tote und Verletzte. Der Marsch wurde sofort wieder aufgenommen. Jedoch unter erhöhter Wachsamkeit und unter Einsatz der

Schusswaffen, beim kleinsten Verdacht, sich von der Kolonne zu entfernen.

Die nächsten Pausen wurden nur noch auf großen und übersichtlichen Feldflächen eingelegt. War vorher nur ein russischer Offizier zu Pferde als Führer erkennbar, tauchten jetzt mehrere Offiziere auf, die die Wachmannschaften kontrollierten. Der rigorose Einsatz von Schusswaffen sorgte wieder für Ordnung. Zusätzlich benutzten die Offiziere ihre Peitschen zum Antreiben der Gefangenen. Wir befanden uns wieder an der Spitze der Kolonne. Von der ersten Rast bis zum Ende unseres Marsches begleitete uns das Geschrei der Wachsoldaten und deren Offiziere. Das präventive Abgeben von Schüssen längs der Kolonne sorgte für Ordnung beim Marschieren. Da wir an der Spitze gingen, konnten wir natürlich nicht erkennen, ob es sich bei der Schießerei hinter uns um gezielte Schüsse auf unsere Kameraden handelte. Einige waren körperlich und geistig nicht mehr in der Lage, den Ernst der Lage zu erkennen. Einigen Kameraden soll es das Leben gekostet haben. Am Ende des Tages erreichten wir die Behelfsbrücke über die Oder. Küstrin war erreicht. Das Lager musste auf der anderen Seite liegen. Hier, beim Überqueren dieser Brücken, mussten wir leider miterleben, wie einige unserer Kameraden versuchten zu fliehen. Sie sprangen in die Oder. Die Russen schossen wild hinter ihnen her. Ob jemand getroffen wurde, konnten wir nicht feststel len. Wir wurden weitergetrieben. Wir hofften, dass es allen gelungen ist, heil und unbeschadet nach Hause gekommen zu sein.

Welche Verzweiflung und welcher Mut gehörten dazu, solche wahnsinnigen Aktionen durchzuführen?

Ankunft im Lager Küstrin

Keine halbe Stunde später standen wir vor dem Eingang einer großen mit Stacheldrahtzäunen umgebenen Anlage, dem Gefangenenlager. An den Stacheldrahtzäunen waren Scheinwerfer angebracht; auf hohen Holzpodesten stehende Wachhäuschen ergänzten die Anlage. Links und rechts vom Eingang waren Häuser, in denen das Wachpersonal wohnte. Nach Passieren der Wachposten am Eingang wurden wir auf einen Platz in Fußballgröße geführt. Daneben waren Holzbauten, unter anderem eine große Holzbühne. Jeder von uns wurde von den Russen gefilzt. Kaum einer von uns konnte sich der Prozedur entziehen. Russische Offiziere in neuen Uniformen schlenderten zwischen uns umher, die Reitpeitsche an die Stiefel klatschend. Solche Reitpeitschen flößen sofort Gehorsam ein. Wir mussten auf ihre Anordnung Ringe und sogar Schuhwerk und Offiziersstiefel abgegeben. Dienstgradabzeichen, Orden und Ehrenzeichen wurden uns abgerissen.

Die Trennung zwischen Offizieren, Unteroffizieren und den Mannschaftsdienstgraden wurde hier grob durchgeführt. Die übrigen Lagerinsassen beobachteten die Neuankömmlinge kritisch. (Später, als Altinsassen, haben wir uns genauso verhalten.) Wer abgefertigt war, wurde mit anderen zu einer Barackeneinheit zusammengestellt. Die Baracke wurde von dem Barackenältesten geführt. Er war auch der Ansprechpartner der Lagerleitung. Barackenälteste waren schon länger im Lager einsitzende Gefangene.

Dieses Lager war vermutlich nicht erst neu erstellt worden. Diese Großanlage war wahrscheinlich schon vorher für Fremdarbeiter, die in der großen Cellulosefabrik an der Oder arbeiteten, gebaut worden. Die gesamte Infrastruktur entsprach der ehemaligen Verwendung. Ein ähnliches Lager war unsere nächste Gefangenenstation in Landsberg/Warthe. Der „Lagerkommandant“, das Gegenstück zu dem russischen Kommandanten, der außerhalb des Lagers mit seiner Ehefrau wohnte, war ein ehemaliger Obergefreiter der deutschen Wehrmacht. Er hatte die Befugnisse über alle Barackenältesten und war der Ansprechpartner der Russen. Kuriosität: Er war wie „unser Führer“ Österreicher, ein Beutegeneral. Er hatte sich frühzeitig zur Zusammenarbeit mit der Siegermacht verpflichtet. Er war zum „Antifaschisten“ mutiert. Er trug die Leichtlederstiefel der russischen Offiziere. Die Reithosen waren, wie wir später erfuhren, aus deutschem Uniformstoff und in der Lagerschneiderei gefertigt.

Meine Kameraden und ich bezogen eine Baracke. Von Stuka waren wir getrennt worden. Unsere Mitbewohner setzten sich aus einem bunten Haufen aller Altersgruppen und Truppenzugehörigkeiten zusammen. Die Suche nach SS-Angehörigen erfolgte später. Jede Baracke hatte außer den Schlafräumen einen großen Waschraum mit langen Betonmulden. Vor der Baracke wurde angetreten. Zählung, Krankmeldung, Arbeitseinsatz, Essensempfang und Einteilung als Reinigungskommando für Baracke und Latrinen. Wir bekamen sehr schnell wichtige Vorschriften der „Sieger“ mitgeteilt. Das Betreten der Russen in die Baracken wurde wie in alten Zeiten mit einem Schrei des Barackenältesten kundgetan. „Achtung“ und Meldung an den Eintretenden. Bei „Achtung“ und „Meldung“ hatte jeder aufzuspringen. Zusammengeknallte Hacken und Finger an die Hosennaht gehörten zum Gruß.

Wir hatten auch einige Zivilisten in unserer Baracke, für die war das preußische Formalausbildung. Es führte auch zu Diskussionen, ob dieses Vorgehen rechtens war (Konventionen). Nach nur wenigen Tagen waren Diskussionen dieser Art vorbei. Befehl und Gehorsam sind bekanntlich die Grundpfeiler der Disziplin.

Wir schliefen entweder auf dem Betonfußboden oder auf bettenähnlichen Holzgestellen. Unsere Vorgänger hatten schon Verbesserungen an dieser „Luxusausstattung“ vorgenommen. Sie polsterten die Flächen mit Heu, Stroh oder Lappen auf. Bettdecken gab es nicht. Als Zudecke fungierte wohl alles, was das Schlafen ermöglichte. In kürzester Zeit wussten wir, dass wir alles, was zur Verbesserung unseres Lebensstandards beitrug, organisierten mussten.

Klauen - stehlen - aneignen.

Wir lernten sehr schnell. „Survivaltraining“ macht erfinderisch. Die russischen Soldaten waren gute Lehrmeister.

Ich habe ganz vergessen zu erwähnen, wie ich das erste Mal den russischen Einheitsschnitt (Glatze) bekam. Ich meine, es geschah am gleichen Tag, als meine Barackenkameraden und ich zu meinem ersten Saunaaufenthalt befohlen wurden. Es war furchtbar (für die Russen normal). Für uns bedeutete das fast der Verlust der männlichen Ehre!

Vor der Baracke standen einen Tag nach unserer Ankunft ein Tisch und mehrere Stühle vor dem Eingang. Wir mussten auf den Stühlen Platz nehmen. Hinter jedem von uns hantierte ein Russe oder ein Kriegsgefangener als Friseur mit der Handhaarschneidemaschine. Uns wurde erklärt, dass der durchzuführende Modehaarschnitt der „Neuen Zeit“ für Leute wie uns in einem kunstvollen Totalhaarschnitt bestand. Gefangenenmodeschnitt 1945. Wegen der schwierigen hygienischen Verhältnisse in einem Lager dieser Größe mit ungefähr 3000 Mann und aufgrund primitivster Verhältnisse hatten wir noch viele andere unerwünschte Mitbewohner, wie Läuse und Kakerlaken. Seife war wohl bekannt, aber nur in Ausnahmefällen erreichbar. Die Hitler´sche „Ersatzseife“ am Kriegsende, die zum Endsieg beitragen sollte, war nicht mehr verfügbar. Bösartige Kameraden behaupteten, die Russen würden nach dem Aufstehen ein Glas Wasser zum Gurgeln nehmen, dann aber in die Luft pusten, darunter durchlaufen, und schon sei die Morgenwäsche erledigt. Ich habe es bisher niemals gesehen, aber auch in der Praxis nicht selbst ausprobiert.

Danach Abmarsch in die Sauna. Die Haare waren ab. Wir marschierten wie Schafe zu einer Baracke, die sich in einer Ecke des Lagers befand. Natürlich mit Gesang, wegen der Freude. Soldatenlieder, die die Russen Gottseidank nicht immer verstanden. Aus einem Schornstein dieser Baracke stieg Rauch auf. Einige Bottiche in der Nähe der Baracke waren tatsächlich mit Wasser gefüllt. Einige unserer Kameraden kannten aus dem Finnlandeinsatz diese

Art von Sauna. Wir „Greenhorns“ staunten. Plötzlich öffneten sich zwei Türen und nackte Gestalten mit ihren Sachen unterm Arm strömten ins Freie. Auf die Frage, warum wir zu diesem „Urlaubserlebnis“ gezwungen werden sollten, wurde uns geantwortet, das wäre weniger zur Erhaltung unserer Gesundheit gedacht, als vielmehr zur Bekämpfung der Lagerläuse erforderlich. Der Erfolg lag – tatsächlich buchstäblich – auf der Hand. Wer bisher keine Läuse hatte, war nach dem Besuch der Sauna garantiert damit bestückt. Diese Prozedur mussten wir noch einige Male ertragen - mit dem gleichen Erfolg.

Ich war „Sauna-geschädigt“. Nie wieder Sauna! Erst viel später habe ich meine Meinung geändert. Bis vor zwei Jahren war ich ein begeisterter Saunagänger.

Wir mussten uns mit der Situation abfinden

Die Verpflegung war zum Überleben ausreichend. Ich konnte im Lager meine Erfahrungen im Sanitätswesen erweitern. Ich musste mit Fieber und wegen meines entzündeten Fußes mehrere Tage ins Lazarett. Hier entfernte der leitende deutsche Arzt (Oberstabs- arzt) den Rest der Splitter im linken Fuß. Zur gleichen Zeit grassierte im Lager eine Durchfallepidemie. Da keine Medikamente vorhanden waren, wurden Gegenmittel im „Do-it-yourself“ Verfahren hergestellt. Zum Beispiel wurden die Knochen von Kühen oder Pferden verbrannt, unter Steinen zermahlen und dem Patienten verabreicht. Ebenso gab man den Kranken Kohle von verbranntem Holz. Manchen von uns hat es geholfen, anderen weniger. Sanitäter und Ärzte haben alles Menschenmögliche zur Heilung ihrer Patienten unternommen. Sie haben nach meinen Erfahrungen mehr als ihre Pflicht getan. Die psychologischen Belastungen für diese Kameraden müssen enorm gewesen sein. Operationen wurden mit den primitivsten Mitteln durchgeführt. In den Tagen im Lazarett starben fast täglich Soldaten an den verschiedensten Verletzungen und Krankheiten. Darüber wurde nicht gesprochen. Wir erkannten es aber daran, wenn bei Nacht und Nebel die Toten in einer großen Grube abgelegt worden waren. Der frische Sand und die Kalkmengen am Rande sprachen Bände.

Wir wurden zu den verschiedensten Arbeiten als sogenannte Arbeitskommandos eingesetzt. Wie zum Beispiel zu Aufräumarbeiten in der Stadt Küstrin, was besonders beliebt war, weil man dabei manches organisieren konnte. Die gefallenen Kameraden, denen beim Rückzug über die Oder nicht mehr die letzte Ehre erwiesen wurde, mussten wir beerdigen. Ein letztes „Amen". Wenn möglich, haben wir einfache Holzkreuze auf den Grabstellen angebracht.

Ein großer Teil von uns musste täglich von früh bis spät beim Abbau der damals größten und modernsten Cellulosefabrik Deutschlands mithelfen. Im Rahmen von Reparationsverträgen zwischen den Alliierten und den Russen wurde von uns die Fabrik mit primitiven Geräten, aber mit vielen Menschen zerlegt und versandbereit zum Abtransport vorbereitet. Der Abtransport erfolgte über Oder und Ostsee per Schiff und Lastkahn. Alle Arbeiten wurden ohne Fachpersonal ausgeführt. Unsere technischen Mittel bestanden aus bloßer Händekraft, Äxten, Meißel, Vorschlaghämmer und Schweißgeräten. Als Zugmittel dienten LKWs oder russische Panzer. Fast täglich gab es Verletzte zu verzeichnen. Dazu kamen bösartige und gemeine Wachsoldaten, die uns bis zur Weißglut schikanierten. Hier zeichneten sich besonders die

„Stalinschüler" ab, junge Russen im Alter unserer Hitlerjugend. Sie trieben uns oft mit Gewehrkolben und Peitsche an. Es gab aber auch Bewacher, die Zigaretten, Essen und Trinken mit uns teilten. Sie gewährten uns Pausen, ein Drittel von uns war beim Abbau der Fabrik, ein Drittel von uns durfte sich erholen. Das letzte Drittel war Reserve.

Diese Kameraden waren häufig mit einem Russen in der nahe gelegenen Stadt unterwegs, um **„Zappzarapp"** zu machen, das heißt, um zu klauen und zu organisieren. Besonders beliebt war die Suche nach Motorrädern. Defekt, in Ordnung oder als Ersatzteile. Die russischen Offiziere probierten sie dann auf unserem großen Antretplatz aus. Hier zeichnete sich ein russischer Leutnant dadurch aus, dass er ohne Vorkenntnisse des Radfahrens sofort auf einem Motorrad versuchte, Erfahrungen zu sammeln. Es geschah wie bei einem Rodeo im Wilden Westen Amerikas. Der Motor lief (mit Hilfe eines deutschen Mechanikers). Er sattelte auf, legte los.....und fiel auf die Nase oder bei zu viel Gas auf den Rücken. Für uns war das eine Gaudi. Wir hatten diesen kleinen, dicken Leutnant aber unterschätzt. Innerhalb einer Woche war er in der Lage, ein Motorrad zu fahren ohne abzusatteln. Unseren Respekt taten wir mit reichlich Beifall offiziell kund.

Aber zurück zur Fabrik:

Ein Posten war besonders gemein. Wir hatten einen überdimensionalen Tank zum Abtransport über die Oder fertiggemacht. Es war ein herrlicher Sonnentag. Zuvor hatte dieser Typ einige unserer Kameraden verprügelt. Diese hatten entschieden, sich an dem Kerl zu rächen. Wir mussten dabei natürlich alle mitmachen. Einer von den Verprügelten hatte beobachtet, dass der sich sehr reichlich aus einer Flasche mit Schnaps bedient hatte. Das war nicht ungewöhnlich bei den Russen. Es erhöhte aber die Gefahr, dass so einer im Rausch unkontrollierbar werden konnte.

Die Hitze und der Alkohol machten ihn müde. Er kroch zum Schutze vor der Sonne in diesen Behälter, der bis auf eine offene Stelle zum Abmarsch bereit lag. Um die Behälter schwimmfähig zu machen, mussten die Löcher wasserdicht verschlossen werden. Diese geschah mit Hohlpflöcken, die eingeschlagen wurden. Der Russe war im Tank verschwunden. Einige unserer Kameraden packten sich einen in der Nähe liegenden, circa einen Meter großen Holzeinsatz und verschlossen damit den Behälter. Damit er gut saß, wurde mit Ästen und Hämmern nachgeholfen.

Beim Abmarsch fehlte der Wachposten. Keiner wusste, wo er

war. Am nächsten Morgen lag der Behälter noch wie am Vortage verschlossen da. Die Aufsicht hatte ein neuer Posten übernommen. Wir waren zu anderen Arbeiten eingeteilt, als wir mitbekamen, dass an unserer alten Arbeitsstelle der Teufel los war. Nahezu die komplette Lagerführung war anwesend. Einer unserer deutschen Kameraden hatte Geräusche und Klopfen gehört und sofort einen Wachposten alarmiert. Mit viel Mühe schafften es die Russen, den Verschluss zu öffnen und das Loch freizulegen. Nachdem ein russischer Soldat mit Lampe eingestiegen war, zogen sie unseren russischen Posten aus dem Behälter. Er hatte Glück im Unglück, dass er noch rechtzeitig gefunden wurde.

Ich bin kein Prophet, bin aber davon überzeugt, dass er sich zum Ausschlafen seines Rausches in Zukunft einen anderen Ort suchen würde.

Eines Morgens nach dem obligatorischen Antret- und Zählappell mussten alle Gefangenen unter 18 Jahren vortreten. Es waren ca. 150-200 Soldaten, die sich meldeten. So auch ich.

Eine Gruppe von mehreren Personen russischer Offiziere musterte uns und befragte dann jeden von uns nach seinem Werdegang. Auch ein Freiwilliger der deutschen Panzertruppe war dabei. Bei Einzelnen von uns machten sie sich Notizen, bei anderen gingen sie sehr schnell weiter. Es war ein komisches Spiel in einer eigen- artigen Veranstaltung. Diejenigen, von denen Notizen gemacht worden waren, mussten bleiben. Die anderen konnten wegtreten. Ich gehörte zu denen, die stehen bleiben mussten. Wir waren ca.

30 Jugendliche. Drei Mann dieser Kommission kamen zu uns zurück. Unter diesen Mitgliedern war auch der deutsche Feldwebel, die anderen beiden Zivilisten sprachen auch Deutsch. Der Feldwebel stellte sich uns als erster vor. Geburtsort Berlin-Wedding. Seit 1940 Soldat der deutschen Wehrmacht. Sein Vater war Altkommunist und gleich nach der Machtübernahme von den Nazis ins KZ gesteckt worden. Er gehörte zu denen, die den Russ-

landfeldzug vom Anfang bis zum bitteren Ende miterlebt hatten. Unser Eindruck: Ein Mann des Volkes, aus einer Arbeiterfamilie und aus dem ärmsten Bereich Berlins. Vor Hitlers Macht- ergreifung wurde der Bezirk Wedding der „rote Wedding" genannt. Hier hatten sich bis 1933 die schwersten Kämpfe zwischen den paramilitärischen Verbänden der Kommunisten Partei und der SA und Hitlerjugend der NSDAP abgespielt. Es fanden blutige Auseinandersetzungen zwischen den beiden Parteien statt.

Ich kannte aus meinem Heimatort Petershagen einen ehemaligen SA-Führer der NSDAP, er hieß Franz Zachau, war Ingenieur und geboren in Ostpreußen. Weltkriegsteilnehmer und Freikorpskämpfer im Baltikum. Er war einer der Bauingenieure, die den Bauplan Atlantikwall entworfen hatten. Er war der Beauftragte für dieses Projekt. Goebbels erwähnte ihn in seinem Buch „Land im Licht" an mehreren Stellen. Er war der erste SA-Führer im roten Wedding. Bei den Bauarbeitern in der Firma, in der er zu der Zeit gearbeitet hatte, wurde er der „Betonkopf" genannt, denn er hatte einen Kübel mit Beton, den einer seiner politischen Gegner vom Bau auf ihn hatte fallen lassen, auf den Kopf bekommen und überlebt. Hier ist etwas interessant: Franz Zachau war geflüchtet und hatte sich wie viele andere als Arbeiter in Lübeck verdingt.

Durch irgendeinen Zufall hatten wir ihn nach unserer Flucht in Hamburg wiedergetroffen. Seine Frau hatte das Kriegsende mit ihrem Kind in Petershagen erleiden müssen. Währenddessen er in Lübeck sehr häufig von den englischen und amerikanischen Geheimdiensten Besuch hatte. Zur damaligen Zeit war es noch möglich, von West nach Ost oder von Ost nach West auf Schleichwegen zu kommen. Dieser Zachau war, wie erwähnt, mehrere Male in Ostberlin und auch im roten Wedding. Dabei wurde er von ehemaligen Kommunisten aus der 30er Jahren wiedererkannt. Keiner von ihnen hatte ihn denunziert. Sie gaben ihm aber den Rat, sich nicht öfter dort sehen zu lassen. Dann könnte vielleicht doch einer die Gunst der Stunde nutzen und ihn einsperren lassen.

Hier möchte ich nun von dem Feldwebel schreiben. Er wollte im Sinne seines umgebrachten Vaters für ein „Neues Deutschland" kämpfen. Er habe als Soldat seine Pflicht für Deutschland zu erfüllen versucht. Er schäme sich aber dafür, im Gegensatz zu seinem Vater, dass er sich zum Mittäter im Nazisystem hatte zwingen lassen. Es war 1945 für uns nicht sofort begreifbar. Später konnte ich mich in seine Lage versetzen. Er war ein glaubwürdiger Führer, kein Feigling.

Kommunistische Umerziehung

Er stellte uns einen Mann in Zivil vor, der am Revers eine rote Kokarde trug. Er hieß Schlaffer, **Genosse Schlaffer**, wie wir ihn dann später anreden mussten. Ein Intellektueller, ich meine, er war kein Preuße. Er erklärte uns, dass er auch Kriegsgefangener sei. Er sei aber ein Altkommunist und erzählte uns auch, dass er als Häftling, wie Hitler in den zwanziger Jahren, auf der Festung Landsberg/Lech gewesen sei. Er wirkte jünger als unser Feldwebel. Dieser Genosse Schlaffer hatte den Auftrag übernommen, junge Gefangene mit dem Kommunismus, Leninismus und Marxismus vertraut zu machen. Er war der eigentliche Boss. Die Kommission hatte ihn für diese „Umerziehung" vorgeschlagen.

Wir wurden von unseren ehemaligen Kameraden getrennt. Wir bekamen eine Extrabaracke nur für uns. Die Baracke lag neben der Kommandantur. Der Ton blieb militärisch, die Umgangsformen auch. Es musste in Gruppen oder im Zug - wie gehabt - mit Gesang marschiert werden. In der Baracke oder auch im Freien wurden die Unterrichte vom Genossen Schlaffer und von Zeit zu Zeit auch von einem russischen Kapitän mit jüdischer Abstammung durchgeführt. Er sprach perfekt Deutsch.

Wenn unsere Kameraden zur Arbeit marschierten, mussten wir uns die Lobeshymnen über Sowjetrussland und den „Großen Führer Stalin" anhören. „Dem Vater aller Völker", so ein Plakat.

Wir hatten uns nicht freiwillig zur Umschulung gemeldet. Wir mussten wieder einmal gehorchen. Wer es nicht glaubte, wovon berichtet wurde, bekam Nachhilfeunterricht und einige Bilder von dem Führer zur Ansicht. Was er uns zu verkünden hatte, musste auswendig gelernt werden. Dazu gehörten auch die patriotischen Kampflieder der Sowjets. Wir mussten viele neue Lieder lernen. Das Problem für uns waren nicht die Melodien, die kannten wir schon aus unserer Jungvolkzeit. Wir brauchten viele Lieder während der Gesangsausbildung, um zu begreifen, dass wir jetzt der-Sowjetunion verpflichtet waren. Unsere Zugehörigkeit zu diesem Ausbildungszug mussten wir öffentlich erkennbar durch das Tragen eines Käppis mit der „roten Kokarde" kenntlich machen. Das führte zu Diskussionen, die aber schnell unterbunden wur- den.

Einige Beispiele unserer Lieder:

Wir flogen jenseits der Grenzen mit Bomben gegen den Feind, hoch über der spanischen Erde, mit den Fliegern Italiens vereint... und höher und höher, wir steigen trotz Hass und Verrat, ein jeder Propeller singt dröhnend sein Lied, wir schützen die Sowjetunion.

Oder:

Von all unseren Kameraden war keiner so lieb und so gut wie unser kleiner Trompeter, ein lustiges Rotgardistenblut ... da kam eine feindliche Kugel, sie traf unsern kleinen Trompeter, unser kleiner Trompeter, der starb.

An diese Lieder konnten wir uns alle nicht gewöhnen.

Nach 14 Tagen „Grundausbildung" wurde unsere Schulung geändert. Wir wurden als Verbindungsleute bei den Arbeitskommandos eingesetzt. Es war die Funktion eines „Vertrauensmannes" zwischen uns Gefangenen und dem Wachpersonal. Man wollte damit erreichen, dass die Zahl der Flüchtlinge reduziert wurde. Dies hatte Vorteile, die wir natürlich zum Wohle unserer Kameraden ausnutzen mussten. Da es zu der Zeit auch noch kein Extralager für Waffen-SS-Leute in diesem Lager gab, konnten wir einigen von ihnen behilflich sein.

Die Angehörigen der Waffen-SS hatten unter dem Arm ihre Blutgruppe eintätowiert. Einige von ihnen hatten gemeinsam mit uns und mit Hilfsmitteln wie Stecknadeln, saurer Milch und ähnlichen Dingen diese Zeichnungen unkenntlich zu machen versucht. Wir spielten dabei alle mit, ob es den Betreffenden geholfen hatte, haben wir nicht feststellen können. Jede Gruppe bekam nach dem Zählappell den russischen Wachposten zur Bewachung und dann dazu einen von uns (zu erkennen an der roten Kokarde). Gottseidank hatten unsere Mitgefangenen mitbekommen, wie wir zu diesen Aufgaben gekommen waren. Glücklich war keiner von uns über diese Funktion. Der Umstand, Mitglied dieses Arbeitskommandos zu sein, gab uns Gelegenheit, für alle zu organisieren. Auch in einer zerstörten und von Einwohnern verlassenen Stadt findet man - wenn man es versucht - so manche Dinge, die zum Überleben benötigt werden: Kartoffeln, Obst und Gemüse, evtl. auch Getreide, Steckrüben, Gurken und vieles mehr passte in unsere großen Taschen. Kleidungsstücke waren auch dabei. Manchmal teilten wir sogar das Essen mit dem Wachposten.

Unsere Aufträge bestanden aus Freiräumen der Hauptstraßen von Schutt und Trümmern, der Suche nach gefallenen Kameraden und deren Beerdigung.

Am Anfang gehörte diese Arbeit zu den schwersten Aufgaben, die wir erfüllen mussten.

Wenn wir konnten, stellten wir ein behelfsmäßiges Holzkreuz auf. Tote Russen mussten wir sofort melden. Sie wurden auf vorbereitete Kriegsgräberstätten gebracht.

Der russische Wachmann und die Kuh

Meine Arbeitsgruppe und ich waren zum Holzfällen in der Nähe des Lagers in einem Wald eingesetzt. Ein russischer Feldwebel zu Pferde war unser Wachbegleiter. Wir kamen aus dem Staunen nicht heraus über sein Aussehen, sein Verhalten und seine Professionalität als Reiter. Bewaffnet mit Peitsche und einem russischen Trommelrevolver jagte er mit seinem Pferd durch den Wald und die umliegenden Felder. Für ihn war die Freizeit auf dem Pferd perfekt. Hier war er der Boss und verhielt sich so, wie er es wollte. Für uns war er der „Kosak". Er behandelte uns korrekt. Wenn wir Pausen brauchten, stimmte er sofort zu. Den Rauchern bot er aus seiner Satteltasche „Rauchbares" an. Es war russischer Tabak (Machorka). Dieser wurde in Zeitungspapier geraucht. Wir hatten uns ein Feuer angezündet, um Kartoffeln zu rösten. Der Rauch der Zigaretten stank mehr als der Rauch des angezündeten Feuers.

Er hatte sich wieder einmal entfernt, plötzlich erschien er wie „Ziehten aus dem Busch". Sprang von seinem Pferd, befahl mir, zu ihm zu kommen. Er fing aufgeregt an, mir etwas auf Russisch zu erzählen, was ich natürlich nicht verstand. Dabei schlug er sich andauernd mit seiner Reitpeitsche an die Stiefel. Er zog mich und sein Pferd am Zügel in Richtung einer größeren Weidefläche. In mittlerer Entfernung war ein Wald zu sehen. Am Rande bemerkte ich Bewegungen. Davor war ein größeres Gelände mit einer weidenden Kuhherde. Ich verstand zuerst nur „Bahnhof", das heißt: nichts. Bis ich das Wort „Zappzarapp" von ihm hörte. Außer einigen Flüchen in Russisch war mir dieses Wort nämlich auf Deutsch bekannt. Es bedeutet so viel wie: stehlen oder „organisieren".

Ein alter Russlandkämpfer kam uns, dem Kosak und mir, zu Hilfe. Ein anderer vermutete, dass er uns erklären wollte, dass diese Rinder aus deutschem Besitz stammten. „Kosak" zeigte auf mich und 5 Kameraden, wir sollten mitkommen. Er ging mit uns nicht direkt von unserem Lagerplatz zur Kuhherde. Wir schlugen zuerst einen Bogen und näherten uns dann von der Seite. Die Herde graste ganz ruhig. Nur eine Kuh hatte sich von der Herde entfernt. Unser Anführer hielt an, stieg vom Pferd, zeigte auf diese einzelne

Kuh. Jetzt hatten wir alle begriffen, was er plante. Er wollte mit unserer Hilfe diese Kuh stehlen. Keiner von uns gab auch nur ein Wort von sich. – Jeder von uns beobachtete unseren Anführer, den „Kosaken". Ich hatte kein gutes Gefühl, meinen Kameraden ging es nicht anders. Als er in Richtung des kleinen, nahegelegenen Stangenwaldes zeigte, erkannten wir den polnischen Wachposten, der den Schlaf des Gerechten hielt. Er hatte sein Gewehr an einem Baum in der Nähe seiner Schlafstelle aufgehängt. Auf Zeichen unseres „Bandenführers" zogen wir vorsichtig in Richtung auf die „arme" Einzelkuh zu. Jeder war von uns bereit zum Weglaufen. Wir erreichten die Kuh, die uns nicht nur freundlich ansah; sie gab ihrer Freude sogar durch ein lautes „Muhen" Ausdruck. Unser neuer „Führer" hatte die lange Leine, die er wie ein Cowboy am Sattel befestigt hatte, schon der Kuh vorsichtig um den Kopf geschlungen. Er zog etwas, aber die Kuh wollte sich nicht von der Stelle bewegen.

Nachdem unser Schieben auch nicht half, schwang „Iwan der Kosak" die Peitsche. Der laute Knall half sofort. Erschrocken setzte sich die Kuh in Bewegung. Wir zogen noch kräftig mit am Seil.

„Iwan" saß wie ein „Hunnenführer" auf seinem „Streitross". Den Revolver in der rechten Hand, mit der linken Hand hielt er das Pferd unter Kontrolle. In der Gottseidank immer größer werdenden Entfernung, ein laut polnisch fluchender Soldat. Die Entfernung zwischen ihm und uns betrug mehr als 200 Meter. Der Pole rannte in Richtung seines am Baum hängenden Gewehres. Wir hatten fast unseren Rastplatz und den Rest unseres Arbeitskommandos erreicht, als wir uns vor Schreck am liebsten in der nächsten Kuhle in Deckung gebracht hätten.

Mehrere Schüsse fielen, der Knall des russischen Revolvers war uns bekannt, dann aber einige andere Gewehrschüsse, die nur von dem polnischen Wachposten stammen konnten; sie trafen aber nicht. „Iwan" hatte den Colt aufgeladen. Wie wir sahen, schoss er ein zweites Mal in Richtung der Kuhherde. Wo wir tatsächlich den polnischen Schläfer erkannten. Er lief ratlos um seine Herde. Mir tat er fast Leid. So also sah die sogenannte Waffenbrüderschaft aus! Man „kämpfte“ untereinander um das „Beutegut“. Uns konnte es nur recht sein. Jetzt trieben wir gemeinsam die gestohlene Kuh in die Deckung des Waldes. Anschließend ging es hinter und vor der Kuh marschierend zurück in unser Lager. Als wir mit der Kuh ziehend oder schiebend das Lager erreichten, bekam der

„Iwan“ vom Lagerkommandanten einen kräftigen Händedruck. Jeder von uns bekam ein doppeltes Mittagessen und ein großes Stück Fleisch von der geschlachteten Kuh. Unsere Aktion als Kuhtreiber „unter Feindbeschuss“ sprach sich wie ein Lauffeuer im Lager herum.

Kurze Zeit danach wurden die ersten Gefangenen aus unserem Lager entlassen. Im gleichen Atemzug verließen aber auch Teile unserer Lagerinsassen Küstrin und zogen weiter in Richtung Osten. Es wurde erzählt, dass es sich bei den Entlassenen um Spezialisten handelte, die beim Aufbau der zukünftigen „DDR“ „dringend“ gebraucht wurden. Es waren auch Gefangene dabei, die sich im Lager als Musiker, Theaterfachleute, Berater der russischen Besatzer oder auch Altkommunisten besondere „Verdiente“ erworben hatten. Unser „Genosse Schlaffer“ war der erste, der gehen durfte. Er verabschiedete sich von uns. Dabei erzählte er, dass er per Auto nach Berlin gebracht würde. Er sollte einen Platz in der „Oberen Führung“ einnehmen. Er sollte erster Wirtschaftsminister der DDR werden. Das Kommando übernahm von da an unser „Feldwebel Icke“ vom „Roten Wedding in Berlin“. „Genosse Schlaffer“ hatte uns bei seinem Abschied gesagt, wer von uns aus der Gefangenschaft kommend Unterstützung benötigte, sollte seinen Namen und seine Funktion in der Oberen Führung der zukünftigen DDR erwähnen. Im dringenden Fall sollten wir in Berlin in der „Baracke“ direkt vorstellig werden. Hierzu muss ich erwähnen, dass ich nach meinem Eintreffen aus der Gefangenschaft tatsächlich zweifach davon Gebrauch gemacht hatte. Das erste Mal: Bei der Vernehmung als entlassener Gefangener bei der GPU in Petershagen. Ein zweites Mal, als ich Kenntnis bekommen hatte, dass sich die GPU wieder mit den Heimkehrern befassen würde.

Ich war also tatsächlich in der damaligen Baracke der KPD in Berlin! Der Name Schlaffer war bekannt, leider war er dienstlich abwesend und ich habe mich dann wieder von dort entfernt. Unter dem Druck der eventuellen neuen Gefangenschaft hätte ich mich wahrscheinlich von den neuen Machthabern auch überzeugen lassen, mit entsprechenden Verwendungen und Laufbahnen in ihren Dienst zu treten. Im KZ-Oranienburg als Gefangener oder Angehöriger der Volkspolizei? Mein Leben hätte einen ganz anderen Verlauf genommen.

Zweifaches Glück hatte ich, die Abwesenheit Schlaffers und wenige Tage später die Information, dass mein Vater in Hamburg lebt und er uns mit Hilfe einer Dame aus Berlin über die „grüne Grenze“ nach Hamburg bringen lässt.

Nun aber wieder zurück nach Küstrin.

Unseren Freund Stuka trafen wir noch einige Male im Lager. Er erzählte uns, dass er vorhatte zu fliehen. Danach hatten wir ihn nicht wieder zu Gesicht bekommen. Jeder von uns hatte seine Heimatadresse. Die Adresse seiner Eltern in Helmstedt. Sein Vater war Meister auf der Braunkohlenzeche. Diesen Zettel hatte ich leider verloren. An seinen richtigen Namen kann ich mich nicht mehr erinnern. Was ist wohl aus ihm geworden? In späteren Jahren, immer zur Weihnachtszeit, erinnerte ich mich an seine Unterstützung. – Man trifft sich bekanntlich zweimal im Leben!

Ich glaube, ich muss den Teil der russischen Kriegsgefangenschaft verkürzen, sonst fehlt mir die Zeit für den Bericht über den Rest meines Lebens.

Noch eine Kuriosität aus dem Lager Küstrin.

Es war die Art und Weise, die Reinigung der Toilettenanlagen

(Donnerbalken) im Freilichtbühnenlook. Akteure: Alte Nazis, Goldfasane und ähnliche Personen der Naziorganisation. Jeder der Auserwählten trug eine SA-Uniform einschließlich Kopfbedeckung und Auszeichnungen. Bis zu 30 Mann. Ausrüstung: Arbeitsgeräte – zwei komplette Leiterwagen und übliche Transportmittel von den Bauernhöfen. Darauf große Fässer (ohne Abdeckung). Spaten, Spitzhacken, Eimer, Schöpfbehälter an Stangen, Seile jeder Länge und Stärke. Jeder Wagen hatte einen verantwortlichen Führer. Erkennbar an einer Fahne, dazu Trillerpfeife und eine Handglocke. Die Annäherung und das Entfernen des Wagens wurden vom Führer durch überlautes Schreien angekündigt. Erst klingeln, dann Vorgesang des Führers, dann gemeinsam folgenden Wortlaut.

„Dass wir Scheiße fahren, verdanken wir unserem Führer Adolf Hitler. Heil Hitler." – Mit Hitlergruß (erhobener rechter Arm).

Diese Prozedur wurde innerhalb des Lagers gesungen (gebrüllt). Jeder von uns war froh, nicht zu ihnen zu gehören. Sie brachten den Fäkalienschlamm, den sie aus den mannshohen Gruben im Handbetrieb in die Fässer auf den Wagen bringen mussten, dann in Richtung Oder. Sie mussten diese Wagen ziehen oder schieben. Nur mit Muskelkraft. Diese Vorführungen erlebten wir mehrfach am Tag. Bis auf den Tag, als der eine Wagen und seine Mannschaft verschwunden waren.

Wie konnte so etwas passieren? – Im Laufe der Zeit hatten sie sich so viel Vertrauen bei dem Wachpersonal erworben, dass die Wachmentalität in Kumpanei übergegangen war. Sie kannten jede Ecke, hatten zusammen vom Lager entfernt organisiert zum Wohle beider Seiten. Sie brachten diesen Fäkalienschlamm im „Mannschaftszug" langsam und unter großer Anstrengung in vom Lager weiter entfernten Teilen Küstrins und sogar über die behelfsmäßige Oderbrücke in Rustrin. Wie sich dann herausstellte, waren sie sogar an dem besagten Tag ohne Schwierigkeiten über die Oderbrücke gelangt. Die gemeinsame Flucht war im Laufe von mehreren Monaten gut geplant und vorbereitet worden. So war es möglich, den vollen Wagen stehen zu lassen, sich der SA-Uniformen zu entledigen und in Zivil zu verschwinden. Die benötigten Kleidungsstücke hatten sie sich im Laufe der Zeit in den Häusern und Trümmern sowie Bauernhöfen besorgen können. Die russischen Bewacher liebten Alkohol und nahmen ihn ab und zu auch im Dienst zu sich. Ein Teil der organisierten Sachen bekam der Wachsoldat. Der Schwarzmarkt mit diesen Sachen begann zu dieser Zeit schon in Polen. Ich habe diese Erfahrung selbst gemacht, als ich nach meiner Entlassung aus der Gefangenschaft in Küstrin einen Güterzug benutzte, um nach Hause zu kommen. Der Schwarzmarkt, also das oft geldlose Tauschgeschäft, hat allen Beteiligten Profit gebracht.

Als diese Story der Flucht im Lager bekannt wurde, war ihnen nachträglich die Anerkennung fast aller Gefangenen sicher. Niemand dachte mehr daran, zu welcher Kategorie Deutscher diese Flüchtlinge angehörten. Aus Mitleid wurde Hochachtung. Hoffentlich ist ihnen allen die Flucht in die Freiheit gelungen! Deutsche Wertarbeit nicht nur in der Logistik. Von dem Zeitpunkt wurden unsere Arbeitskommandos mit Doppelposten bestückt.

Abmarsch nach Landsberg

Jeden Monat traten alle von uns zum Hygieneappell und zur Feststellung der Arbeitsfähigkeit jedes Einzelnen von uns an. In Dreierreihen stehend, mit abgelegter oder heruntergelassener Hose und auf Befehl ausgezogen bis auf die Haut, warteten wir auf Ärzte, die uns inspizieren wollten. Es war jedes Mal ein komisches Spiel. Nackend, wie ein Stück Vieh sich präsentieren zu müssen. So ähnlich hatte ich mir die Sklavenarbeit in den USA vorgestellt. Unsere körperliche Verfassung wurde wahrscheinlich peinlich genau dokumentiert. Kniebeugen und Liegestützen wurden uns abverlangt und das alles nackend. Neu war zwischenzeitlich die Überprüfung auf SS-Zugehörigkeit. Erkennbar an der eintätowierten Blutgruppe unter dem Arm. Wer als SS-Angehöriger erkannt wurde, wurde in einen extra ausgewiesenen Bereich umquartiert. Bei einigen ehemaligen SS-Kameraden haben wir in manchen Nächten mit Sauermilch und Stecknadeln versucht, diese Tätowierungen unkenntlich zu machen. Es gelang leider nicht immer.

Eines Tages, es muss im August/September gewesen sein, mussten alle erkannten SS-Leute und wir Jugendlichen unter 18 Jahren antreten. Es war nachmittags, fast zum Abendbrot. Eine warme Mahlzeit und ein halbes Brot wurden uns in die Hand gedrückt. Dem Auftritt folgte der Befehl, sich anschließend marschbereit zu machen. In einer halben Stunde wäre Abmarsch. Die oben er- wähnten Personengruppen wurden in Richtung Osten, in das Gefangenenlager Landsberg/Warthe verlegt. Zirka 600 Gefangene und eine starke Bewachung, teilweise berittene Offiziere und dazu auch russische Soldaten mit Schäferhunden. Der Marsch ging nach Osten.

„Nach Ostland sollten wir traben, Großdeutschland führte Krieg, um Lebensraum im Osten zu erwerben".

So oder ähnlich war die Parole für die deutschen Soldaten beim Einmarsch in Russland. Nun trabten wir per Fuß, müde, verdreckt, als Gefangene in Richtung Osten. Bewacht von russischen Soldaten durch ein Land, das seit Kriegsende endlich wieder zu Polen gehörte. Küstrin war die deutsch-polnische Demarkationslinie. Wir marschierten mehrere Stunden bis zum Einbruch der Dunkelheit. Wir lagerten unter freiem Himmel auf einer großen Wiese, nahe der Straße. Schäferhunde und Posten umkreisten unseren Lagerplatz. Kurzinformation an uns alle, jeder Fluchtversuch würde mit Waffengewalt vereitelt. Später hörten wir, dass diese Maßnahmen aus Sicherheitsgründen so ablaufen mussten. Die Russen mussten uns vor den polnischen Milizen schützen, die uns liebend gerne gefangengenommen hätten. Am nächsten Tag erreichten wir unser Ziel: Landsberg/Warthe.

Nach Durchquerung der zerstörten Stadt erreichten wir am östlichen Ausgang, am Ende einer Steigung, unser Ziel. Rechts der Straße sahen wir Teile einer großen Fabrikanlage, davor ein großes Barackenlager deutscher Fabrikation. In diesem Barackenlager waren deutsche Arbeiterinnen, Arbeiter aus Polen und andere Ausländer sowie auch Behinderte aus Deutschland eingesperrt. Gegenüber dieser Anlage konnten wir den Eingang zu einer großen Gutsanlage sowie das Herrschaftshaus erkennen. Stacheldraht, Beleuchtungen und Wachttürme gehörten natürlich auch dazu. Neben dem allgemeinen Gefangenenlager befand sich ein extra abgesperrter Bereich für deutsche Offiziere. Interessanterweise trugen sie alle ihre kompletten Offiziersuniformen und - soweit vorhanden - auch Orden und Ehrenzeichen. Im Gegensatz zu uns mussten sie nicht ihre „Brötchen" durch harte Arbeit verdienen. – Nicht alle sind gleich. – („Genfer Konvention").

Eventuell noch versteckte Orden und Ehrenzeichen wurden zwischen den Eingetroffenen und den Offizieren gegen Machorka (Tabak) oder Brot getauscht. Es war verwunderlich für uns, dass trotz der Filzerei durch russische Soldaten noch so viele Orden und Ehrenzeichen im Besitz unserer Offiziere waren. Hier auch wieder die gleichen militärischen Zeremonien. Einmal Soldat, immer Soldat? – Antreten, melden, filzen etc.

Es gab auch hier, wie wir schon in Küstrin erfahren mussten, unangenehme Mitbewohner in jeder Baracke: Flöhe, Läuse, Kakerlaken. Ich hatte wieder einmal mein Bett auf dem Betonboden. Auf Stroh oder Heu wurde geschlafen, mit einer Jacke oder Zeltplane wurde sich zugedeckt. Dieses Ungeziefer fiel uns auf die Zeltplane, das klackende Geräusch habe ich noch heute in Erinnerung. Man hätte bestimmt die Uhr nach dem Herabfallen und die dann einsetzende Belästigung durch diese Viecher stellen können. Dann begann der ungleiche Kampf zwischen uns und den Parasiten. Am Ende des Kampfes waren wir immer die Unterlegenen. Diese Viecher waren noch hungriger als wir.

Das Leben von unseren Flöhen und unser Leben ähnelte sich in

vielen Teilen. Fazit damals: Abgeschrieben und unterernährt. Unsere Zukunft konnte keiner von uns vorhersagen. Mitleid konnten weder die Flöhe noch wir erwarten.

Es gab trotz des beendeten Zweiten Weltkrieges keinen wirklichen Frieden auf unserem Planeten.

Nach der obligatorischen monatlichen Untersuchung durch deutsches und russisches Sanitätspersonal wurde ich wegen Nierenblutens in die Sanitätsbaracke verlegt. Die Verwundung am Fuß hatte sich auch wieder entzündet. So musste ich nicht zum Arbeitseinsatz, lag dafür aber tagelang mit einigen Kameraden sinnlos herum. Die Diagnose der Krankheit war da, nur zur Therapie fehlten die Mittel. Der kalte Beton konnte mit mehr Stroh und Pappe erträglicher gemacht werden. Heißen Tee konnte ich mir zweimal pro Tag von der Lagerküche abholen. Darüber hinaus gehörten die sogenannten Latrinenparolen zu unserer bevorzugten Unterhaltung. Ich hatte darüber hinaus Glück, ein Kamerad hatte in den Trümmern zwei Bücher gefunden, die er mir schenk- te. Das war ein Karl May Buch, das ich schon kannte. "Durchs wilde Kurdistan". Hier muss ich erwähnen, dass eine Lehrerin in unserer Nachbarschaft in Petershagen die komplette Sammlung von Karl May in ihrem Bücherschrank hatte. Ich durfte einen Teil dieser Bücher bei ihr entleihen und zu Hause lesen. Besser noch einmal dasselbe lesen als gar nichts. Der Lagerkoller bei einigen unserer Kameraden erzeugte erhebliche Unruhe im Lager.

Das zweite Buch hieß „Sturm auf Riga", ein typisches Nazibuch der Propaganda. Ich kannte es nicht, habe es versteckt und gelesen, wenn die Kameraden nicht anwesend waren. Es handelte vom

„Freikorpseinsatz" eines Soldaten des Ersten Weltkrieges nach dem Krieg im Baltikum.

Im Lager Landsberg hatten wir alle das erste Mal Kontakt zu einigen ehemaligen Wehrmachtsoffizieren, die nach dem Kampf in Stalingrad in russische Gefangenschaft gekommen waren. In der Zeit der Gefangenschaft hatte es eine Gruppe dieser Offiziere unter Einfluss der Sowjetpropaganda und ihren mehr als negativen Erfahrungen als deutsche Soldaten in den von ihnen eroberten Teilen Sowjetrusslands dazu gebracht, ihr eigenes Handeln zu überdenken. Es bildete sich mit Unterstützung und wahrscheinlich mit erheblichem Druck der Sowjets in den Gefangenenlagern Sibiriens der Bund der Offiziere der deutschen Wehrmacht. Der Bund Freies Deutschland. Sie wurden von der Mehrzahl der Offiziere und Soldaten abgelehnt und als Überläufer und Verräter bezeichnet. Diese Offiziere konnten sich in unserem Lager frei bewegen. Sie warteten wie wir auf ihre Freilassung und gesunde Heimkehr nach Deutschland. Auch in unserem Lager wurden sie als Propagandisten für das kommunistisch-marxistische System der Sowjets eingesetzt. Sie trugen nahezu die gleiche Uniform wie die Russen. Die Russen hatten sie im Rahmen ihrer Propagandamaschinerie integriert. Auf Flugzetteln und in den Propaganda-wagen der Sowjets, in vorderster Frontlinie, hatten sie uns aufgefordert (wie selbst am Anhalter Bahnhof erlebt), die Waffen weg- zuwerfen und zu kapitulieren. Sie forderten das Beenden des Widerstandes; wir sollten mit erhobenen Händen zu ihnen kommen.

Diese Offiziere der ehemaligen deutschen Wehrmacht gehörten zum großen Teil zu den Überlebenden der 6. Deutschen Armee des Generals Paulus, die über 70 Tage sinnlosen Abwehrkampf auf besonderen „Führerbefehl" die Stadt Stalingrad bis zur letzten Patrone verteidigen mussten. Die Bitte um Aufgabe dieser Stadt wurde auf Anordnung Hitlers abgelehnt. General Paulus ergab sich gegen den Führerbefehl der russischen Übermacht. Er selbst ging auch in russische Kriegsgefangenschaft. Der Kampf um Stalingrad war der Wendepunkt des Zweiten Weltkrieges zu Gunsten der Sowjetunion. General Paulus kehrte nach Kriegsende, wie viele seiner Soldaten, nach Deutschland zurück. Er ließ sich aber nicht nach Westdeutschland, in die von Amerikanern, Engländern und Franzosen besetzten Gebiete entlassen, sondern ging in die ehemalige russisch besetzte Zone, in die spätere DDR - Deutsche Demokratische Republik.

Das Ende der Gefangenschaft

Eines Morgens wurde in unserer Sanitätsbaracke „Raustreten“ befohlen. Wie in alten Zeiten musste dieses mit einer gewissen Schnelligkeit geschehen, sonst gab es Anpfiffe. Ich ließ das Buch (Sturm auf Riga) fallen, schnappte mir meinen zerfledderten linken Schuh und lief zum Barackenausgang. Wir mussten „Antreten“. Bei mir dauerte es etwas länger, weil ich mir den linken Schuh noch anziehen musste. Fast ein Dutzend „Kranker“ stand da. Wir mussten durchzählen, dann wurden wir einem Sowjetsoldaten übergeben. Der führte uns direkt zum Lagerausgang nach Landsberg über die Straße in den umzäunten Bereich der großen Gutsanlage. Hier saß schon ein Dutzend Männer; wir blieben stehen, durften uns hinsetzen und warteten ab, was nun mit uns passieren sollte.

Das Wort **Entlassung** war in aller Munde.

Latrinenparolen gehörten zum Leben eines Kriegsgefangenen. In der Gutsanlage war die russische Ortskommandantur untergebracht. Der uns bekannte deutsche „Lagerälteste“ (Lagerkommandant) eröffnete uns, dass wir tatsächlich für die Entlassung vorgesehen waren. Zuerst müssten wir uns einer körperlichen Abschlussuntersuchung unterziehen. Diese wurde von dem deutschen Lagerarzt und zwei russischen Militärärztinnen durchgeführt. Trotzdem glaubte keiner von uns an die erwähnte Entlassung.

Bei meiner Musterung wurde festgestellt, dass ich in sehr schlechter körperlicher Verfassung war. Dazu die Einschränkung durch die noch erkennbare Verwundung am Fuß. Last but not least kamen die Nierenblutungen, die im Lager nicht behandelt werden konnten (mit Ausnahme des Tees, den ich täglich trinken musste).

Bei der Erstellung der Personaldaten wurde auch vermerkt, dass ich erst 15 Jahre alt war. Den Nachweis über mein Alter konnte ich nur mit einer zerfledderten Geburtsurkunde belegen. Alles andere an Personalpapieren, den Dienstausweis der HJ und auch den provisorischen Zugehörigkeitsausweis (zur LAH) hatte ich auf Anweisung des von mir erwähnten Majors (Durchbruchversuch Friedrichstraße, Humboldtuniversität) in einer der Kisten beim abgestellten Flakgeschütz am Nebeneingang der Humboldtuniversität gelassen. Diese Geburtsurkunde musste ich dem Stabsarzt vorlegen. Er sprach mit einer der russischen Ärztinnen. Sie diskutierten einige Minuten miteinander. Dann drückte er mir die Urkunde in die Hand, zeigte dabei auf die Ärztin und sagte:

„Bedanke Dich bei ihr!“ - „Du wirst entlassen“.

Ich konnte mich nicht bedanken. Heulend stand ich da, ich wusste nicht, was mit mir geschehen war. Hier wieder einmal, „Viel Glück im Unglück“. – Ich habe später einen Kameraden im gleichen Alter in Hamburg wiedergetroffen, der hatte das Glück, erst nach zwei Jahren aus Sibirien nach Hause zu kommen! Das hätte auch mit mir geschehen können. Viele von unseren Freunden und Kameraden hatten weniger Glück.

Eine Nacht in der Scheune des Gutes. Es war wie Weihnachten und Ostern zusammen. Trotzdem, der Zweifel blieb, dass es eine Fehlanzeige sein könnte. Doch tatsächlich wurden wir am nächsten Tag mit einem Entlassungsschein zum Nachweis für die örtliche russische Heimatort-Kommandantur aus der Gefangenschaft entlassen. Wir wurden sogar mit Marschverpflegung von den Russen verwöhnt. Jeder ein halbes Brot, Zucker, Marmelade. Überglücklich traten wir zum morgendlichen Abschiedsappell an. Zu uns hatte sich auch ein Hauptmann des Bundes „Freies Deutschland“ gesellt.

Aufbruch in den Westen

Wie sich herausstellte, sollte er ebenfalls in Richtung Westen mitmarschieren. Er war auch wie wir offiziell entlassen worden. Er sollte von Landsberg bis Küstrin als unser Führer fungieren. Er auf der Pferdekutsche, in russischer Uniform und einem zusätzlichen Begleiter der russischen Streitkräfte. Wir zu Fuß. Unterschiede müssen sein!? Man hatte uns vor den neuen - polnischen Einwohnern in den Orten und Häusern längs der Straße nach Küstrin gewarnt. Raub und Überfälle waren in diesem Gebiet an der Tagesordnung. Der Offizier sollte uns sicher durch neuerdings polnisches Hoheitsgebiet bis Küstrin zur neuen deutschen Grenze begleiten. Also sehr schlechte Aussichten. Wie wollten wir uns mit unserer körperlichen Verfassung gegen Angreifer schützen? – Aber wir hatten ja unseren Begleiter.

Unsere kleine Kolonne marschierte auf der alten Heerstraße Berlin – Königsberg. Das Tempo der Kutsche konnte nur von wenigen von uns gehalten werden. Wir waren nach zwei Stunden Marsch erschöpft, so dass wir anhalten und eine Rast einlegen mussten. Zwischenzeitlich war unser „Freies Deutschland“, der Hauptmann und Begleiter mit Kutsche jedoch weit voraus. Er war uns abhanden gekommen. Wahrscheinlich wollte er bei Tageslicht noch mit seiner Kutsche die neue deutsche Grenze erreichen. Vielleicht wurde er ja auch wie der Genosse „Schlaffer“ in Ostberlin dringend als Berater gebraucht. Das Gefühl von Kameradschaft war ihm im Laufe der Jahre verlorengegangen. Wie heißt es so schön im Volksmund:

„Das eigene Hemd ist einem näher als die Hose.“

Heute - und das schon vor einigen Jahren - habe ich Frieden mit ihm geschlossen. Heute kann ich nachvollziehen, wie ihm zu Mute gewesen sein muss, nach mehr als zwei Jahren russischer Kriegsgefangenschaft in Sibirien und dem Kessel von Stalingrad leben entronnen zu sein. Welche Gefühle musste er gehegt haben? In 5-6 Stunden endlich wieder zu Hause bei seiner Familie zu sein.

Damals hatten wir nur Wut für ihn übrig.

„Hilf Dir selbst, so hilft Dir Gott“ sagt der Volksmund.

Dieser Spruch ist auch oft in meinem Leben zitiert worden. Wir kannten die Lage, also mussten wir versuchen, unsere eigene Situation zu verbessern.

Erstens:	Keine übermäßigen Anstrengungen. Einer für alle, alle für einen!
Zweitens:	Wir mussten uns „bewaffnen.“ Holzknüppel oder Haken. Nach Spaten in den Häusern der Straße suchen.
Drittens:	Immer ein Vorauskommando von zwei Mann zur Sicherung vorneweg. Die mit der besten körperlichen Verfassung, die sich bei einer eventuellen Flucht schnell bewegen konnten.
Viertens:	Nicht in fünf oder zehn Stunden in Küstrin sein. Die Nacht als Schutz nutzen. Sich nur auf oder neben der Straße bewegen. Die Hälfte der Nacht in einer Scheune schlafen.

Es war die Zeit, dass man überall auf den Feldern und Gärten Essbares fand. Wie z.B. Kürbisse, die wir zuerst fanden. Die Kartoffeln der letzten Ernte hatten neu ausgetrieben, man konnte sie über dem Feuer rösten. Und dann die Obstbäume an den Straßen- rändern. Es ging uns ganz gut, wenn nicht die Angst vor einem Überfall gewesen wäre. Wir suchten im Kuschelgelände nach

Stangenholz, das wir dann mit Hilfe unserer auch schon organisierten Messer zum Schlagstock umarbeiteten. So bewaffnet haben wir in der ersten Nacht nicht Küstrin erreicht. Wir fühlten uns so etwas sicherer und schlichen längs der Straße in Richtung Osten.

Diesen Weg von Küstrin nach Landsberg hatten wir schon einmal in einer Nacht und dem anschließenden Tag gemacht.

Die Straße war bis auf den einen oder anderen Panjewagen oder Fußgänger mit Bollerwagen innerhalb von unserem Abmarsch bis zum Sonnenuntergang menschenleer. Wer sollte auch hier in der Wildnis spazieren gehen? Ohne besondere Vorkommnisse waren wir nach fünf bis sechs Stunden reiner Marschzeit gut vorangekommen. In einem Haus oder in einer Scheune zu übernachten hatten wir nicht mehr eingeplant. Hier war die Gefahr, überrascht zu werden zu groß. Also gingen wir in den Schutz eines Waldes etwas abseits der Straße und legten uns zum Schlafen nieder. Zwei Mann von uns übernahmen im Wechsel die Wache. Wir hatten entschieden, die restliche Strecke bis über die Oder in Küstrin nicht am Tage, sondern größtenteils nachts zu bewältigen. Das bedeutete zwei Nächte bis Küstrin. Die Taktik ging auf. Am zweiten Tag suchten wir uns etwas abseits der Straße ein verlassenes Bauerngehöft als Unterkunft aus. Bisher hatten wir keinen Kontakt zu Russen oder Polen. Am frühen Morgen gelangten wir heil über die uns nicht unbekannte Behelfsbrücke in Küstrin.

Oha, Glück gehabt!

Auf dem provisorischen Bahnhof sahen wir einen unter Dampf stehenden Güterzug. Die Bitte um Mitfahrgelegenheit wurde vom Zugführer genehmigt. Die Strecke der Bahn war zur Zeit des „Ostfeldzuges" wohl die meistbefahrene Bahnstrecke in Richtung Osten gewesen. Der Zug fuhr auf dieser Strecke nach Berlin, vor- bei an den bekannten Orten Strausberg, Neuenhagen usw., so erklärte es mir der Zugführer. Ich sagte ihm, dass ich von Strausberg käme. Er wollte sich meiner erinnern, wenn wir Strausberg erreicht hätten. Wir kletterten auf einen der Waggons, die nach oben offen waren. Hier eine große Überraschung. Die Mehrzahl der Waggons war schon voll mit Menschen besetzt. Frauen, Kinder, alte Männer. Es wurde Deutsch, Russisch, aber auch viel Polnisch gesprochen. Wir konnten uns den Waggon aussuchen. Mit zwei Kameraden klemmten wir uns noch in einen der Waggons. Wir wunderten uns über die vielen Kartons und Koffer. Einer war sogar als „Reisegepäck" deklariert. Die Unterhaltung zwischen mir und meinen Kameraden über diese eigenartige Zusammensetzung unserer Mitfahrer hatte ein Herr mittleren Alters mitbekommen. Er fragte uns, woher wir kämen und wohin wir wollten. Wir erzählten ihm, dass wir entlassene Kriegsgefangene sind, von Landsberg kommen und nun auf dem Weg nach Hause wären.

Ich fragte ihn nach seinem Ziel. Er berichtete stolz, dass er östlich Berlins zu Hause wäre. Einmal in der Woche würde er mit Utensilien für den Schwarzmarkt nach Küstrin fahren. Hier tauschte er alles in Naturalien um. Diese wechselte er dann in Berlin für dringend in Polen benötigte Sachen ein. Ich fragte ihn, ob er wisse, was die anderen Mitreisenden vorhätten. Der größte Teil der Mitreisenden ginge demselben Geschäft wie er nach. Die anderen wären Flüchtlinge aus den Ostgebieten. Er gab uns freundlicherweise eine polnische Wurst und ein halbes Brot als Marschverpflegung mit. Das war mein erster Kontakt mit Schwarzmarkthandel und einem Schwarzmarkthändler.

Den Krieg hatten wir gerade verloren, Millionen Menschen waren als Ausgewiesene, Flüchtlinge oder entlassene Soldaten wie wir unterwegs. Zu diesem Zeitpunkt konnte man mit Cleverness schon wieder Geschäfte machen.

Eineinhalb Jahre später konnte ich eigene Erfahrungen in diesem Geschäft sammeln. Durch den Schwarzmarkthandel konnten wir in den Jahren 1948/1949 unseren Lebensunterhalt bestreiten. Nur durch unserer Arbeit erworbenes Geld und den Verpflegungsmarken pro Person allein wären wir (mein Vater, meine Mutter und ich) auf der Strecke geblieben. Unterernährung, Skorbut, Ausschläge am ganzen Körper, dazu kamen meine Herzprobleme.

All das musste behandelt werden. Medikamente konnte man nur mit Hilfe eines Arztes auf dem Schwarzmarkt bekommen. Das Leben zur damaligen Zeit war ein ewiges „Geben und Nehmen". Die Ärzte waren knapp und auch die Praxen – von der Ausstattung ganz zu schweigen. (Dies war ein kleiner Ausflug in die Zeit, die mir noch bevorstand.)

In Strausberg hielt der Güterzug tatsächlich. Von hier hatte ich noch ca. 4 km Wegstrecke bis nach Hause (Petershagen) Der Abschied von den Kameraden war sehr kurz. Ein letzter Händedruck und dann mit ihrer Hilfe über die Bordwand des Güterwaggons in die Freiheit! Während ich mich auf den Halt in Strausberg freute, schliefen die meisten Schwarzhändler den Schlaf des „Gerechten" (oder doch „Ungerechten"?). Meine Kameraden sorgten dafür, dass es wirklich Gerechtigkeit gab. Wie heißt es im Volksmund:

„Wenn du hast zwei, gib denen, die nichts haben". Meine Kameraden hatten sich heimlich an Teilen der vorhandenen Schwarzmarktartikel bereichert. Es war ja nur „Mundraub".

Als ich über die Bordwand den Boden erreichte, flogen mir noch eine Wurst und Brot hinterher. Ich konnte mich nicht mehr bei ihnen bedanken. Der Zug fuhr weiter, und ich packte die Verpflegung in die Tasche. Ich hoffe, sie haben wie ich Glück gehabt, das Alter von mehr als 80 Jahren erreicht zu haben. Heute weiß ich, dass das Schicksal mich damals zur verkehrten Zeit am verkehrten Ort getroffen hatte. Da hatte der Altbundeskanzler Kohl, auch wie ich Baujahr 1930, bessere Karten. Er sprach einmal von der „Gunst der späteren Geburt". Für den größten Teil dieses Geburtsjahrganges mag es zutreffen. Sie hatten nur Glück im Unglück.

Wieder zu Hause

Allein und wieder auf heimatlichem Boden! Es überkam mich ein

Glücksgefühl. Wieder zu Hause zu sein, war das Wunschziel von mir und allen Kriegsgefangenen, besonders denen, die wie ich das Pech hatten, in russische Gefangenschaft geraten zu sein. Ich musste durch einen großen Wald, um nach Hause zu kommen. Der Weg war mir seit meiner Kindheit vertraut. Ich fand den Zugang zum Fußweg nach Petershagen. Ich stand und atmete die frische Waldluft ein. Ich ging langsam in Richtung Petershagen. Im Wald hörte ich Geräusche, die mir vertraut waren. Es waren die Stimmen der Holzarbeiter, die Bäume fällten und sie zersäg- ten.

Ich war so in Gedanken versunken, dass ich die Annäherung einer entgegenkommenden Person übersehen hatte. Vor mir stand ein junger Mann, den ich von früher kannte. Er beobachtete mich eingehend, dann fragte er „Bist du es, Aldo?" Was ich nicht sofort begriff. Ich bejahte die Frage. Er schüttelte mir die Hand und begann zu weinen. Mir ging es ähnlich. Keiner von beiden konnte sich damals unsere Reaktion erklären. Ich erzählte ihm kurz, woher ich kam. Er wollte zu seiner Arbeitsstelle am Bahnhof Strausberg. Er empfahl mir, nicht den direkten Weg nach Hause zu nehmen und vor allem, andere Personenkontakte zu meiden. Der Grund seien die gefürchteten „Werwolf-Angriffe". In der Vergangenheit hätten sie schon einige unserer gleichaltrigen Kameraden vernommen, geprügelt und auch in Haft genommen. Das waren keine guten Nachrichten!

Den Empfehlungen des Kameraden folgend, schlich ich mich buchstäblich unerkannt an den Waldarbeitern vorbei. Ich hatte auch beschlossen, nicht direkt nach Hause zu gehen. Ich wollte zuerst die Zwillingsschwester meiner Mutter, Tante Ida Köhler aufsuchen. Sie wohnte noch näher am Waldrand als wir. Gedacht,getan. Ich klingelte, aber niemand öffnete mir die Tür. Das hatte die Nachbarin meiner Tante mitbekommen und meinte, meine Tante wäre wahrscheinlich im Garten. Sie musterte mich so eigenartig, dass ich ihr erklärte, warum ich einen kahlgeschorenen Kopf hatte; ich total verschmutzt war und dass ich gerade wieder Petershagen erreicht hätte.

Wieder zu Hause. Meine Unterernährung und mein gesamter äußerer Eindruck auf sie musste besonders erschreckend gewesen sein. Plötzlich sagte sie nämlich zu mir: „Du bist doch Aldo? Ich habe zuerst gedacht, dein Vater würde vor mir stehen". Sie weinte bitterlich und entfernte sich. – Meine Tante Ida war tatsächlich im Garten. Sie war bei meinem Anblick genauso erschrocken wie ihre Nachbarin. Wortlos führte sie mich ins Haus, wo wir uns eine Zeit lang wortlos gegenüber saßen. Wir waren sprachlos. Auf meine Frage, wo ihre beiden Söhne und meine beiden Cousins wären, erklärte sie mir weinend, dass vor einiger Zeit ein Mann vor ihrer Tür gestanden hätte, der ihr mitteilte, dass er ein Kamerad von Udo, ihrem ältesten Sohn, gewesen sei. Er hätte mit Udo die „Zitadelle Spandau" in Berlin verteidigt. Beide waren Mitglieder der erst 1944 aufgestellten „Panzervernichtungsbrigade" gewesen. Eine Truppe speziell zur Vernichtung von Panzern aufgestellt.

„Udo wäre in der Zitadelle Berlin gefallen." Er hätte selbst gesehen, wie Udo seinem Gruppenführer bei einem Angriff der Russen zu Hilfe eilen wollte. Dabei traf ihn eine Panzergranate. Da er anschließend selbst in russische Kriegsgefangenschaft kam, konnte er meine Tante erst nach seiner Entlassung informieren. Udo und er hatten ihre Heimatadressen ausgetauscht und sich versprochen, im Falle des Todes oder Gefangennahme die Familienangehörigen zu benachrichtigen. Gefallen mit 17 Jahren!

Der andere Sohn Bodo war etwas jünger als ich. Wir hatten zusammen Petershagen verlassen. Er gehörte zu dem Zug Jungvolk, der mir unterstellt war. In der zweiten Nacht nach Verlassen unseres Heimatortes hatte ich ihn und zwei weitere Kameraden mit Fahrrädern als Sicherung vorausgeschickt. Von diesem Zeitpunkt an waren die Kameraden und auch mein Cousin Bodo verschwunden. Bodo hatte glücklicherweise überlebt, er fand uns in der besagten Nacht nur nicht wieder. Später war er rechtzeitig in Richtung Westen seitlich von Berlin vorbei bis nach Hamburg gelangt (hier haben wir ihn später wieder getroffen). Er machte aber den Fehler, von Hamburg zurück nach Petershagen zu fahren. Resultat: Von der GPU abgeholt, ins Gefängnis gebracht und schwer misshandelt. Direkt nach der Haft ist er sofort wieder über die damalige noch „Grüne Grenze“ nach Hamburg zurückgekehrt.

Meine Mutter wurde anschließend geholt. Wir besprachen, was wir machen konnten. Wo war mein Vater? Wo war mein Onkel? Wir beschlossen, dass ich mich vorerst verstecken sollte; und keiner von den Nachbarn sollte von meiner Ankunft informiert werden. Ich erfuhr dann von meiner Mutter, dass sie sich und ihre Zwillingsschwester zu Fuß von Petershagen nach Berlin zur Friedrichstraße auf den Weg gemacht hätten, um mich zu suchen. Ein Nachbar hatte behauptet, mich aufgehängt am Bahnhof Friedrichstraße gesehen zu haben. Sie fanden mich aber nicht. Dieser Marsch unter den damaligen Verhältnissen muss für meine Mutter und ihre Schwester furchtbar gewesen sein. Gottseidank war ihr der Anblick erspart geblieben…

Leider hatte ich während des Einsatzes im Bereich der Friedrichstraße den Anblick eines erhängten Soldaten ertragen müssen. Es war ein junger Leutnant der Panzertruppe mit dem obligatorischen Schild „Ich war ein Feigling.“ Leider kann man die Verantwortlichen, die dieses angeordnet hatten, nicht mehr auffinden. Diese Art von Justiz ist für uns alle heute unverständlich. Wir erfuhren den wahren Grund für seine Ermordung. Dieser junge Offizier der Panzertruppe war für Tapferkeit vorm Feind ausgezeichnet worden. Allerdings war er mit seinem Panzer dem Befehl nicht nachgekommen, die Russen in den Schluchten der zerstörten Häuser anzugreifen. Er hatte fast keinen Tropfen Betriebsstoff mehr im Tank und nur einige Panzergranaten zum Verschießen. Er war bereit, den fast betriebsunfähigen Panzer am Platz zur Abwehr der Russen einzusetzen. Er war mit seiner Besatzung bereit, bis zur letzten Granate seinen Auftrag der Verteidigung Berlins mit seinen Möglichkeiten zu übernehmen. Ich habe nicht erfahren, ob die, die ihn wegen Feigheit erhängt hatten, sich selbst in den Panzer gesetzt hätten, um einen Großangriff ohne Diesel zu starten. Sie gehörten wahrscheinlich zu denen, die später versucht haben, an der Friedrichstraße den Durchbruch in Richtung Oranienburg (zur Armee Wenck) zur Flucht zu nutzen.

Wie mir bekannt ist, haben einige hochstehende Nazis für ihre Schandtaten büßen müssen. Vielleicht war das ein Teil an Gerechtigkeit. Das ist meine persönliche Auffassung.

Meldung bei der Kommandantur

Aber zurück zu mir. Nach zwei Tagen hatten unsere Nachbarn die Veränderung in unserem Haus registriert. Meine Mutter versuchte, mit den ihr zur Verfügung stehenden Nahrungsmitteln meinen Hunger zu stillen. Nach drei Tagen war uns bewusst, dass ich mich bei der örtlichen sowjetischen Kommandantur mit meinen Entlassungspapieren aus der Gefangenschaft zurückmelden musste. Unter Kenntnis der Erfahrungen meiner Tante und denen meines Cousins Bodo mit der GPU (russischer Geheimdienst), der nach seiner Rückkehr berichtete, wie er von der GPU schwer misshandelt worden war. Ich hatte Angst. Ich überlegte, welche Fragen die Russen wohl stellen könnten. Welche Antworten ich dafür parat hätte. Mit dem Entlassungsschein in der Tasche erinnerte ich mich auch an die in Küstrin mit mir vorgenommene Umerziehung. Vielleicht könnte mir diese Umerziehung helfen?!

Ein Stück Brot und zwei Äpfel hatte mir meine Mutter auf den Weg mitgegeben. In der Ortsmitte von Petershagen, in der Nähe der evangelischen Kirche, hatten die russischen Militärs ein großes Haus besetzt. Vor der Tür wachte ein bewaffneter Sowjetsoldat. Allein der Anblick dieses Soldaten hätte mich fast zur Flucht animiert. Ich meldete mich bei, er rief einen anderen Soldaten, der mich in ein großes Zimmer brachte. Als erstes sah ich einen großen Schreibtisch. Hinter dem Schreibtisch erkannte ich eine uniformierte Frau in russischer Uniform. Sie hatte den Rang eines

Hauptmannes. Ich grüßte freundlich, stellte mich mit Namen und Geburtsdatum vor. Den Entlassungsschein aus dem Gefangenenlager Landsberg musste ich ihr überreichen. Sie fragte mich nach meinen Eltern und auch danach, was ich in den Jahren des Krieges an Tätigkeiten und Verwendungen gehabt hätte. Sie sprach perfektes Deutsch. Ihrem Aussehen nach war sie jüdischer Abstammung. Sie war sehr freundlich. Ich erzählte ihr, in welchen Gefangenenlagern ich inhaftiert war. Über die Umerziehung im Sinne des Marxismus/Leninismus im Lager Küstrin wollte sie alles wissen. Ich sagte ihr auch, dass ich mich auch bei meiner Schule Neuenhagen-Hoppegarten zurückmelden wollte. Damit war meine Audienz bei der Kommandantur beendet.

Ich wurde ohne Kommentar entlassen!

Am Pfosten vorbei, bis zur nächsten Ecke ging ich betont langsam. Am liebsten wäre ich schnell weggelaufen. Ich erwartete einen Pfiff und den Befehl zurückzukommen. Aber nichts geschah. Hinter der nächsten Ecke setzte ich mich erst einmal völlig er- schöpft auf die Erde. Meine Mutter hatte die ganze Zeit vor unserer Gartentür auf mich gewartet.

Es war ein „zweites Wiedersehen".

Am nächsten Tag machte ich mich auf den Weg zu meiner alten „Penne". Ich lieh mir ein Fahrrad von meiner Tante. Unsere eigenen, fast neuen Fahrräder waren spurlos verschwunden. Ich benutzte den alten, vertrauten Fahrradweg entlang der Bahnstrecke. Vom Bahnhof Fredersdorf, am halbfertigen Güterbahnhof vorbei über Neuenhagen und Dahlwitz bis zu unserer Schule. Sie stand noch so, wie ich sie vor Monaten verlassen hatte. Sie wirkte leer und unbesetzt. Ich ging die Stufen zum Direktorenzimmer, klopfte und stand plötzlich und unerwartet vor unserem ehemaligen regulären Direktor Dr. Schacht.

Er war nicht unbedingt ein sympathischer Typ. Seine Sprüche und seine Erziehungsmethoden sind mir noch in guter Erinnerung. Er unterrichtete uns in Latein und Deutsch. Oft mussten wir uns anhören „Ihr seid zu blöd zum Pferdeäpfel fegen." Der Rohrstock zum Auf-die-Finger-schlagen war ihm ein wichtiges Erziehungsinstrument. Der Spruch mit den Pferdeäpfeln bezog sich auf die große Anzahl unserer Schüler, deren Eltern auf der Rennbahn Hoppegarten arbeiteten. Bei der Abgabe unserer Hausaufgaben oder Klassenarbeiten benutzte er seinen Rohrstock. Ich selbst hatte ein System gefunden, von seinen Sprüchen und dem Rohrstock verschont zu bleiben. Ich war immer einer der Letzten beim Abgeben der Arbeiten. Denn er hatte es immer eilig, sein Unterricht zu beenden und das Klassenzimmer zu verlassen.

Ich vermute, dass er von jemandem aus den Elternkreisen angezeigt worden war. Wir mussten zu vielen Anlässen in der Schule unsere Jungvolkuniformen tragen und ich vermute, dass irgendwer es als unwürdig empfunden hatte, mit diesem „Outfit" von ihm öffentlich gezüchtigt zu werden.

Sein Nachfolger war ein ehemaliger Lehrer der Schule, der Geschichte unterrichtet hatte. Er war als Reserveoffizier frühzeitig zum Waffendienst einberufen worden und hatte den Russlandfeldzug von Anbeginn an mitgemacht. Dann wurde er als Hauptmann im Einsatz schwer verwundet. Bis zu seiner vollen Genesung sollte er die Oberrealschule Neuenhagen-Hoppegarten leiten. Er gehörte zu den besonders überzeugten Nazis, wie sich heraus- stellte. Er wollte uns weißmachen, dass man schon im Voraus berechnen kann, wann die Sowjetunion von unseren „siegreichen" Armeen überrollt würde. Das führte dazu, dass sogar wir, die „gutgläubigen" Jungen, ihn für verrückt einstuften. Es tut mir leid, aber der hatte nicht nur einen Einsatz zu viel hinter sich.

Ich ging wieder zur Schule

Die Oberrealschule hatte den Schulbetrieb wieder aufgenommen. Einen geregelten Klassenbetrieb gab es nicht. Es fehlten nicht nur Lehrer, es fehlten auch Schüler. Aus meiner alten Klasse hatten sich nur fünf Kameraden wieder angemeldet. Meine ehemalige Klassenlehrerin Frau Dr. phil. Schröder, eine Parteigenossin, hatte sich auch nicht mehr zurückgemeldet. Viel später, als „Kapitän der Landstraße", erfuhr ich, dass sie als Dozentin an der Freien Universität Berlin arbeitete. Ich besuchte sie in ihrer Wohnung in Berlin-Charlottenburg. Die Freude war groß. Enttäuscht zeigte sie sich über meine Tätigkeit als „Fernlastfahrer" in der Firma meines Vaters. Sie konnte sich an meinen Aufsatz über meine beabsichtigte berufliche Entwicklung erinnern. Ich wollte Offizier werden und mich später auch im Diplomatischen Dienst bewerben. Sie gab mir mit auf den Weg, dass sie an meinen Erfolg glaubte! Ich sollte die Jahre 1944-1946 vergessen und mich auf mein Können verlassen. Dann würde es klappen. Sie hatte Recht.

Ich brauchte Jahre, um mit Einsatz und Können die fehlenden Jahre der Kriegs- und Nachkriegszeit einzuholen.

Nevertheless I can!

Eines Tages stand eine ehemalige Mitschülerin bei uns vor der Tür. Sie hatte bei der Gemeinde ihre Ausbildung begonnen. Auch sie hatte über „Buschtrommeln" von meiner Rückkehr erfahren.

Sie wusste, dass die Russen wieder Jagd auf ehemalige Angehörige der Hitlerjugend machen wollten. Die „Werwolfparolen" schürten wieder die Angst vor „Partisanentätigkeit" in uns Jugendlichen. Sie empfahl mir, mich schnellstens abzusetzen! Aber wohin? Wo war mein Vater? In diesen Tagen half uns wieder einmal das Glück. „Fortune", wie der Alte Fritz es bezeichnete, gehört zum Soldatenleben.

Es war ein Brief meines Vaters aus Hamburg!

Flucht in den Westen – Der Neuanfang

In diesen besagten Tagen bekamen wir dann Antwort auf die von uns aufgeworfenen Fragen. Mein Vater meldete sich aus Hamburg. Er hatte sich aus der britischen Gefangenschaft nach Hamburg begeben, dem Ort, den er schon seit seiner Vorkriegszeit kannte. Bis 1936 war er fast wöchentlich dort gewesen. Eine Dame aus Berlin, die es ebenfalls nach dem Krieg nach Hamburg-Bergedorf verschlagen hatte, war die Überbringerin dieses für uns so wichtigen Briefes. Mein Vater hatte sich dort als Kraftfahrer verdingt. Er hatte eine Bleibe (Ein Zimmer) in Hamburg-Eilbek, Sennestraße 14 zugewiesen bekommen. Er wohnte bei einem älteren Ehepaar. Der Mann des Paares stammte aus Mecklenburg und verdiente sein Geld am Bau. Selbst zwei Zentner schwer, musste er täglich beim Reparieren der zerstörten Häuser als Zubringer der Zementmischung 8–10 Stunden lang vom Boden bis in das höchste Stockwerk zu den Maurern transportieren. Technik nach heutiger Art war nicht vorhanden. Auch die Steine und Holzteile wurden so in mühevoller Arbeit bis in großer Höhe über primitive Holztreppen und Holzleitern geschafft.

Die besagte Dame informierte uns darüber, dass sie beabsichtige, in zwei Tagen wieder in Richtung Hamburg aufzubrechen. Wenn wir mitwollten, sollten wir sie in Berlin aufsuchen. Termin: der nächste Tag. Telefon hatten wir damals weder zu Hause noch in nächster Umgebung. Es gab keine Alternative, also sagten wir zu. Diese Dame hatte schon Erfahrung mit der Art, von Ost nach West und von West nach Ost zu gelangen. Sie kannte die Wege und auch die möglichen Transportmittel auf der geplanten Reise – zu Fuß, mit Pferdewagen, per LKW auf der Ladefläche …

… und den sogenannten Bummelzug:

Überfüllt nicht nur innerhalb der Waggons, fuhren wir in Bremserhäuschen der Waggons und später sogar stehend auf den Trittbrettern außerhalb der Waggons. Gottseidank konnte sich der Bummelzug nur langsam bewegen. Somit konnte man schon einmal draußen stehend kleinere Strecken bewältigen. Heute wird so etwas von den Jugendlichen ja oft als mutiger Sport betrieben. Der Nervenkitzel und die Überheblichkeit einzelner hatte ja leider auch seinen Preis in Form von Verletzungen oder sogar des Todes.

Den Weg von Berlin bis zur „Grünen Grenze“ hatten wir tatsäch- lich an einem Tag bewältigt. Unser Zwischenziel war erst einmal der Ort Grasleben (Eisfelde) nördlich von Helmstedt. Hier trafen wir auf eine Gruppe von ca. 20 Personen jeden Alters, mit denen wir unter Führung eines erfahrenen, ortskundigen Führers in der Nacht die „Grüne Grenze“ überschreiten wollten. Der Preis für die Führung war nicht billig. Auch meine Mutter gab ihren Goldring diesem Führer. Bis zum Dunkelwerden lagerten wir vor der „Grü- nen Grenze“ in einem dichten Wald. Absolute „Funkstille“, das heißt Lautlosigkeit. Nur geringe Bewegungen waren hier erlaubt. Wir wollten im Schutze der Dunkelheit an einem Feldposten vor- bei auf die „helle Seite“ Deutschlands. Diese Feldpostenstation war ein einzelstehendes Gebäude (entweder eine Arbeiterkate oder ein Schäferhaus), das in der Nähe eines Kusselgeländes stand. Jeder wusste, wie er sich beim Durchbruch in den Westen verhalten musste. Vor Einbruch der Dunkelheit begann es zu regnen. Unser Einsatz sollte starten, wenn der nächtliche Wachwechsel bei den russischen Kameraden begann. Um Mitternacht hörten wir die Turmuhr von Grasleben 24 Uhr schlagen. – Der Regen hatte zugenommen, unsere Blicke waren die ganze Zeit auf das beleuchtete Einzelhaus gerichtet. Wir konnten die Soldaten gut beobachten, wie sie sich unterhielten, Zigaretten rauchten und natürlich auch tranken. Plötzlich ging die Tür auf, der volle Lichtschein der Innenbeleuchtung erhellte den Bereich vor der Tür. Die

Musik drang in voller Stärke zu uns. Lautes Lachen und die Stimmen der Soldaten drückten uns noch tiefer in den matschigen Boden. Ein Soldat torkelte durch die Tür nach draußen. Er hielt eine Pistole in die Luft. Ihm machte das Spiel viel Spaß. Plötzlich knallte es und wir erkannten, dass es sich bei der Pistole um eine Leuchtpistole handelte. Die Umgebung wurde ausgeleuchtet. Wir gingen mit unseren Körpern noch mehr in die matschige Deckung. Er brauchte einige Zeit, bis er für uns erkennbar nachgeladen hatte. Jetzt durften wir den Anblick einer leuchtend roten Farbkulisse genießen.

Der Soldat hatte Probleme, die Türklinke zu erfassen. Er fand den Türgriff und verschwand, die Tür zuschlagend, laut schimpfend ins Innere des Hauses.

Jetzt oder nie

Die Spannung war auf dem höchsten Pegel. Unser „Führer" sprang auf und rannte in Richtung Westen, direkt an dem Feldposten vorbei. Wir alle ihm nach. Es war wie bei einem Angriff. Hier war es die pure Angst und die Flucht vor den russischen Soldaten. Würden die Posten uns erkennen? - Das Ziel unseres Sturmlaufes war ein niedriger Sandwall. Dahinter waren wir in Westdeutschland. In der Dunkelheit und völlig durchnässt stolperten wir mit letzter Kraft über diesen besagten Wall. Überglücklich fielen wir uns in die Arme. Die Spannung ließ aber erst richtig nach, als wir den Ortseingang Grasleben erreicht hatten. Jetzt waren wir wirklich in Sicherheit. Einige Einwohner hatten unsere Flucht beobachtet, begrüßten uns und gratulierten zur gelungenen Flucht. Wir wurden auf den Sammelpunkt für Flüchtlinge hinge- wiesen. Es handelte sich um eine Schule, in der wir betreut und versorgt wurden. Wir lagen alle auf einer Decke auf der Erde, als uns frischer Kaffeegeruch und der Geruch frischer Brötchen weckte. Es war ein Festessen – nach der Zeit in Gefangenschaft. Davon träumt man in Gefangenschaft. Mir war es vergönnt, es zu genießen. Registrierung, Zielortangaben und nicht zu vergessen, die Entlausungskur, die damals bei den Westalliierten gegen Läuse und Ungeziefer jeder Art mit dem Antimittel DDT von Kopf über Hose, Unterhose bis zu den Strümpfen durchgeführt wurde. Dann mussten wir uns unseren Weg nach Hamburg selbst suchen. Mit Hilfe dieser Bekannten erreichten wir Hamburg-Eilbek, Sennestraße 14 II. Stock in guter Verfassung. Wir wurden als Untermieter bei den Wohnungsinhabern, den beiden älteren Herrschaften, eingetragen. Sie waren bis zu ihrem Tode wirklich hilfsbereite, liebenswerte Menschen. Ihnen gehört noch heute ein Teil meiner Dankbarkeit für diese ihnen befohlene Belästigung durch uns. Es war bestimmt nicht einfach.

Meine schulische Entwicklung

Vier Jahre Volksschule plus fünf Jahre Oberrealschule, dann Flucht. Hamburg. Nach Eintreffen in Hamburg meldete ich mich als Schüler bei der in unserer Nähe gelegenen Oberschule, der Kirchenpauer Oberschule für Jungen, an. Die Schule war nur zwei Kilometer von unserer Wohnung entfernt. Ich hatte als Nichthamburger anfangs Probleme. Hier musste ich feststellen, dass mir fast 1½ Jahre intensive Schulbildung fehlten. Besonders in den Fächern Latein und Mathematik hatte ich erhebliche Lücken. Es halfen mir zwei Menschen ganz besonders, die Versäumnisse aufzuholen.

Mein Latein- und Geschichtslehrer half mir, die Lücken teilweise zu schließen, in dem er mich zum Primus der Klasse setzte. So stand mir Heinz Lefcori aus einer alten Hugenottenfamilie immer zur Seite, wenn ich Probleme hatte. Er kam aus einer Akademikerfamilie, die das Glück gehabt hatte, in einer Wohnanlage eine große Wohnung zu besitzen, die die Bombenangriffe unbeschadet überstanden hatte. Viele Male habe ich bei ihm zu Hause mit seiner Hilfe meine Leistungen verbessern können. Die Versetzung in die Klasse 10a im Jahr 1946 hatte geklappt.

Außerdem bekam ich Nachhilfe in Latein durch einen pensionierten Lehrer. Bezahlung mit Naturalien. In Chemie habe ich mich durch ein Abendseminar weiterbilden können. Bis dahin konnte ich mit dem Erreichten zufrieden sein. Aber im anschließenden Jahr 1947 kamen zu den allgemeinen Problemen zusätzlich schwere gesundheitliche Probleme. Alles Nachwirkungen aus der Gefangenschaft. Herzprobleme – Herzmuskelschwäche. Das „Strophanthin" zur Bekämpfung musste mein Vater auf dem Schwarzmarkt besorgen. Dazu kamen schwere Entzündungen im Mund- und Rachenbereich – ekelhaft! Vereitertes Zahnfleisch (musste länger im Eilbeker Krankenhaus behandelt werden). Furunkeln und Ausschläge am ganzen Körper erforderten wochenlange tägliche Behandlungen. Hygiene unter diesen Wohnverhältnissen? Ich musste zu Hause bleiben, um meine Kameraden nicht anzustecken.

Ich hatte Probleme mit der Bewältigung meiner Vergangenheit und der vor mir stehenden Zukunft.

Wer sollte mir damals helfen? Es gab niemanden, der mir helfen konnte. Ich musste allein damit fertig werden. Familienleben wie heute war nicht möglich. Jeder von uns, mein Vater und meine Mutter, mussten sich nach fünf Jahren Krieg auch erst wieder zurechtfinden. Jeder von ihnen hatte viele schlechte Erfahrungen gesammelt. Wahrscheinlich am meisten meine Mutter. Sie war nicht geflohen, sie musste sich allein zu Hause durchschlagen. Was sie alles erleben musste, darüber wurde bei uns niemals gesprochen. Heute bin ich überzeugt, dass sie am meisten unter den Kriegseinwirkungen gelitten hat. Das Thema wird von uns niemals mehr aufgearbeitet werden. Sie hat es mit ins Grab genommen - mein Vater aber auch.

Ich verließ die Kirchenpauer Oberschule nach der Versetzung und besuchte ein Quartal lang die kaufmännische Rackowschule. Schreibmaschine, Steno hatte ich ja schon mit vierzehn Jahren in Petershagen gelernt. Hier war es nur eine Auffrischung der vorhandenen Kenntnisse. Wichtig waren die Buchhaltungskenntnisse, die mir fehlten. Da mein Vater auch sehr gute Kenntnisse auf dem Gebiet hatte, stand ich natürlich in diesen Monaten unter erheblichem Druck. Es klappte aber. Um einen Schulabschluss zu be- kommen, entschloss ich mich, eine private Lehranstalt gegenüber dem Hotel Atlantik zu besuchen. Hier war ich von Latein befreit. Ich legte dann mit Erfolg die Prüfung ab (vergleichbar mit der mittleren Reife). Dann hätte ich wieder zurück zur Oberschule gehen können (mit Aufnahmeprüfung), um das Abitur zu erlangen. Ein Freund von mir, zwei Jahre älter als ich, hatte es so gemacht. Später war er Chef der großen Chemiefirma Bakelite in Wandsbek. Er war der Freund der Schwester meiner ersten Frau.

Der Schwarzmarkt boomte

Der Schwarzmarkt war der Markt der damaligen Zeit. An bestimmten Ecken oder Plätzen trafen sich Angebot und Nachfrage. Das Prinzip Geld gegen Ware war die Ausnahme. Der Tauschhandel, eine Ware für die andere, war die Regel. Besonders der Handel mit ausländischen Zigaretten aus den Beständen der Besatzungsmächten USA, England und Frankreich bereicherten den Schwarzmarkt. Auch hier konnte man davon ausgehen, dass ein Großteil dieser Zigaretten nicht legal erworben worden war. Trotz täglicher überfallartiger Einsätze der deutschen Polizei und der Militärpolizei der Siegermächte konnten diese Märkte immer nur für kurze Zeit unterbunden werden. Oft waren die Ordnungskräfte gerade abgefahren, schon tauchten aus den Häusertrümmern die Marktbeschicker wieder auf.

Garderobe, Schmuck, Gold, Zigaretten, Orden-Ehrenzeichen, Familiensilber etc. etc. wurden gegen Lebensmittel jeder Art getauscht. Brot, Kartoffeln usw. usw., Fleischdosen gehörten auch dazu. Nur auf diese Weise war es vielen Menschen möglich zu überleben. Tägliche Verhaftungen wegen Schwarzhandel wurden umgehend durch Gerichtsurteile geahndet. Was nicht auf den innerstädtischen Schwarzmärkten erworben, verkauft oder getauscht werden konnte, wurde durch eine Bahnfahrt ins umliegende Landgebiet bei den dortigen Bauern versucht zu tauschen. Hier wollte man vor allem Kartoffeln, Mehl, Brot, Butter, Speck und Eier als Lebensmittel erwerben. Die Züge von und nach Lüneburg waren täglich überfüllt. Böse Zungen haben schon damals behauptet, dass die Bauern die größten Gewinner dieser bösen Epoche gewesen seien. Orientteppiche und Silberbesteck gegen Lebensmittel. Der Reichtum sei ihnen gegönnt.

Mein Vater und ich sind nur einmal per Zug nach Bardowick (Lüneburg) gefahren und von Bauer zu Bauer marschiert, um etwas Essbares gegen Schmuck meiner Mutter zu tauschen. Dabei konnten wir feststellen, dass alle mit uns ausgestiegenen Fahrgäste die gleichen Ziele ansteuerten. Manchmal stand man vor einem Bauernhaus Schlange, um etwas zu ergattern. Die Bauern konnten sich mit dem Feinsten eindecken. Wir anderen waren böse über diese Art und Weise des Handelns. Leider gab es für einen „Bit- tenden" keinen anderen Ausweg als den Handel abzuschließen und mit vielleicht 30 Pfund Kartoffeln und Möhren mit dem nächsten überfüllten Zug nach Hamburg zu gelangen. Der Ausflug hatte uns um eine Erfahrung reicher gemacht. War schließlich auch was Gutes.

Mein Vater fuhr zu dieser Zeit einen LKW ohne Anhänger mit einer ehemaligen Holzgasfeueranlage der Firma Imbert. Als „Holzkocher" bekannt. Er hatte einen Vertrag für einen Personen-Pendelverkehr Hamburg – Bergen-Belsen und zurück bekommen.

Zu dieser Zeit gab es noch Nachtausgangsverbot und auch der Kraftverkehr unterlag Einschränkungen. Damals war die Elbbrücke Wilhelmsburg/Harburg auf der Autobahn Hamburg–Bremen Kontrollpunkt für Personen und Ladegut. Es erfolgten Kontrollen durch die deutsche Polizei unter Leitung der britischen Besatzer. LKWs unterlagen einer besonderen Kontrolle, wenn sich Personen auf der Ladefläche befanden. Dass der Personentransport von und nach Bergen–Belsen in der Regel in Verbindung mit dem Schwarzmarkt in Hamburg stand, hatte sich schon herumgesprochen. Die ehemaligen KZ-Häftlinge jüdischen Glaubens und auch anderer Nationen waren von den britischen Streitkräften in den Kasernen in Bergen–Belsen untergebracht worden. Hier wohnten sie und wurden auch von den Engländern großzügig versorgt. Verpflegung, Zigaretten und Tabak aus den Beständen unserer Befreier waren gern gekaufte Waren auf den Schwarzmärkten Hamburgs. Die Gewinne aus diesen Geschäften waren für viele von ihnen die finanzielle Grundlage, nach der späteren Ausreise zum Beispiel in die USA und zur dortigen Eingliederung.

Auf einer Fahrt nach Bergen–Belsen durfte ich meinen Vater und den Beifahrer begleiten. Wir erreichten bei Dunkelheit über die B 3 und über Dibbersen die Autobahn Bremen–Hamburg kommend den Kontrollpunkt BAB Wilhelmsburg/Harburg. Unsere Ladefläche war mit Mitfahrern aus Bergen-Belsen belegt. Der Verkehr staute sich vor der Brücke. Die Militärpolizei überprüfte an diesem Abend besonders scharf den eingehenden Verkehr. Wir standen ca. 50 Meter von der Prüfstelle entfernt in dieser Kolonne. Da hörte man laute Geräusche auf unserer Ladefläche. Wir konnten beobachten, wie Personen von unserem LKW sprangen und schnell verschwanden. Daraufhin überprüfte ich die Ladefläche und stellte fest, dass keine Person mehr an Bord war. Ich sagte es dem Fahrer. Er lachte kurz und sagte: „Jetzt weiß ich, warum die so schnell verschwunden sind. Schau im Holzkocher nach, ob de leer ist!“ Dieser mannshohe Kocher befand sich auf der rechten Seite gleich hinter dem Fahrerhaus. Ich öffnete den Feuerdeckel, leuchtete mit der Taschenlampe hinein und sah eine Menge Uhren, Lebensmittel und andere Utensilien liegen. Die ausgestiegenen Fahrgäste hatten uns gesagt, dass sie hinter der Brücke auf uns warten würden. Wir wurden tatsächlich von der Polizei gefilzt und die Polizei fand auf der Ladefläche und zwischen der Bordwand und der Plane Uhren und andere Dinge, die sie beschlagnahmten.

Es dauerte einige Zeit, bis wir die Weiterfahrt genehmigt bekamen. Die Polizei glaubte uns, dass wir mit den gefundenen Sachen nichts zu tun hatten. Wir konnten also weiterfahren. Bevor wir wieder starteten, entleerten wir den Kocher. Noch vor der Elbbrücke, auf der „Veddel", standen unsere Passagiere und erwarteten uns. Wir erzählten ihnen (fast) alles, wir bedauerten den Verlust ihrer mitgeführten Sachen und luden sie in der Nähe des Hamburger Hauptbahnhofes ab.

Zu Hause machten wir Bestandsaufnahme. Für uns ein gutes Ergebnis: Außer der Dose Wurst, einem Brot und einen Hering hatten wir eine Handvoll Uhren, Zigaretten und Fleischdosen erbeutet. Diese Fahrt hatte sich für uns endlich auch einmal ge- lohnt. Wie heißt es auf plattdeutsch:

Den eenen sin Uhl, den andern sin Nachtigall.

Nur so konnte man damals überleben, wenn man nicht zu denen gehörte, die noch von der Substanz der Vergangenheit lebten.

Eine andere Fahrt habe ich auch noch in guter Erinnerung. Auf dieser Fahrt fuhr mein Vater persönlich den angemieteten LKW. Wir hatten Fracht nach München geladen. Die Rückfahrt war auch schon gebucht. Es handelte sich um einen Umzug. Hinter Göttingen in Richtung Süden begann die Amerikanische Besatzungszone. Hinter Göttingen in Friedland war der Übergang von der

Britischen Zone in die Amerikanische Zone. Erkennbar durch die Grenzkontrollen (in beiden Richtungen). Die Zonengrenzkontrolle entsprach der Kontrolle bei der Einfahrt in das Stadtgebiet Hamburg. – Wir passierten Hersfeld und dann ging es über die Wasserkuppe weiter in Richtung Bamberg-Nürnberg.

In der Nacht erreichten wir Bamberg. Zu der Zeit herrschten noch in vielen Ortschaften Ausgehverbote. Straßenbeleuchtungen wie heutzutage gab es nicht. So auch in Bamberg. Wir durchquerten gerade den ersten Teil Bambergs, als uns ein Jeep der Amerikaner mit drei bewaffneten US-Soldaten überholte. Der eine Soldat forderte uns auf anzuhalten, was wir auch sofort taten. Er stellte kurz fest, dass mein Vater angeblich zu schnell gefahren sei. Er und sein Verein forderten uns unmissverständlich auf, ihnen zu folgen. Wir mussten tun, was sie verlangten. Sie brachten uns zum Militärgericht in der Innenstadt von Bamberg. Hier war alles hell erleuchtet und es herrschte auch ein größerer Personenverkehr. Mein Vater wurde von den Amis abgeführt. Er wurde ins Gebäude gebracht, um dem Richter vorgeführt zu werden. Mein Vater wurde wie ein Verbrecher abgeführt. Unser Mitfahrer aus Hamburg, der zu seiner Frau und seinem Kind in der Nähe von München wollte, und ich warteten auf die Rückkehr meines Vaters. Die Ungewissheit, was uns passieren könnte, wenn mein Vater inhaftiert würde, war unser Gesprächsthema. Gottseidank war dieser Mitfahrer ein guter Bekannter meines Vaters. Er gehörte zu einer sehr gut bekannten, alteingesessenen Hamburger Familie. Eine Firma, die vor dem Krieg von Hamburg aus ganz Nordeuropa mit Futterstoffen und Stoffen belieferte. Er war erst vor kurzem aus russischer Gefangenschaft entlassen worden.

Es verging geraume Zeit bis mein Vater wieder entlassen wurde und zu uns zurückkehren durfte. Er war wegen Schnellfahrens zur Zahlung von 100 Reichsmark bestraft worden. Er musste die Strafe annehmen, um nicht ins amerikanische Militärgefängnis gesteckt zu werden. Wir waren froh, dass er wieder bei uns war. Wer hätte sonst den LKW gefahren? Ich besaß zu der Zeit noch keine Fahrerlaubnis. (Die erwarb ich mir im Januar 1949 in Hamburg bei der Fahrschule Opel Dello - Klasse 2).

Wir waren gerade angefahren, als uns nach kurzer Zeit wieder ein Jeep der Amis überholte. Wieder mit GI´s besetzt. Dieses Mal mussten wir aber nicht mehr anhalten. Dafür flogen uns vom neben uns fahrenden Jeep Apfelsinen durch das geöffnete linke Fenster unseres LKWs; meinem Vater direkt auf den Schoß. Wir waren sprachlos, die Amis brüllten vor Freude über ihren Spaß.

Die Sieger bestimmen das Spiel. Die Verlierer müssen gehorchen.

Wir erreichten ohne weitere Probleme München. Nach Übergabe unserer Fracht fuhren wir weiter in die nächste Umgebung Münchens, um die Fracht für Hamburg zu übernehmen. Hier erlebten wir das Wiedersehen einer jungen Familie nach langer Zeit. Die Eltern von Frau D. besaßen einen großen Bauernhof, den sie selbst bewirtschafteten. Hier war im Gegensatz zu Hamburg die Uhr stehen geblieben. So etwas kannten wir nur aus der Vorkriegszeit. Wir blieben leider nur einen Tag. Es war wie Ostern und Weihnachten zusammen. Essen und Trinken satt. Geschlafen wurde in der Scheune (mein Vater und ich). Dabei wurden wir nicht nur Zuschauer bei der Geburt eines kleinen Kälbchens. Um das Neugeborene wirklich ans Tageslicht (Lampenlicht) zu bringen, bedurfte unser Gastgeber unserer Hilfe. Ich musste den Strick mit- ziehen, was nötig war, um das Neugeborene aus dem Mutterleib zu bekommen. Diese Aktion kostete nicht nur Kraft, sondern auch mehr Zeit als bei einer normalen Geburt. Für mich war dieses Erlebnis einmalig - diese Geburt eines Großtieres. Die Geburt von Hühnern und auch von Gänsen, Kaninchen, Enten und noch vielen anderen Kleintieren war mir aus meiner Kindheit in den Kriegsjahren wohl bekannt. Oft war es auch damals nötig, mit Menschenhand Geburtshilfe zu leisten. Wir hatten Glück bei der Geburt des Kalbes, dass nicht noch mehr Komplikationen eintraten. Ende gut, alles gut! Die Reinigung des frischgeborenen Kalbes durch das Muttertier war beeindruckend für mich. Wir halfen ihr etwas dabei. Zum Abtrocknen des frischgeborenen Tieres benutzten wir Stroh.

Am nächsten Morgen wurden das Mobiliar und die Haushaltsgeräte verladen. Aber ganz wichtig waren die Mengen an Lebensmitteln, wie z.B. ein frischgeräucherter Schinken. So etwas hatte ich das letzte Mal nach der Schlachtung eines Schweines bei meiner Oma am Anfang des Krieges auf der Ziegelei in ihrer Räucherkammer bewundert. Frau, Kind und Werner D. nahmen im Fahrerhaus Platz. Die Frau von Herrn D. war seine ehemalige Direktrice. Der Abschied vom Bauernhof fiel uns allen schwer. Am liebsten wären wir noch einige Tage geblieben. Aber „notabene", die Rückfahrt von München nach Hamburg dauerte per LKW zwischen ein und zwei Tagen. Der Zustand der Straßen war in einem desolaten Zustand. Bundesautobahnen waren nur in den seltensten Fällen verfügbar. Die Höchstgeschwindigkeit eines LKW lag zwischen 50 und 80 km/h auf ebener, guter Straße. Tankstellen waren am Anfang nur in größeren Ortschaften verügbar. Deshalb hatte auch fast jeder LKW mindestens fünf 20- Literkanister mit Ersatztreibstoff an Bord. Reparaturwerkstätten gab es auch nur in größeren Ortschaften. Die Schmieden in den kleinen Orten waren meistens unsere Hilfe bei technischen Problemen. Telefonverbindungen nach Hause wurden über Fernfahrerkneipen geschaltet. Meistens über Stöpselverbindungen und Telefonistinnen. Alles per Hand und zeitaufwendig.

Die Motorleistung eines Lastzuges hatte zwischen 100 und 150 PS. Bei der kleinsten Steigung musste man mit Zwischengas zurückschalten. Bergab fuhr man nicht schneller. Bei starken Gefällen, wie z.B. in der Rhön, konnte man wegen der schlechten Bremsen den größten Teil nur im ersten Gang fahren, weil er im Grunde die beste Bremse für das Fahrzeug war. Man musste aber darauf achten, dass der erste Gang nicht heraussprang. Es gab die normale Fußbremse und die Handbremse. Wenn man den Lastzug nicht sofort mit der Hand- oder Fußbremse unter Kontrolle bekam, musste man sofort den Acker als Bremse benutzen.

Wichtig als „Kapitän der Landstraße" war, dass man genaue Kenntnisse der Straßen hatte. Ohne ausreichende Erfahrung der Fahrer sind so manche LKWs beschädigt worden, weil viele nicht den Mut aufbrachten, den Graben oder einen Acker als Bremse zu benutzen. In Hersfeld/Rhön landeten so manche Lastzüge in den Häusern. Erst die Umgehung und später auch die Verbesserung der technischen Bremseinrichtungen an den tonnenschweren Lastzügen beendeten diese schweren Unfälle. Mindestens eine

Stunde dauerte der Abstieg vom höchsten Punkt der Rhön bis nach Hersfeld. Heute nicht mehr nachvollziehbar und unvorstellbar. Last but not least: Wir, mein Vater als alleiniger Fahrer des LKW, Familie D. aus Hamburg und ich erreichten heil unser Ziel Hamburg.

Die Begrüßung für uns alle fand wie üblich auf der Autobahnein- fahrt Elbbrücke Wilhelmsburg „durch unsere neuen Freunde", den Soldaten der britischen Streitkräfte und deutscher Polizei statt. Wir durften nach Überprüfung unserer Ladung und der Papiere über den von der britischen Besatzungsmacht genehmigten Zu- gang unsere Fahrt fortsetzen. Seit dieser Zeit bestand zwischen meinem Vater und Herrn D. dem „Hamburger Kaufmann" eine enge Freundschaft.

Wir entluden den LKW in Harvestehude. D´s ehemaliges Zuhause war in der besten Gegend in Hamburg-Eilbek. Die Villa war bei den großen Angriffen zerstört worden. Nach der Ausbombung in der Nähe des Eilbek-Kanals, gegenüber der Kinderklinik, hatte Familie D. einschließlich der Mutter und dem Bruder – ebenfalls Geschäftsführer einer bekannten Firma aus der Textilbranche – hier eine sehr große Wohnung zugewiesen bekommen. Für damalige Verhältnisse pompös. Es stand sogar eine Hausdame zur Verfügung. Eine mir völlig unbekannte Welt, aber sehr interessant. Die zwei Firmen waren schon seit vielen Jahren in den „Großen Bleichen" an der Alster beheimatet. Die „Alte Dame" war wie aus einem Film. Dazu passte die Hausdame, die für die Bedienung im Haushalt verantwortlich war. Den Bruder von D. durfte ich auch begrüßen. Man stelle sich vor, da kommt aus einem Zimmer ein Herr im Bademantel, der uns erklärte und sich entschuldigte, dass er uns so gegenüber treten musste. Er hatte gerade seine Massage beendet. Während wir unsere Ladung in der Wohnung unterbrachten, tauchte der Bruder von D. noch einmal auf. Man höre und staune! Ich hatte gestaunt. Gekleidet im Stil eines Hamburger Kaufmannes - mit Homburger und Regenschirm. Er begab sich in sein Büro, der teilweise zerstörten Firmenräume in den Großen Bleichen. Alte Schule. Ganz Gentleman – vom Auftreten bis zur Garderobe. Nie vorher gesehen. Dagegen sein Kontrastprogramm unser Bekannter Werner D. Seit Anfang des Krieges eingezogen, Russlandkämpfer. Dienstgrad: Obergefreiter. Groß, elegant, charmant. Top gebildet, verheiratet mit seiner früheren Direktrice - ein Kind. Ein Mann der Praxis, genau wie er zum Neuanfang ge- braucht wurde. Ich bin davon überzeugt, dass ohne „Obergefreiten" die vornehme Familie erhebliche Schwierigkeiten gehabt hätte, die böse Zeit ohne größere Schäden zu überwinden.

Über Werner D. bekamen wir später Kontakt zu einem ganz wichtigen Hamburger Kaufmann aus einer Hamburger Handelsdynastie. Er war zuständig und von der „Britischen Besatzungsmacht" beauftragt, die Verteilung der angelieferten Fischfänge durchzuführen. Er bewohnte an der Elbchaussee eine tolle Villa mit Blick auf die Elbe. Wenn man so wie ich nicht aus vornehmer Familie stammt, konnte man sich nicht vorstellen, wie es in so einem Haus aussah. So ist es mir damals ergangen, als ich das erste Mal diese Villa betrat. Nichts zerstört, nichts ausgebombt, die Parkanlage vor dem Haus und in Richtung Elbe sehr gepflegt. Wenn man noch nicht registriert hatte, dass man zur unterprivilegierten Schicht gehörte, wusste man es spätestens beim Betreten dieses Hauses.

Keine zwei Kilometer entfernt in Altona lebten („vegetierten") in überfüllten und zerbombten Häusern Menschen. Einer unserer späteren Kraftfahrer war hier vor dem Krieg Taxifahrer und wohnte in einer dieser Ruinen. Somit hatte ich den Vergleich. Eines war mir klar, „Hamburger Tradition" hatte auch diesen mörderischen Zweiten Weltkrieg überlebt. Hier war noch Reich- tum, Vornehmheit und Tradition die Grundlage des Lebens. Es war alles „Kultur des Hamburger Kaufmannstandes". Dass wir den Einblick in die große Welt bekommen konnten, verdanken wir nur dem Umstand, dass sie ihre Grundnahrungsmittel, Heizungsmaterial etc. wie wir auf dem Schwarzmarkt besorgen muss- ten. Sie mussten nicht persönlich ausziehen und die „Kohlen klauen". Das kompensierten sie mit ihren gegenseitigen Beziehungen durch ein noch funktionierendes Netzwerk. Viele von ihnen gehörten auch unter der Britischen Besatzungsmacht zu den ein- flussreichen Personen jener Zeit. Oft halfen ihnen auch ihre guten Beziehungen aus der Vorkriegszeit.

Eines Tages besuchten mein Vater und ich wieder einmal die Elbchaussee. Ein junger, ehemaliger U-Boot Kommandant, Träger des Ritterkreuzes, war unser Ziel. Besitzer einer dieser Villen. Er hatte durch unseren Bekannten Werner D. erfahren, dass dieser Beziehungen zu einem Transportunternehmen hatte. Das waren wir. Er brauchte jemanden mit einem größeren LKW, der den Motor eines alten Fischerbootes von Hamburg nach Delmenhorst zur Grundüberholung brachte und nach Durchführung der Überholung wieder zurück nach Hamburg holte. Für mich als ehemaligen „Kriegsfreiwilligen" war der Besuch dieses jungen Offiziers eine aufregende Sache. Er sah so aus, wie ich ihn mir vorgestellt hatte. Typisch Marine, leger in der Garderobe, aber stark im Auf- treten, aber ohne dabei überheblich zu wirken. Es war ein Erlebnis. Ich durfte bei den Verhandlungen dabei sein. Der schon einmal er- wähnte „Fischverteiler" der Besatzungsmacht war auch an dieser Aktion beteiligt, wie ich aus der Unterhaltung erfuhr. Bei der Verhandlung hatte ich mitbekommen, dass sich der ehemalige U- Boot Kommandant einen alten, etwas größeren Fischkutter gekauft hatte, um nach einer Grundüberholung dieses Bootes damit sein Brot als Fischer zu verdienen. Dafür hatte er sogar die Unterstützung der britischen Militärverwaltung. Erinnerung: Alles ging damals nur auf Vorlage von sogenannten Bezugsscheinen. Vom Schuhkauf bis zum Kauf eines ehemaligen „Sicherungsbootes der Marine", diesen alten Fischkutter.

Einige Monate später transportierten wir den überholten Schiffsmotor wieder nach Hamburg, wo er wieder in den alten Kutter eingebaut wurde. Was aber keiner von uns ahnte und auch nicht vermuten konnte, war von vornherein die Absicht, mit diesem Schiff Deutschland zu verlassen und sich mit Familie und Besatzung nach Argentinien abzusetzen. Kurz nach der Währungsreform stand ein Bericht über das Verschwinden des Fischerbootes sowie seiner Besatzung in einer Hamburger Zeitung. Später wurde berichtet, dass die Reise über den Atlantik geglückt war und der U–Bootfahrer tatsächlich sein Geld durch Fischfang verdiente. Wie man mit so einem kleinen Kahn den Atlantik überqueren konnte, hatte er oft mit seinem U-Boot praktisch durchführen müssen. Er hatte es sich verdient, als einer der wenigen überlebenden U-Bootfahrern mit neuem Glück sein Leben zu gestalten.

Unsere Vorbilder, Idole, waren zu meiner Jugendzeit anders als heute. Unsere Vorbilder kamen aus den Reihen der jungen Soldaten, Offiziere und Unteroffiziere. Es gab zu der Zeit noch kein Fernsehen, aber schon Kino. Kinovorstellungen erfolgten im Saal einer Gastwirtschaft. Der Vorspann jedes Kinostückes bestand aus den sogenannten Wochenschauen. Diese Wochenschauen mit den Bildern unserer „tapferen" Soldaten an vielen Fronten waren die besten Propagandaschauen der Nazis. So sollten wir auch werden. Sie waren mit dem Propagandasystem erfolgreich. Dazu kamen die täglichen Nachrichten aus dem Volksempfänger. „Wir wurden leider auch so." Alle Nachrichten über Erfolge der U-Bootwaffe begannen mit dem sogenannten Englandlied. Es endete . . . „denn wir fahren, denn wir fahren gegen Engeland." 1941 wurde unser Fähnleinführer als Offiziersanwärter zur Marine eingezogen. Als Fähnrich kam er zu Besuch. Er fuhr auf einem Schnellboot und hatte aus eigener Überzeugung ein Lied gedichtet, das wir später öfter beim Marsch singen mussten:

„Wir jagen durch die Wellen, mit unserm kleinen Boot, ja den Englischmann zu stellen, bringen Tod um Tod…."

Ich weiß nicht, ob er überlebt hatte.

Es gäbe viel mehr über Erlebnisse in der Zeit zwischen Flucht, Überlebenskampf und Neubeginn zu berichten. Ich werde versuchen, nur auf einige interessante Ereignisse einzugehen. Bei allen berichteten Vorgängen von 1945 bis 1949 können heutige Verhaltensnormen nicht angewendet werden. Not macht nicht nur erfinderisch: Not verändert Menschen. So wie es Kriegsgewinner gab, die sich nach dem Ende des Krieges wieder in die erste Reihe der Demokratie wiedereinfanden. So gab es auch in der größten Not viele Menschen, die über den erfolgreichen Schwarzhändler zum angesehenen Wirtschaftsboss der Nachkriegszeit mutierten.

Im Krieg und in der Nachkriegszeit war nichts unmöglich.

Meine neue Heimat Hamburg

Dreizimmerwohnung mit großer Küche, Korridor und Toilette: Gesamtfläche ca. 70m², Vorratskammer 5m²

Küche: Ein Kohleherd, später ein Elektrokocher. Darüber eine Wäschetrockeneinrichtung, ein Waschbecken, ein Wasserhahn. Später elektrischer Wasserboiler. Ein Fenster mit Blick auf Hinterhöfe, die zu unserer Zeit noch aus Ruinen bestanden. Eine außen angebrachte Einrichtung zum Wäschetrocknen. Ein großer Tisch mit Stühlen. Eine Couch für mich zum Schlafen.

Toilette: Ein Klo-Fenster im Kleinformat. Das Fenster lüftete zum Treppenaufgang! Handtuchhalter, drei Eimer einfach, Handfeger, Putzzeug etc. Ein Waschbecken. Am Anfang kein fließendes Wasser.

Wäschewaschen: kleine Wanne – Waschbrett – Seife (Schmierseife) – Bürste. Ort: Küche! Heißes Wasser vom Kohleherd.

Korridor: Ein Wäscheschrank, Garderobe.

Schlafzimmer Eltern: ca. 15m², nach vorn zur Straße. Doppelbett, Nachttisch, die Verbindungstür zum Korridor, die Verbindungstür zum benachbarten „Wohnzimmer“ und seit unserem Einzug auch Schlafzimmer unserer Vermieter. Der Korridor war Durch- gang zur Küche und Ausgang zur Treppe.

Drittes Zimmer: ausgestattet mit einem Bett und zwei Kleiderschränken. Anblick: zerstörte Hinterhöfe.

Bewohner (Ende 1945): Vier Erwachsene sowie ein Heranwachsender. Ende 1946 zusätzlich eine junge Frau, die Schwiegertochter unserer Wirtsfamilie mit zwei Kleinkindern, die aus Polen geflüchtet waren. Sie wohnten bis 1949 dort, bis der Sohn aus der Gefangenschaft kam. Essen, Trinken, Waschen, Intimwäsche, Kochen, alles geschah in der Küche.

Unser Leben als Sozialgemeinschaft spielte sich größtenteils in der Küche ab.

Heute, beim Schreiben dieser Zeile frage ich mich, wie konnte so etwas gutgehen? – Es ging gut. Denn später, 1988 nach dem Tod meines Vaters, holte ich meine Mutter von Hamburg nach Celle. Meine Mutter liebte diese Wohnung und mit meinem Vater hätten sie sich eine Neubauwohnung leisten können. Sie lehnten es immer wieder kategorisch ab.

Pro Person wurden uns Verpflegungsmarken zugeteilt. Sie ermöglichten uns den offiziellen Einkauf von Lebensmitteln. Es wurde damit nur das erforderliche Minimum zur Lebenserhaltung abgedeckt. Jeder von uns musste sich durch Sondereinsätze bei der Trümmerbeseitigung zusätzliche Marken erwerben. Das Abreißen der ausgebrannten, mehrstöckigen Häuser war nicht nur Schwerstarbeit, es war auch lebensgefährlich. Alles musste mit Muskelkraft erledigt werden. Es war der Anfang des Wiederaufbaus in jeder Stadt und darüber hinaus der Beginn einer neuen Zeit.

Aus den Trümmern mussten wir die einzelnen Steine mit dem Hammer vom Zement befreien. Dann wurden die gereinigten, zum Wiederaufbau verwendeten Steine an der Straße aufgestapelt. Städtische Aufbaukommandos mit Traktor, LKW und Anhänger fuhren umher und übernahmen gegen Quittung unser tägliches Arbeitspensum an Steinen. Tausende Einwohner hatten schon

1943 bei einem gezielten Großangriff der alliierten Bomberverbände in nur einer Nacht ihr Leben in dem Bomben- und Brandinferno lassen müssen. Verbrannt und erstickt mussten sie in Massengräbern auf dem Ohlsdorfer Friedhof beerdigt werden.

Mein Vater hatte sich als Kraftfahrer verdingt. Er fuhr bei einem Berliner Unternehmer, der sich mehrere Lastzüge sofort nach Kriegsende „organisiert" hatte. Er war rechtzeitig aus Berlin nach Hamburg–Bergedorf geflüchtet. Er hatte diese Fahrzeuge in einer zerstörten Fabrikanlage untergebracht. Hierzu muss man wissen, dass auf der Autobahn Hamburg–Bremen die Engländer fast das gesamte erbeutete Kraftfahrzeugmaterial aufgestellt hatten. Wer Mut hatte oder dicht an diesem Fahrzeugpool wohnte, hatte sich oft daraus bedient - geklaut oder mit den Besatzern dunkle Geschäfte gemacht und so Zugang zu diesen oft erstklassigen Fahrzeugen gehabt. Die Frage nach dem „woher?" war nicht üblich. Die Stadt brauchte sie. Die Stadt musste mit Lebensmitteln vom Lande versorgt werden. Kohletransporte waren nötig etc. Auf diese Art starteten einige der späteren großen Transportunternehmen. Der Transport auf der Straße: "Mobilität" und "Logistik" sind heutige Schlagworte.

Bis wir uns mit einem offiziellen Bezugsschein als Transportunternehmer selbständig machen konnten, war im Gegensatz zu den erwähnten Beispielen unsere Entwicklung mehr als dürftig. Wir hatten einen 3,6t Opel Blitz, ohne Plane und Spiegel und ohne Reifen zugewiesen bekommen. Das war der Start. – Aber bis es soweit war mussten wir, wie die alteingesessenen Hamburger auch, mit den uns zur Verfügung stehenden Mitteln das Leben meistern. Stichwort Heizmaterial: Die Bäume in den Straßen Hamburgs waren schon verheizt worden. Aber auf der nächstgelegenen S-Bahn-Linie Wandsbeker Chaussee passierten Nacht für Nacht Züge der Reichsbahn mit Kohlen, Koks, Briketts etc. Auf den Gleisen verbrachten wir zusammen mit unseren Nachbarn so manche Nacht beim „Kohlenklauen". So wurde unsere nächtliche

Beschäftigung bezeichnet.

Hier fuhren die Züge fast mit Schrittgeschwindigkeit. Wir sprangen auf die langsam fahrenden Züge auf. Nicht so einfach in der Nacht! Dann sprangen wir ab und sammelten die Kohle wieder ein. Als Mannschaft war man am Erfolgreichsten. Zwei Mann auf dem Zug, vier Mann am Gleis zum Einsammeln. Meistens gehörte auch noch ein Sicherungsposten („Schmierersteher") dazu, der den Anmarsch der Polizei meldete. Die Polizei war schon damals zahlenmäßig mehr als unterbesetzt. Das war unser Glück. In Eimern und Säcken schleppten wir dann die Kohle nach Hause. Wir wohnten mehr als günstig – Luftlinie ca. 100 bis 150 Meter Entfernung. Oft hielten die Züge am Einfahrtssignal vor dem Bahnhof an. Der Lokführer wurde oft zum Anhalten gezwungen. Es gab bei diesem Geschäft auch viele Verletzte, speziell beim Abspringen vom anfahrenden Zug in der Nacht - es war nicht ungefährlich. Ich war am Anfang oft beim Kohlenklauen an der Bahn. Erwischt wurde ich nicht. Glück gehabt! Für einige Tage war dann das Feuer in unserem Küchenherd sichergestellt.

Nachts auf den Straßen

Mein Vater hatte zwischenzeitlich seine Beschäftigung als Kraftfahrer aufgegeben. Er betrieb Akquisition auf eigene Rechnung im Hamburger Transportgeschäft. In enger Zusammenarbeit mit einem Transportunternehmen, das zwei Brüdern gehörte, char- terte er von ihnen Lastzüge zur Durchführung der Transportauf- träge. Dieses Unternehmen hatte drei Fernlastzüge, Mercedes Benz LKWs 120 PS aus Militärbeständen. In der Amsinckstraße nahe dem S-Bahnhof Berliner Tor. Die Lastzüge standen im Schulhof einer ausgebombten Schule. In den Kellern wohnte einer der Kraftfahrer mit Familie: Franz Fruhner, ein ehemaliger Berufssoldat und Afrikakämpfer unter General Rommel. Ehemaliger Kfz–Mechaniker und Schirrmeister der Deutschen Wehrmacht. Später einer der besten Freunde meines Vaters, für mich ein erstklassiger Lehrmeister für meine spätere Tätigkeit im Geschäft meines Vaters.

Mit den gecharterten Lastzügen begann der Wiedereinstieg meines Vaters in das Güterferntransportgeschäft. Er knüpfte alte und neue Verbindungen in Hamburg an. Koks und Kohle aus den Zechen des Ruhrgebietes nach Hamburg. Besonders viele Transporte aus dem Raum Schleswig–Holstein mit Obst, Gemüse und Kartoffeln für die darbende Bevölkerung der Stadt Hamburg haben wir durchgeführt.

Aus Hamburg fuhren wir auch öfter Lastzüge für die Versorgung der Bergleute auf den Zechen, Alkohol tonnenweise ins Rheinland und Westfalen. Die Bergleute hatten eine bevorzugte Behandlung von der Besatzungsmacht erreicht, weil sie in ihrem Beruf untertage übermäßig belastet waren. Sie hatten auch bei der Zuteilung der Verpflegungsmittel nach Kalorien die höchste Stufe.

Vater und Sohn

Obsttransporte aus dem Alten Land nahe Hamburg führten wir besonders gerne durch. Die Lastzüge wurden mit Fahrer angemietet. Mein Vater, oder auch ich, fuhren als Begleiter mit. All die Transporte, die wir damals durchführten, waren nicht nur mit Schwerstarbeit, oft auch mit vielen Improvisationen verbunden. Fahrer und Beifahrer mussten das Ladegut vor Überfällen und Diebstählen persönlich schützen. Die Banden bevorzugten besonders Steigungen auf den Landstraßen oder Behelfsbrücken auf den Bundesstraßen. Ganz besonders schlimm war es an den Notübergängen auf der Autobahn nach Recklinghausen.

Persönliche Erfahrungen hatten wir durch zwei Überfälle auf der Autobahn bei Herford und Bielefeld. Beliebt waren Autobahnbrücken. Hier sprangen die Diebe von der Brücke auf die bergauf meist Schritttempo fahrenden Lastzüge. Auch das Aufspringen auf die Anhängergabel und dann das Zerschneiden der Plane war eine beliebte Technik. So gelangte eine Bande an unsere Ladung mit Margarine ins Rheinland. Wir hatten uns am Motorwagen eine extra Lampe installiert, um im Rückspiegel Personen zu entdecken. Auf diese Weise hatten wir das Eindringen auf unsere Ladefläche erkannt. Wir hielten sofort am Berg an und sprangen bewaffnet mit einer Brechstange und einem schweren Holzknüppel aus dem Wagen.

Im Licht der Taschenlampen sahen wir drei Personen, die nach rechts in Richtung Abhang flohen. Sie hatten jeder zwei Kartons Margarine unter dem Arm. Wir, zu zweit, verfolgten diese Personen bis zum Ende des Abhanges. Auf der Flucht verloren sie drei Kartons Margarine, dann entkamen sie. Mit den drei zurückgewonnenen Kartons kletterten wir erschöpft vom Lauf und vom Wiederanstieg zurück auf die Autobahn. Hier befand sich Gottseidank noch unser Lastzug. Die Plane war von oben bis unten aufgeschnitten, es fehlten nur die sechs Kartons. Sie hatten nichts vorher abgeworfen, was normalerweise üblich war. Diese Technik hatten wir beim Kohlenklauen angewandt.

Es waren wahrscheinlich Anfänger! Unter normalen Umständen wären wir in der Lage gewesen, alle sechs Pakete wieder zurückzubekommen. Warum? Ganz einfach! Unser Bordhund, der Partner auf allen Reisen, ein schwarzer kurzhaariger Jagdterrier, der uns vor einem Jahr an einer Fuhrmannskneipe vor Hamburg zugelaufen war, war mit uns böse. Normalerweise wäre er mit uns hinter den Typen hergelaufen. Aber an diesem Tag hatte er uns mit seinem Verbellen von Rindern längs der Straße gegen sich aufgebracht. Ich hatte ihm einen Klaps versetzt, als er wieder vom linken Fenster zum rechten Fenster sprang; und das trotz Verbot noch mehrmals. Er hatte gemault, was ich später auch verstanden habe. Er hatte einfach gestreikt.

Wir waren aber bald wieder Partner und Freunde! Wenn wir

auf Fahrt gingen, war er der erste, der über das Trittbrett in die Fahrerkabine sprang. Hatten wir ihn einmal zu Hause gelassen, maulte er mit meiner Mutter. Bis zu dem Zeitpunkt, wenn wir unsere Wohnung in der Sennestraße erreichten und den Motor abstellten.

Ein LKW benötigt Treibstoff, Reifen, Ersatzteile und auch sehr oft Reparaturwerkstätten. Nur mit der Reichsmark allein war das nicht zu machen. Bezugsscheine waren erforderlich. Die bekam man auch nur mit Beziehungen. Diese Beziehungen waren aber auch nicht umsonst. Es war damals schlimmer als in der späteren DDR oder im heutigen Griechenland. Es war perfekt orientalisch. Ein Beispiel, wie sich auf diese Weise solche „Kettengeschäfte" abwickelten:

Man bekam über einen guten Bekannten einen Bezugsschein für drei Kisten frischen Fisch. Dafür versprach man, die Lieferung mit Koks oder Kohle und Briketts zu kompensieren. Der Fisch musste haltbar gemacht werden. Man brauchte eine Fischräucherei, die das auch nicht umsonst machte. Sie brauchten Obst oder Gemüse oder Kartoffeln…

Wir hatten das Glück, dass mein Vater sehr oft Aufträge für Obsttransporte aus dem Alten Land in Marmeladenfabriken bekam. Auch die Kartoffeltransporte aus Schleswig-Holstein nach Hamburg halfen uns beim Überleben. Kohlköpfe aus Marne oder Zuckerrübentransporte in die Zuckerfabriken etc. etc.

Das Tauschgeschäft florierte

Kurz vor Weihnachten hatten wir einen Transport mit Äpfeln aus dem Alten Land nach Osnabrück. 20 Tonnen sollten wir dorthin transportieren. Zurück hatten wir einen Auftrag der Britischen Besatzungsmacht, Koks und Kohle nach Hamburg zu bringen. Rücktransport aus Gelsenkirchen. Jetzt war die Abwicklung durch das Management für die offiziellen und die genauso wichtigen „inoffiziellen" Abläufe gefordert.

Kaufen konnten wir die Äpfel nicht. Die Äpfel wurden aus Körben auf die Ladefläche gekippt. Auf einer Wiegeeinrichtung wurde vorher das Leergewicht festgestellt, anschließend das Gesamtgewicht ermittelt. Hier kam die erste inoffizielle Aktion zum Tragen. Um von der Ladung mehrere Zentner Äpfel zu erhalten, musste man vorher das Leergewicht erhöhen. Wie z.B. durch 10 Kanister (20 Liter pro Stück), die man vor der Vollwaage entfernt haben musste. Oder im Winter, wegen Eis und Schnee mehrere Säcke Sand an Bord nehmen und vor der Beladung wieder entfernen. Oder ein - oder am besten zwei Mann in der Schlafkabine beim Leerwiegen unterbringen, die natürlich beim Vollwiegen nicht an Bord sein durften! So oder ähnlich. Nicht einfach, aber es hatte immer geklappt.

Das erbeutete, unrechtmäßig erworbene Gut wurde jetzt in die Tauschkette eingebracht. Zwischen zwei und fünf Zentnern Äpfel frisch aus dem Lagerhaus war ein gutes Tauschpotenzial. Beim Entladen in der Fabrik wurden das Vollgewicht und das Leergewicht wieder festgestellt (gewogen). Kleine Schwankungen positiv/negativ waren kein Grund für Beanstandungen. So auch hier. Wir bekamen jeder ein Glas Marmelade geschenkt - wieder ein Tauschmittel! Mit unseren im Lastzug versteckten Äpfeln ging es zum Beladen ins Ruhrgebiet. Der Militärauftrag war bei Kontrollen durch Polizei und MP der Engländer schon einmal die halbe Miete.

Vor dem Beladen boten wir dem Zechenpersonal das ganze Obst an. Gegenleistung: Zwei Tonnen Kohle. Wurde akzeptiert. Wir fuhren wieder zurück in die Heimat. Über Osnabrück Richtung Hamburg. Hinter Osnabrück war das gelobte Land: Pumpernickelbrot, Bauernhöfe im Umfeld der Reichsstraße. Dazu eine alte Fuhrmannschänke. Hier wurde am späten Abend gerastet. Frage: Braucht jemand Kohle? Wir wollen tauschen. Innerhalb einer Stunde waren mehrere Personen zusammengekommen, die tauschen wollten. So auch der Pastor, der ein Schwein zum Schlachten anbot. Wir fuhren zum Pastor. Er war einverstanden.

Man muss wissen, dass der Pastor das Material nicht für sich allein wollte. Er und die Bauern brauchten die Kohle für ihre Legebatterien. Das Schwein wurde geschlachtet. Es blutete nur aus. Wo sollten wir die Sau verstecken? Kein Problem, wo das große Loch auf dem Motorwagen durch Abladen eines Teils des Heizmaterials entstanden war, legten wir das geschlachtete Tier. Kohle darüber und schon war alles geregelt! Wir wollten vom Haus des Pastors wieder zurück zur Kneipe, mussten über eine kleine Brücke. Der Fahrer hatte mit dem größten Teil des LKW die Gegenseite schon erreicht, als das Heck im Sumpf der zerstörten Brücke steckenblieb. Wir allein schafften es nicht, den Wagen wieder herauszuholen. Zwei Traktoren der benachbarten Bauernhöfe halfen uns mit Gottes Hilfe oder der Hilfsbereitschaft der bäuerlichen Gläubigen und erhörten uns in unserer Not. Ich sah mich schon auf der Polizeiwache! Ein Glück, dass die Polizei auf dem Lande nur spärlich vertreten war…

Wir erreichten glücklich die Hamburger Grenze ohne nennenswerte Verzögerungen. Der Schein der Militärregierung ersparte uns die Filzerei. Wir hatten es eilig, es war nämlich schon Sonntag- früh. Wir freuten uns auf zu Hause. Aber: Der Mensch denkt, Gott lenkt. Wir bekamen es zu spüren. Nicht weit von unserer Wohnung, am Eilbeker Krankenhaus, blieb der Motor unseres Lastzuges stehen. Alle Versuche ihn wieder in Gang zu bekommen versagten. Ergänzend zu der Zeit bestand auch noch Ausgehverbot. Wir standen also mutterseelenallein in der Trümmerlandschaft. Guter Rat war teuer! Telefon gab es nicht! Werkstätten nur ganz wenige! Wer konnte uns helfen? Wir hatten beabsichtigt, das geschlachtete Schwein in der Wohnung unseres Fahrers in Barmbek abzuladen. Nichts ging mehr! In dieser Gegend waren 90% der Häuser zerstört. Hier wohnten nur ganz wenige Menschen, die uns beobachten und anzeigen konnten. Wir warteten, bis es heller wurde, um dann, wie wir entschieden hatten, einen Kohlenhändler in unserer Nachbarschaft zu bitten, den Lastzug erst einmal von der Straße auf seinen Kohlenplatz zu schleppen. Ich wollte zu Fuß zu seiner Wohnung schleichen. Ich verließ das Fahrerhaus, beobachtete vorher die Umgebung. Kein Mensch weit und breit! Aber, oh Schreck, zwei Hunde und einige Katzen, die um den Lastzug schlichen. Sie hatten nicht Blut geleckt, nein, dafür hatten sie aber das Blut des toten Schweines gerochen. Genau auf Höhe des versteckten Schweines kehrten sie nach Vertreibung durch mich immer wieder zurück. Mich packte die Panik, ich stellte mir vor, dass nur noch ein Polizist fehlte, um uns auszufragen, was wir alles geladen hätten. Der Kohlenhändler war sofort bereit zu helfen. Der Traktor schützte mich vor einem Herzinfarkt. Er schleppte uns auf seinen Kohlenhof. Er wohnte hier auch in einer alten Holzbaracke. Hier waren wir in Sicherheit. Alles geschah im Umkreis von ca. 500 bis 700 Metern unserer Wohnung in der Sennestraße. Erst zum Mittagessen erreichten wir unser Zuhause.

Wir entschieden, das Schwein sowie das Pumpernickelbrot, Wurst, Speck etc. erst einmal auf dem Kohlenhof einzulagern. Bis zum Abend. Das Schwein wurde aus der Kohle gehievt – ein schrecklicher Anblick! Viel Wasser und ein Besen waren nötig, um das Schwein wieder erkennbar zu machen. Jetzt kam der nächste Takt, die Nachtschicht. Die Eingeweide wurden dem Schwein entnommen und später in den Trümmern vergraben. Dann mussten von dem Schwein die Borsten entfernt werden. Hausschlachtungen, wie mein Vater und ich sie kannten, hatten große Bottiche mit kochendem Wasser zum Entfernen der Borsten benötigt. Wir machten das viel einfacher, wir begossen den Schweinebalg mit kochendem Wasser und rasierten die Borsten in mühsamer Arbeit mit dem Rasiermesser ab. Nun war das Objekt zum Zerteilen vorbereitet. Hier halfen uns die Kenntnisse meines Vaters, der die Zerlegung in Einzelstücke mit Beil und großem Schlachtermesser übernahm. Aufgrund der fehlenden Geräte konnten wir keine Wurst herstellen. Das Kochen der Wurst war immer der Höhepunkt einer Hausschlachtung bei meiner Oma und auch bei uns zu Hause. Das Fest für die Nachbarn mit Wurstbrühe fiel in dieser Notsituation aus. Leider.

Am nächsten Tag mussten wir dann die Verteilung durchführen. Das größte Stück ging gerechterweise an den Fischverteiler. Dazu kam noch ein Hinterschinken. Traktorfahrer, Werkstatt, Beifahrer, fast unsere ganze Familie bekam auch ihren Anteil. Der zweite Schinken wurde zum Räucherer gebracht. „Poten und Schnuten" (Füße und Schnauzen), das „Hamburger Essen" mit Bohnen und Birnen, aßen wir mit unseren Nachbarn. Die übriggebliebenen Teile wurden nach damaliger Art in Gläsern eingeweckt. Somit waren Reserven geschaffen worden. Nicht zu vergessen, dass wir den Briten ihre Kohlen brachten. Beim Selbstabladen per Schaufel ohne englische Hilfe und auch ohne Bezahlung organisierten wir nach „Obergefreitenart" noch zusätzlich vier Zentner Kohlen aus dem „britischen Bestand".

Jede Arbeit ist bekanntlich ihres Lohnes Wert.

Besonders in Notsituationen wie zur damaligen Zeit. Englische Weißbrote und Zigaretten mussten wir auf dem Schwarzmarkt teuer bezahlen. Ich muss aber noch erwähnen, dass wir auf unserem Lastzug nicht nur gemäß „Bezugschein" für die Briten in Hamburg geladene Kohlen hatten. Unseren eigenen Kohlenbezug, wenn auch ohne Bezugschein per Tausch auf der Zeche erworben, deponierten wir auf dem Kohlenhof in der Nähe unserer Wohnung. Auftrag erfolgreich für alle Beteiligten erledigt.

Die nächste Fahrt konnte kommen.

Endlich wieder ein eigener LKW

Mein Vater hatte zwischenzeitlich einen Antrag auf einen Bezugschein für einen LKW bei der Hamburger Behörde gestellt. Wir bekamen einen Bezugschein, aber es war fast ein Witz, einen 3t LKW, Marke Opel Blitz, Baujahr? Benziner! Ohne Reifen und ohne Plane und Spiegel. Wir wollten wieder ein Ferntransportunter- nehmen aufbauen. Dieses zugeteilte Gerät war gut für den Stadt- verkehr und den Nahverkehr. Guter Rat war teuer. Wir suchten die ganze Stadt ab nach einem LKW mit Dieselmotor, einer Nettonutzlast zwischen vier und fünf Tonnen und einem geeigneten Anhänger. Wir wurden fündig, nichts Überwältigendes, aber einsetzbar. Es war ein Hentschel 100 PS Diesel Kfz der Deutschen Wehrmacht. Ein ehemaliges Zuggerät für Geschütze, eine sogenannte Zugprotze. Ein Dreiachser – Baujahr? Er hatte Russland überlebt. Das für den Fernverkehr nötige Durchhaltevermögen hatte er also bewiesen. Mein Vater riskierte den Umtausch und die Zuzahlung. Das Fahrzeug ließ sich starten, hatte alle Reifen (aber keinen Ersatzreifen), eine Ladefläche (aber ohne Klappe), keine Plane und keinen Spriegel. Es war aber unser LKW!

Wir besaßen wieder etwas, was uns gehörte!

Nach vier Monaten hatte er Plane und Spriegel. Den Motor hatten wir überprüfen lassen, er musste erst neue Kolben und Kolben- ringe bekommen. Dann lief er wie geschmiert. Eine neue Batterie musste organisiert werden. Hier erlaube ich mir wieder einen Vergleich zu heute. Im Winter wird heute der Motor durch eine elektronische Schaltung vorgeheizt. Dieser Russlandveteran hatte ein spezielles Verbrennungssystem, das LANOVO System. Jeder einzelne Zylinder im Motor besaß ein manuell zu betätigendes Handrad, das vor dem Kaltstart eingedreht werden musste (Verkleinerung des Verbrennungsraumes). Sofort nach dem gelungenen Start mussten alle Handräder zurückgedreht werden. Es gab wohl schon eine Vorglühanlage, um den Start zu erleichtern. Dieses funktionierte bei unserem LKW leider nicht. Wir behalfen uns durch zwei manuelle Tätigkeiten.

Erstens: Vor dem Start nach Stehzeit einer Nacht, Temperatur 4 bis 5 Grad, wurde auf einer Schaufel ein mit Diesel getränkter Lappen angezündet. Dann musste man, unter dem Auto liegend, die Ölwanne und auch einen Teil des Getriebes anwärmen. Eine scheußliche Arbeit, durch den Gestank des verbrannten Lappens und dem Dieselöl. Gesundheit? Ich habe überlebt! Erst jetzt ging man ins Fahrerhaus. Am Lenkrad war ein drehbarer Hebel für die Zündverstellung.

„Frühe Frühzündung ist besser als späte Spätzündung". Aussage meines Vaters.

Dann wurde der Anlasser eingesetzt, aber erst nachdem der Motor mit einer größeren Drehkurbel per Hand mehrfach angedreht wurde. Hatte man Glück, brauchte man den Anlasser nicht mehr. Sollte alles nicht geklappt haben, half nur das Anschleppen durch ein Fremdfahrzeug. Ich sage Fremdfahrzeug, weil die beste Möglichkeit ein gleicher LKW wäre. Ich kann mich aber noch genau daran erinnern, wie es auch mit einer Beiwagenmaschine der Marke Zündapp aus Heeresbeständen geklappt hatte (Seitenradantrieb war vorhanden). Jetzt ist vielleicht verständlich, was ich mit dem Unterschied zwischen heute und damals darstellen will. Zum Wegfahren benötigte man als Vorlauf bestimmt mehr als eine halbe Stunde. Man war verdreckt und stank nach Diesel. Als wir den Anhänger auch noch gefunden hatten (einen alten Vidal Anhänger) aus der Vorkriegszeit, konnten wir mit dem Transportgeschäft auf eigene Rechnung beginnen.

Vielleicht wäre es besser gewesen, sich als reiner Spediteur (Vermittler) weiter zu entwickeln. Aber mein Vater war der Mann der Landstraße. Kapitän der alten Garde. Er brauchte die Herausforderungen, er liebte auch das Risiko und er war leider mit Herz und Verstand den Vorkriegsverhältnissen verbunden. Er war ein Mann, der Auftreten konnte, Charme hatte, die ersten Jahre aus- gezeichnet bewältigt hatte. Jede Medaille hat zwei Seiten. Danach wollte ich ihn, wie andere Bekannte es gemacht hatten, zum Schlips- und Kragengeschäftsmann überreden. Es war mir nicht gelungen!

Die Erfahrungen mit unserer Errungenschaft waren nicht immer positiv. Wir erfüllten alle uns angebotenen Transporte zur vollen Zufriedenheit unserer Auftraggeber. Am besten bewährte sich dieser „Zugprotz“ beim Befahren schlechter Straßen und Wege. Ein Ersatzrad hatten wir auch noch beschaffen können. Holztransporte aus den Wäldern der Holsteinischen Schweiz, Kartoffeln von den Bauern aus Schleswig-Holstein, Zuckerrüben aus Niedersachsen in die entsprechenden Zuckerfabriken. Das Hauptproblem war die doppelte Hinterachse mit den kleinen Reifen.

Als Beispiel: Auf einer Fahrt von Hamburg nach Celle, um Streu- salz für die Stadt Hamburg zu holen, hatten wir sage und schreibe drei Reifenpannen auf der Hinterachse. Warum? Die Straßen waren meistens mit Kopfsteinpflaster versehen. Die Breite dieser Pflasterung war gerade einmal so breit, dass zwei Lastzüge nur mit langsamer Fahrt aufeinander zufahren konnten, um nicht zusammenzustoßen. Neben der gepflasterten Straße verlief mit gleicher Breite ein Sandweg, der üblicherweise von dem auf dieser Seite fahrenden LKW zum Ausweichen benutzt wurde. So weit, so gut. Aus den Kriegsjahren lagen fast überall die Überreste der verschossenen Munition zur Bekämpfung der angreifenden Bomberverbände herum. Besonders gemein waren die Granatsplitter der deutschen Flak. Nicht nur die Bauern hatten damals ihre Probleme mit den Überresten des Krieges. Entweder bei Ausweichmanövern oder auch bei Regen, Glatteis und Schnee kamen wir von der Straße ab und landeten im Sandweg.

Unser Russlandveteran stellte mit den Reifen der ersten Hinterachse die überfahrenen Splitter auf und warf sie in die zweite Achse, die sie mit den Gummireifen aufnahm. Auch die Idee, sich durch Einbau schürzenartiger Einrichtungen dieser Gefahren zu erwehren, klappte nicht immer. Es war ein großes Problem.

Bundesstraße B 3 im Jahre 1947

Unser Werkstattmensch löste das Problem durch Umbau des Antriebes. Doppelachse gegen Einachse auswechseln. Vorteil: Nur zwei Doppelräder hinten, größer, damit war der LKW schneller. Prima. Eine provisorische Schlafkabine wurde auch installiert. Diese Achse war ein Produkt der Sowjetunion. Sie gehörte einmal zu einem LKW der Sowjetarmee Marke „SYS“ (?) Heute würde man uns beim TÜV vom Platz jagen.

Wir fuhren mehrere Monate mit dieser Achse, als bei einer Fahrt im bergischen Gelände das erste Problem auftauchte. Beim Anfahren am Berg brach die rechte Seite der Antriebsachse ab. Ich will dieses Kapitel schnell abschließen. Seitdem lagen sämtliche

Ersatzteile für den Wiederholungsfall in unserer Schlafkabine.

Bei einer Ladungsübernahme in der Eifel (Holz) interessierte sich der Sägemühlenbesitzer für unseren LKW. Mein Vater verkaufte unseren Russlandveteranen. Die abgebaute original Hentschel Doppelhinterachse bekam er auch noch dazu. Er wollte die Achse wieder einsetzen. Bevor der LKW verkauft wurde, musste ich öfter unseren Fahrer als Mitfahrer nach Schleswig-Holstein begleiten. Hier lernte ich das Autofahren, ohne dass mein Vater davon wusste. Dieser ehemalige Onkel mochte gerne feiern, dann musste ich immer öfter ans „Steuerrad", so hieß das Lenkrad noch zu der Zeit.

Bei allen schlechten Erfahrungen, habe ich „Bobby", wie ich unseren LKW nannte, in guter Erinnerung. Die letzte Erinnerung mit ihm weiß ich noch ganz genau, das war Anfang Februar 1949, als ich nach der Entladung unseres LKWs direkt zum Hamburger Rathaus fahren musste. Ich hatte dort den Termin für die praktische Fahrprüfung für die Fahrerlaubnis der Klasse 2. Ich hatte keine Zeit zum Fahrerwechsel, also fuhr ich persönlich ohne Fahrerlaubnis bis zum Abfahrtsort.

Oh Schreck, es war nach der Rathausuhr genau drei Minuten vor der angeordneten Abfahrzeit. Der Ausbildungs-LKW der Fahrschule Opel Dello aus Eilbek stand auf dem sonst leeren Platz, allein, vor dem Haupteingang zum Rathaus. Ich hielt hinter dem LKW an, sprang aus dem „Bobby" und lief zum wartenden Schul- LKW, einen 3,6t Opel Blitz mit Doppelkabine. Fahrlehrer, Fahrprüfer TÜV Ingenieur und noch zwei andere Prüflinge erwarteten mich. Ich hatte keinen guten Anzug an, nur die übliche Manchesterhose, kariertes Hemd, blauen Rollkragenpullover; die obligatorische Fernfahrermütze hatte ich im LKW gelassen. Den Anpfiff des Prüfers vergesse ich nie. Es war der normale Ton eines Vorgesetzten an seinen Untergebenen. In Wortwahl und Tonlage. Ich hatte aber Erfahrung mit meinem Vater, das konnte mich nicht erschüttern. Die theoretische Prüfung in Verkehrsrecht und Technik hatte ich schon acht Tage bei demselben TÜV–Ingenieur abgelegt. Da hatte er mich auch schon besonders unter Druck gesetzt, am Ende gab er mir wohlwollend das Ergebnis zur Kenntnis. Theorie bestanden!

Ich musste sofort ans Lenkrad. Wo ich denn herkäme? sollte ich beantworten! Dann ging es los! Er fuhr wie üblich seine Spezialstrecke. Nach ca. 45 Minuten hatte er alles von mir abverlangt, was so ein „Kommisskopf" alter Prägung von einem „Abhängigen" abverlangt. – Ich hatte bestanden! - Bezahlung: Es war nach der Einführung der DM kein kleiner Betrag. Dazu hatte ich am Beginn der Ausbildung einen Kanister Benzin zusätzlich mitbringen müssen. Alle 14 Tage hatte ich eine Stunde Theorie und eine Fahr- stunde. In späteren Jahren als Fahrlehrer und Fahrschulleiter und auch als „amtlich anerkannter Prüfer für das Kfz-Wesen" bei der Bundeswehr („aaP Rad/Kette") hatte ich mir vorgenommen, nie so wie dieser Kraftfahrprüfer einem Prüfling gegenüber aufzutreten. Als Fahrlehrer im Zivilberuf musste ich leider noch einige dieser Typen zusammen mit meinen Fahrschülern ertragen. Heute würde man solche Menschen rauswerfen.

Nun konnte ich offiziell den LKW fahren! Bei der ersten Fahrt unter strenger Aufsicht meines Vaters wollte er von mir wissen, wo ich denn das praktische Fahren so gut gelernt hätte. Ich habe es ihm nicht gesagt, nur darauf hingewiesen, dass ich auf den Äckern das Wenden und den Umgang mit Lenkrad und Schaltung gelernt hätte. Den Rest hätte ich in der teuren Fahrschule erlernt. Er hat mir das niemals abgenommen.

Was ich nicht geübt hatte, war das Überqueren einer Pionier-Notbrücke. Wie gehabt, auf der B3 zwischen Harburg und Soltau. Da musste man in den 1. Gang schalten und eine kurze Steigung befahren. Links und rechts war es bei meinem ersten Versuch für mich mehr als eng. Ich wollte nichts kaputt machen und hielt auf der Anfahrrampe an. Ich hatte Angst. Mit der Hilfe meines Vaters gelang mir unfallfrei das Überqueren meiner ersten Notbrücke. Später lief es wie geschmiert.

Bobby war weg. Mein Vater war wieder als Vermittler unterwegs. Bis er eines Tages, vielleicht ein dreiviertel Jahr später, mit der Nachricht kam: er hätte einen gebrauchten 10t Nutzlast-LKW aus US-Beständen erworben, den er zum Fernlastzugmittel umbauen wollte. Einen „Mac“ Dreiachser auch mit einem LANOVA Diesel US-Bauart. Dieser Dreiachser hatte 14-20 Reifen. Reifenhöhe bis zum Bauchnabel. Aber immer noch ohne Lenkhilfe, dafür aber im Gegensatz zum deutschen (Bremssystem Luft) ein Zweileitungssystem. Das musste bei Mitführen eines deutschen Anhängers vom US-System auf das deutsche System umgebaut werden. Schon wieder Probleme. Das Fahrerhaus war noch original aus Zeltplanen (im Sommer ganz lustig). Also musste ein Fahrerhaus gesucht werden, das man auf das US-Fahrgestell anbringen konnte. Eine Schlafkabine sollte auch vorhanden sein. Der Aufbau, Plane, Spriegel und abklappbare Wände mussten neu gebaut werden. Ein Ersatzrad war vorhanden. Damals in Deutschland etwas ungewöhnlich - dieses Ersatzrad war direkt hinter dem Fahrerhaus angebracht. Als ich den LKW besichtigte, war ich begeistert. Es war wirklich ein richtiger Fortschritt zu unserem alten Bobby. Vom Schaltgetriebe mit 12 Gängen über das große, elegante, fast flach liegende Lenkrad. Eine lange, elegante Kühler- haube, die auch mit einer Winterabdeckung versehen werden musste. Aber – keine Werkstatt, die mit einem MAC LKW aus den USA Erfahrung hatte. Keine Ersatzteile etc…

Der LKW wurde in ca. vier Monaten umgebaut. Er war ein Goliath zu unserem Bobby. Scheibenwischer, die über Luftdruck bewegt wurden – alles gewöhnungsbedürftig. Ich besuchte zu dieser Zeit das Privatinstitut Dr. Brechtefeldt an der Außenalster. Bei einer Fahrt als Beifahrer eines angemieteten Lastzuges machten wir auf der Strecke B3 vor Hannover eine Pause. Auf dem Parkplatz standen schon LKWs ohne Anhänger von der GSO (German Service Organisation). Sie fuhren die gleiche Kfz-Marke, wie wir sie zu Hause umbauen ließen. Wir gingen in die Fernfahrerkneipe. Wir setzten uns an den Tisch, an dem einige der Fahrer dieser LKWs saßen. Es stellte sich heraus, dass es ehemalige Wehrmachtsangehörige waren, die von den Briten angeheuert waren, um als Fahrer dieser LKWs aus dem Harz und auch aus dem Teutoburger Wald Holzeinschlag abzufahren, den sie in den Hamburger Hafen brachten. Dort wurde er als Teil der Reparationszahlungen nach England verschifft. Diese Abteilung stand unter Führung eines ehemaligen deutschen Offiziers. Anstelle einer längeren Gefangenschaft hatten sich komplette Teileinheiten der deutschen Wehrmacht bei den Siegern weiterverpflichtet. Auch bei der Marine gab es solche GSO-Einheiten, die auf deutschen Minensuch- booten als Minensucher in der Nord- und Ostsee ihren Dienst taten.

Ich suchte den direkten Kontakt zu unseren Tischnachbarn. Es stellte sich heraus, dass sich ihre Einheit und Einsatzleitung in der Nähe von Hamburg befand. Der Schwarzhandel war wohl schon vorbei, aber ich brachte das Gespräch auf unseren im Umbau befindlichen MAC 10t. Ich erzählte ihnen, dass wir Probleme bei der Besorgung von Ersatzteilen hätten. Zurzeit ganz besonders mit den abgefahrenen Reifen und mit zwei Felgen, die eingerissen waren. Es klappte! Es kamen zwei Fahrer zu uns. Die anderen waren schon wieder auf dem Weg in den Harz. Es ging mir um den Erwerb der benötigten Teile. Sie erklärten sich zu einem Handel bereit, aber nur unter der Bedingung, die alten Reifen gegen neue Reifen mit Felgen einzutauschen. Das war doch was!!

An die Preise kann ich mich leider nicht mehr erinnern. Wir besprachen den Zeitpunkt, den Preis und den Ort, wo das Geschäft stattfinden sollte. Es musste ein Ort sein, wo kein Fremder oder Nichteingeweihter erscheinen konnte. Wie sie diesen Tausch ohne Probleme mit ihrer Führung lösen wollten? – war meine Frage. Ganz einfach, ihr Ersatzrad gegen unseren zerfledderten defekten Reifen. Bei der Rückkehr meldeten sie den zerstörten Reifen bei der Leitung an und bekamen dafür einen neuen Reifen aus dem

Lager. Eines war mir klar, an dem Geschäft verdienten mehrere Leute. Aber egal, es war die Chance überhaupt.

Mehrere Tage später, bei Dunkelheit, war ich mit einem Reifen von uns an der verabredeten Stelle, einer alten Fernfahrerkneipe vor Hamburg. Diese erste Aktion lief wie geschmiert. Auf diese Art hatten wir drei Reifen erneuert. Eines Tages sagten die Fahrer, die mit uns diese Geschäfte gemacht hatten, dass ihre Einheit aufgelöst würde. Wo sie mit ihren LKW hinkämen, war noch nicht bekannt. Wir vereinbarten noch zwei Treffen, die wir anders als die drei schon durchgeführten Treffen, unter erschwerten Bedingungen abwickeln mussten. Bei diesen letzten zwei Treffen führten unsere „Kameraden der Landstraße" keine Ersatzreifen mehr mit sich.

Bei dem einen Treffen mussten wir vom Parkplatz auf einen Platz fahren, den wir uns nicht genau angesehen hatten. Wir mussten bei beiden Treffen mit Hilfe der Wagenheber und zusätzlichen Hilfsmitteln die im Boden eingesackten Wagen wieder frei bekommen.

Das zweite Treffen fand auf dem Grundstück eines Bekannten statt. Auch hier hatten wir Schwierigkeiten, den Umtausch durchzuführen, und das auch noch in unmittelbarer Nähe von bebauten Nachbargrundstücken. Bei unserer letzten Aktion konnten wir auch den ersten Hydraulikwagenheber der US-Army ohne Bezahlung in unseren Besitz übergehen lassen. Unser MAC konnte jetzt rollen bis zum bitteren Ende. Der Wagenheber hat uns und anderen Kapitänen der Landstraße gute Dienste geleistet.

Bei diesen ganzen Aktionen war nicht nur Organisieren gegen Geld das Motiv. Hier wurde Kameradschaft und gegenseitige Hilfe zwischen ehemaligen deutschen Soldaten auf der Landstraße praktiziert. Besiegte gegen Sieger. Von unseren Helfern haben wir später keinen mehr wiedergesehen.

Mobilität bedeutet Freiheit

Der Aufbau mit Kabine war fertig, wir konnten wieder starten. Meinem Vater gehörte wieder die Freiheit der Landstraße. 1949 gehörten wir zu den Privilegierten, die die neue Freiheit „Mobilität“ trotz Schwerstarbeit genossen haben. Wir waren die Kapitäne der Landstraße. Hans Albers, der Hamburger Schauspieler, spielte die Hauptrolle in „Nachts auf den Straßen“. Wir hätten uns nicht besser darstellen können.

Acht Jahre habe ich auf Landstraßen und Autobahnen zugebracht. Teilweise wochenlang von der Familie entfernt. Bei Schnee und Eis im eiskalten Fahrerhaus. Heizungen wie heute hatten wir nicht. Von 1948 bis 1956 bis zum Eintritt in die Bundeswehr. Teilweise war es ein Leben wie ein Vagabund. Der Ton untereinander war nicht immer herzlich, eher rau. Wo Diskussionen nicht halfen, wurde die Faust eingesetzt. Auch Neid bestimmte das Verhältnis untereinander. Es ging um Transportaufträge. Auch der Nerven- kitzel auf den schmalen Bundesstraßen bei Begegnungen oder Überholmanövern zweier LKW am Berg kam nicht zu kurz. Der mit den besseren Nerven gewann. Mein Vater war auch einer von ihnen und auch ich muss bekennen, ich habe zur damaligen Zeit diese Art von gegenseitigen Beziehungen oft nicht nur mit Worten, sondern auch mit meiner überschüssigen Körperkraft gepflegt. Das waren die besten Zeiten zwischen meinem Vater und mir. Oft musste ich ihm zur Hilfe eilen. Von ihm habe ich auch gelernt, sich so hinzusetzen, dass ich im Rücken eine schützende Wand habe. Dieser Grundsatz hat uns später mehrfach geholfen.

Ich muss aus dieser Zeit einige unmögliche Ereignisse erzählen.

Die Straßen waren unsicher. Parkplätze waren kaum vorhanden. Tankstellennetze gab es nicht. Oft fuhren wir allein ohne Beifahrer. Bei Müdigkeit fuhr man an den Straßenrand und schlief erst ein- mal eine Stunde. Es gab Gegenden, wo man dieses Prinzip nicht anwenden konnte. Wie zum Beispiel in der Lüneburger Heide hielt man wegen der Gefahr, überfallen zu werden, nicht an.

Zur Verteidigung lagen Brechstangen und schwere Knüppel bereit. Das Autoradio hatten wir erst 1956 an Bord. Keine Heizung. Keine Lenkhilfe. Es war kein Zuckerschlecken, Tag und Nacht auf den Landstraßen Deutschlands, bei Wind und Wetter im Sommer und Winter unterwegs zu sein. Straßenräumfahrzeuge waren kaum vorhanden. In den Bergen hatte man Glück, wenn im Winter an den Bergstrecken Streumaterial vorhanden war. Das benutzten wir zum Anfahren am Berg oder zum Anhalten auf glatter, eisiger Straße.

Unseren MAC hatten wir fertig, wir waren wieder auf der Straße. Mein Vater hatte einen Vertrag mit der Bundesbahn, über den Hauptpartner Deutscher Kraftverkehr (DKV) in Düsseldorf abschließen können. Der Vertrag war sehr gut. Der Chef des DKV in Düsseldorf war der ehemalige, sehr bekannte General der Panzertruppe Nehring. Unser Bilanzbuchhalter Herr Zornow war ebenfalls ehemaliger Generalstabsoffizier im Stab des General Wenck gewesen. Diese Verbindung verhalf uns zum Erfolg. Wir waren die längste Zeit des Monats irgendwo auf Deutschlands Landstraßen und Autobahnen unterwegs. Unseren Heimatstandort Hamburg liefen wir immer nur für kurze Zeit (2 bis 3 Tage) an. Dann ging es wieder auf Fahrt in alle Himmelsrichtungen. Obst, Gemüse aus Deutschland nach Berlin (West) durch die von den Sowjets besetzte Ostzone Deutschlands. Die Grenzübergänge Schlutup (Lübeck), Lauenburg (Elbe), Helmstedt (Marienborn), Hof (Bayern) waren uns gut vertraut. Das heißt, ganz besonders die Schikanen der Grenzwächter (deutscher Herkunft).

Unsere Fracht bestand aus fast alle Produkten unserer Gesellschaft. Bis zum Mauerbau in Berlin sogar Fracht aus dem Ostsektor in den Westen. Auch Umzüge führten wir auf unserem Planenlastzug durch. Nach Berlin Papier für die Presse aus dem Raum Pfalz. Obst und Gemüse aus Schleswig-Holstein und Hamburg, aus dem Freihafen Apfelsinen und Bananen.

Silbertransporte von Hamburg zur Degussa ins Schwabenland.

Split, Schotter aus dem Harz für die Bundesstraße 3. Kupfertransporte von Hamburg nach Bayern. Koks, Kohle – Zuckerrüben nach Uelzen in die Zuckerfabrik. Jede Art von technischen Einrichtungen, wie z.B. ein Spezialtransport, eine Bierzapf- und Verschließmaschine für die Berliner Brauerei Kindl. Ein Spezialtransport aus der DDR: Von Cottbus und Guben nach Hamburg. 22 Tonnen Stoffe für die Firma Karstadt. Porzellan aus dem Bayrischen Wald zum Hamburger Freihafen (Tschirnding). Holz und Kartonagen aus dem Raum Hof in den Norden. Fußbodenbretter aus dem Schwarzwald nach Berlin. Salz aus Höfer für die Straßen von Hamburg. Bitumen aus Wietze für den Straßenbau.

Lebende Schweine aus dem Raum Oldenburg über die Autobahn zum Schlachthof. Damals eine Tierquälerei! Es begann beim Aufladen mit den Elektrostickern, eingepfercht für 12 Stunden auf der Ladefläche. Wir versuchten, das Leiden der armen Tiere durch Begießen mit Wasser von der Tankstelle oder Raststätte etwas zu mildern. Das Abladen erfolgte ebenfalls wieder mit dem Elektrogerät. Mehrere Schweine überlebten die Transporttorturen nicht.

Der Kapitän der Landstraße

Es würde noch viele Seiten füllen; es war oft abenteuerlich.

Im Zeitraum von sieben bis acht Jahren auf der Straße habe ich zwei geplatzte Vorderreifen überlebt. Das erste Mal auf der Fahrt in der Eifel, im Raum Monschau. Am Lenkrad mein Vater. Meine Mutter und ich als Beifahrer. Fast am Ende einer längeren Gefälle- fahrt bei einer Geschwindigkeit von ca. 60 km/h knallte uns der rechte Vorderreifen weg. Das Lenkrad wird sofort nach rechts gerissen. Eine Lenkhilfe gab es zu der Zeit noch nicht. Also musste mein Vater nicht nur versuchen, den Zug durch dosiertes Bremsen zum Stillstand zu bringen, er musste auch mit aller verfügbaren Kraft das Lenkrad festhalten, um nicht nach rechts von der Straße abzukommen. Meinem Vater gelangen alle Manöver und wir blieben auf der Straße. Glück gehabt, aber auch nur durch große Erfahrung und Können.

Eineinhalb Jahre später passierte mir das gleiche Unglück mit demselben Lastzug. Mit Beifahrer. Ich am Lenkrad. Im Winter – nach einer gefährlichen Abfahrt von der Wasserkuppe in Richtung Süden (Oberweißenbrunn). Der Reifen platzte am rechten Vorderrad. Wir hatten Schweinfurt hinter uns und den Ort Gatheim durchfahren. Ich konnte leider nicht den Erfolg meines Vaters wiederholen. Rechts von der Straße eine circa zwei Meter tieferliegende Wiese und nur ein einzelner Straßenbaum.

Mein Vater hatte mich nach seinem Reifenplatzen öfter drillmäßig zu bestimmten Verhaltensweisen erzogen. Es reichte, uns vor einer ganz großen Katastrophe zu bewahren, es reichte aber nicht, uns auf der Straße zu halten. Wir kamen an dem einzelnen Baum vorbei. Mein gemäßigtes Abbremsen half uns dabei, mit unserem Anhänger tatsächlich auf der Straße zu bleiben. Mit dem Motorwagen hingen wir, mein Beifahrer und ich, kurz vor dem Umkippen am Hang. Nur unser Anhänger hielt uns in dieser Lage. Nach rechts konnten wir nicht aussteigen, nur auf meiner Seite. Mit aller Vorsicht öffneten wir die linke Tür. Über die geöffnete Tür, wie in einem U-Boot, kamen wir wieder auf die Straße. Unsere Ladung - 23 Tonnen Getreide für eine Brauerei - stand kurz vor dem Umkippen…

Ein Bauer, mit Seilen und Traktor, hielt unseren Motorwagen in seiner Lage. Die Ladung musste per Hand umgeladen werden. Ein Kranwagen hob unseren LKW wieder auf die Straße. Es war meine letzte Reise mit diesem LKW. Glück gehabt. Die Firma leider nicht, die Versicherung kündigte uns. Die Versicherung bezahlte nur eine geringe Summe. Den Rest musste unsere Firma tragen. Dieser Lastzug hatte schon ein Jahr vorher einen durch unseren Fahrer verursachten Unfall. Er fuhr den Zug auf der Strecke München- Braunau/Inn gegen einen großen Straßenbaum. Angeblich war er geblendet worden. - Ich lag in der Schlafkabine und wurde an der Nase schwerverletzt (Nasenbruch). Zwei Unfälle mit einem Lastzug kosteten viel Geld.

Mit demselben Lastzug habe ich bei Versagen der Bremse (eingefroren) in der „Rauen Alb“ auf der Fahrt nach Stuttgart ein zweites Mal Glück gehabt. Im Winter, bei Schnee und Eis, vom Schwarzwald kommend, wollten wir den letzten Teil unserer Stückgutladung in Stuttgart entladen. Nachdem wir ca. vier Monate lang den Lastzug nur mit dem Dreiachser-Motorwagen bremsten, weil die Ersatzteile für den Umbau der Luftsteuerung am Anhänger nicht so schnell zu beschaffen waren. Bei dieser Fahrt von Hamburg war zum ersten Mal die Anhängerbremse funktionstüchtig. Das war wieder Glück für mich und meinen Beifahrer. Im Falle eines Unfalles hätte uns unser Verhalten viele Schwierigkeiten beschert. Die Straßen waren auf der Hinfahrt schnee- und eisfrei. Die „Raue Alb“ und besonders die zu befahrene Geislinger Steige waren wegen der starken und langen Gefällestrecke bei uns gefürchtet. Ich hatte diese Strecke schon vorher einmal befahren. An dem besagten Tag lag der Schnee neben der Straße fast meterhoch. Vor allem an der linken Seite, hier stieg der Berg steil an. Während auf der rechten Seite in unserer Fahrtrichtung der bewaldete Abhang sehr steil abfiel. Alles mit starkem Schnee belastet. Auf der linken Seite der Straße behinderten den Verkehr große Schneeverwehungen, die uns letztlich halfen, das Ende des langen Gefälles zu erreichen.

Ich hatte in den 3. Gang zurückgeschaltet, weil das Gefälle am Anfang besonders steil war. Ich hatte nur noch einige Tonnen Reststückgut auf dem Anhänger. Mit der geringen Beladung die richtige Entscheidung. Nach einer Kurve kam ich in ein vorher von mir nicht erkennbares, starkes Gefälle. Ich versuchte zu bremsen, um zurückzuschalten und mehr Bremswirkung durch den Motor zu bekommen. Dabei war ich aber schon im starken Gefälle, als ich mit Erschrecken feststellte, dass meine Bremsen nicht richtig griffen! Was auch immer der Grund war. Ich hatte vor mir die lange, gerade, abschüssige Straße. Ein Glück, dass nur wenig Gegenverkehr vorhanden war. Mir war klar, das konnte das Ende sein!

Mein Beifahrer, der Onkel, alter Berufssoldat, wollte nach rechts abspringen. Ich schrie ihn an, im Fahrerhaus zu bleiben. Wie ein Blitz kam mir die Erleuchtung. Hier hatte mir wieder einmal die Ausbildung durch meinen Vater geholfen. Was habe ich ihn oft verflucht, wenn er mich zum Beispiel mitten in der Nacht aus der Schlafkabine brüllte, weil er mich drillmäßig zur Bewältigung von schweren Bergfahrten und vor allem zu schnellem und richtigen Verhalten und Maßnahmen bei Bremsversagen geschult (getrimmt) hatte.

Nur die Schneewehen konnten uns vor der Katastrophe bewahren. In der Rhön (Wasserkuppe) hatte mir mein Vater eingebläut, bei Bremsversagen:

„Bei niedriger Geschwindigkeit sofort lieber in den Graben, als später unten in Hersfeld in eines der (damals noch stehenden) Häuser fahren!“

Instinktiv habe ich die Schneewehen auf der linken Seite anstelle des nicht vorhandenen Grabens benutzt. Ich habe diese Taktik angewandt. Jede Schneewehe angefahren, vor dem Umkippen wieder zurück zur Straßenseite. Tatsächlich gelang es mir bei einer längeren Schneewehe, einen Gang zurückzuschalten. Mit dem höchsten, möglichen Zwischengas und Gewaltanwendung am Schalthebel und vorsichtig beherrschtem Einkuppeln gelang mir dieses. Der Lastzug reagierte exakt auf meine Tätigkeiten. Zwi- schenzeitlich hatte sich mein Onkel auch wieder gefangen. Er unterstützte mich beim Bremsen durch Anziehen der Hand- bremse, die mechanisch auf die beiden Hinterachsen meines Trucks wirkten. Es half. – Er bediente auch die ganze Zeit unsere Hupe und unsere Beleuchtungsanlage, um die entgegenkommenden Kraftfahrzeuge auf unsere Schwierigkeiten aufmerksam zu machen. Tatsächlich begriffen sie, warum wir ihren Fahrstreifen und die Schneewehen auf ihrer Seite benötigten. – Am Ende be- kam ich den Zug wieder unter Kontrolle, ich konnte ihn mit dem

2. Gang und der Zugwagenbremse abfangen. Ich schaltete in den 1. Gang. Es geschah noch rechtzeitig, denn vor uns lag der Ortseingang. Hier brachte ich unseren Lastzug zum Stehen!

Mein Beifahrer, kreidebleich, sprang aus dem Wagen und musste sich übergeben. Hinter uns hielten einige PKW und wollten wissen, was passiert war. Sie gratulierten uns beiden. Auf die Frage, was ich mir bei meiner Aktion gedacht hatte, konnte ich nur eines sagen, nämlich „nichts“. Ich hatte nur gehandelt und hatte auch hier „fortune“. Mein Unterbewusstsein hatte mich gesteuert. Die Angst war unter Kontrolle und ein Quäntchen Glück hatte uns geholfen. Als mein Onkel und Fahrer unserer Firma sich bei mir bedanken wollte, dass ich ihn angebrüllt hatte, damit er an Bord geblieben ist, kam plötzlich die Erinnerung über mich. Mir wurden die Knie weich und ich musste mich setzen. Ich bin umgefallen, wenn ich ehrlich bin! Ein Eimer voller Wasser aus dem nächsten Haus über meinen Kopf entleert, brachte mich wieder zurück in die Realität.

Den Grund, warum die Anhängerbremsen nicht arbeiteten und auch die Bremswirkung des Motors nicht richtig funktionierte, fanden wir sehr schnell heraus. Die Anhängerbremse war eingefroren! Der Rest der Ladung auf dem Anhänger verstärkte das Unheil. In Winterzeiten war es zur damaligen Zeit erforderlich, täglich die Vorratsbehälter der Bremsanlage (Luft) per Hand über die dafür vorgesehenen Ventile zu entlüften, damit das vorhandene Kondenswasser aus der Anlage entfernt werden konnte. Das musste am Motorwagen und am Anhänger durchgeführt werden. Erst nach dem Auffüllen der Luftanlage mittels Luftkompressor auf den vorgeschriebenen Druck durfte losgefahren werden!

Drei Stunden Ruhepause, dann fuhren wir weiter. Zwischenzeitlich hatten wir mit der Lötlampe (Werkzeug für Reparatur) die Luftbehälter erwärmt und damit auch den letzten Rest an Feuchtigkeit aus der Bremsanlage entfernt.

Mein Vater und Ich

Ich habe meinen Vater als Junge bewundert. Trotz der oft aus heutiger Sicht harten Erziehungsmethoden. Diese Jahre waren noch geprägt von „Befehl und Gehorsam“. Mein Vater war so erzogen worden und wendete diese Methode auch bei mir an. Dabei wurde mir später klar, dass er selbst schon als junger Mann die Freiheit liebte. Wie sonst lässt es sich erklären, dass er nach seiner Ausbildung zum kaufmännischen Angestellten seinen Geburtsort Fürth/Bayern verlassen hatte. Er wollte nach Amerika auswandern, sein älterer Bruder Hans hatte als Amtsvertreter (Beamter Höherer Dienst) dieses vereitelt. Danach erreichte mein Vater als junger Mann die Insel Rügen. Er verdingte sich dort, wie er mir einmal erzählt hatte, beim Fürsten von Putbus im Gutsbetrieb. Hier lernte er, mit den landwirtschaftlichen Geräten umzugehen, einschließlich der Ausbildung als Treckerfahrer. Er sollte ins Gutsbüro, was er ablehnte, dafür durfte er dem Grafen persönlich auf Rügen als Herrschaftsfahrer (ohne Führerschein) zur Verfügung stehen.

Die „Fremdenlegion" verließ er kurz vor der Einschiffung nach Afrika. Später landete er in Berlin, wo er sich zur Zeit der Inflation bei einem Kohlenhändler als Arbeiter betätigte („Kiepenträger"). Vom frühen Morgen bis zum späten Abend musste er bis in das höchste Stockwerk Briketts mittels einer Rückentrage bringen. Oft wurden in den Etagenhäusern die Kohlen auf dem Dachboden gelagert. So wie ich es in Hamburg in der Sennestraße kennenlernte. Das war bestimmt richtige Sklavenarbeit. Auf meine Frage, warum er sich diese Arbeit ausgesucht hatte, erklärte er mir, dass es bei der absoluten Arbeitslosigkeit schon Glück war, dort beschäftigt zu werden. Er war stolz darauf, in dieser und auch in späterer Zeit niemals arbeitslos gewesen zu sein.

Auch die ersten vier bis fünf Jahre im Geschäft meines Vaters waren keine absolute Freude. Wenn er den Fahrern gegenüber großzügig war, wurde ich bei Geldmangel mit weniger Lohn abgespeist. Ich war manchmal ganz glücklich, dass meine erste Frau als Buchhalterin zusätzlich Geld verdiente.

Das Verhältnis zu meinem Vater wurde von Monat zu Monat schlechter. Mir gegenüber spielte er den harten Vorgesetzten. Es war wie in der Natur, ich war nicht mehr Mitstreiter, ich war sein persönlicher Konkurrent. Das Alphatier „Vater" wurde von mir herausgefordert, später sogar angegriffen und „last but not least" von heute auf morgen verlassen.

Hier zum besseren Verständnis ein Beispiel. Wir fuhren mit Last in Richtung Süden. Die Autobahnen waren nur bruchstückhaft vorhanden. Wir mussten in Richtung Nürnberg-München immer über die „Wasserkuppe". Gefährlich wegen der starken Steigung und auch wegen des starken Gefälles. Es war im Morgengrauen, ich fuhr von „Hersfeld Rhön“ in den Anstieg zur Wasserkuppe. Ich kannte diese Strecke sehr gut. Mein Vater schlief in der Schlafkabine. Die Straße verlief in einigen Bereichen in Serpentinen. Ich verließ eine solche Serpentine, hatte den 2. Gang eingeschaltet und musste auf den 1. Gang umschalten. Das Schaltgetriebe war kein automatisches Getriebe und auch nicht synchronisiert. Man musste zweimal die Kupplung treten. Erst Treten der Kupplung - 2. Gang mittels des schweren langen Schalthebels herausziehen. Dann mit getretener Kupplung Zwischengas geben und dann den 1. Gang einschalten. So klappte es. Dieses Schalten war niemals geräuschlos. Hier brachte es meinen Vater aus der Schlafkabine. Er drückte mich vom Fahrersitz, warf mich halbwegs auf die Straße.

Gottseidank hatte ich noch die Handbremse gezogen, sonst wäre der Zug rückwärts in den Graben gegangen. Mein Vater saß am Lenkrad, brüllte mich an, ich sollte zu Fuß nach Hause gehen. Zum Fahren wäre ich ja zu blöd. Schloss die Fahrertür, öffnete das Fenster, warf mir meine Aktentasche hinterher, fuhr los und war verschwunden.

Ich stand da auf halber Höhe der Wasserkuppe. Kein Geld, kein Telefon, kein Auto in Sicht. Hier fuhren zu der Zeit vielleicht 50 bis 100 LKW pro Nacht. Was tun, sprach Zeus? Ich packte meine Tasche und ging bergab in Richtung Hersfeld. Kurz vor dem Ortseingangschild hörte ich das Geräusch eines LKW hinter mir. An meiner Kleidung war ich unmissverständlich als Fahrer eines LKW erkennbar. Es war ein Lastzug aus Süddeutschland. Auf mein Handzeichen zum Anhalten tat er mir tatsächlich den Gefallen. Während der Beifahrer seine menschlichen Geschäfte erledigte, konnte ich dem Kollegen am Lenkrad erklären, wer ich war und welche Gründe mich in diese eigenartige Situation gebracht hatten. Im Fahrerhaus war kein Platz mehr für mich, die Kollegen waren zu dritt. Ich musste auf den beladenen Zugwagen. Eine Decke schützte mich vor der Kälte. Platz für mich. Zwischen hinterer Ladeklappe und Ladung keinen Meter Abstand. Ein Päckchen Zigaretten, ein Butterbrot und eine Flasche Wasser bekam ich als ungebetener Fahrgast von den freundlichen Kollegen. Spät am Abend erreichte ich Hamburg, einen Teil der letzten Strecke musste ich zu Fuß zurücklegen.

Meine Mutter: sprachlos. (Ich hatte genug Erfahrung, es hätte nicht passieren dürfen). Vier Tage später war mein Vater zurück. Keine Frage, wie es mir geht. Seine Reaktion ging unter die Haut. Ich fuhr die nächste Tour mit Beifahrer, ohne den Chef.

Das Verhältnis zwischen mir und meinem Vater verschlechterte sich in dieser Zeit. Niemand von uns besaß eine Intimsphäre für sich. Die Spannungen in der Familie betrafen nicht nur uns, auch unsere Vermieter waren davon betroffen. Als ich eines Tages im Hause meines Vaters eine Auseinandersetzung zwischen ihm und meiner Mutter miterleben musste, eskalierte diese, weil ich meinen Vater verbal angriff.

Ich war mit meinem Beifahrer gerade von einer Fahrt gekommen. Auch der Wohnungseigentümer war anwesend. Es geschah im Schlafzimmer meiner Eltern, als mein Vater mich der Wohnung verwies. Als ich das nicht tat, wurde er handgreiflich. Ich reagierte ohne nachzudenken und stieß ihn aufs Bett. Er lag rückwärts vor mir. Ich packte ihn am Hals und bedrohte ihn massiv. Der blanke Hass und die Wut standen in seinem Gesicht. Er war der Geschlagene und das von seinem Sohn!

Es war das erste Mal, dass ich Angst bei ihm spürte. Ich konnte ihn nicht mehr halten, hier rettete uns das Beisein unseres Fahrers und des Vermieters. Es wäre zu einer Katastrophe gekommen. Sie hielten ihn mit allen Kräften fest. Ich verließ die Wohnung. Betreten habe ich die Wohnung erst einen Monat später wieder.

Es war klar, dass ich auch den zweiten Schritt gehen muss, um mich von der Bevormundung meines Vaters zu lösen sowie unsere Auseinandersetzungen zu stoppen. Speditionstätigkeiten waren nicht möglich, solange mein Vater im selben Geschäft tätig war – Konkurrenz. Den Gedanken, mich als Ferntransportunternehmer selbständig zu machen, konnte ich nur mit Hilfe meines Vaters in die Tat umsetzen. Zur damaligen Zeit durfte man nur mit der Konzession des Landes (Stadt Hamburg) für jeden einzelnen Fernlastzug den Betrieb als Fuhrunternehmer betreiben. Diese Genehmigungen waren schon damals äußerst schwierig zu erwerben. Sie konnten sie nur durch Kauf des Lastzuges mit Konzession auf dem freien Markt erwerben. Mein Vater lehnte meinen Wunsch, mir einen Lastzug sowie die dazu gehörende Zulassung (Konzession) zu überlassen, ab. Dafür schlug er vor, mich offiziell an der Firma zu beteiligen. Das lehnte ich ab. Bemerkung: Zu der Zeit gab es bereits Verhandlungen mit einer Margarinefabrik sowie einem Bauern und Transportunternehmer aus Bardowik (Lüneburg) über deren Beteiligung an seinem Unternehmen.

Dieses Wissen hatte ich durch Zufall drei Monate zuvor beim Um räumen von Kisten und Kästen auf dem Dachboden erlangt. Da war ein Vertrag mit dem besagten Bauern aus Bardowik als Teilhaber vorhanden. Auch über die Vergangenheit meines Vaters im Alter von 22 Jahren und danach waren eine Anzahl von Arbeitsverträgen auf Gütern und Bauernhöfen aus dem norddeutschen Raum vorhanden. Alle bezeugten seine hohe Leistungsbereitschaft und Verlässlichkeit. Mir war nur aus Unterhaltungen zwischen meiner Oma und meinem Opa sowie der Geschwister meiner Mutter bekannt, dass er auf Rügen auf den Gütern des Fürsten von Putbus gearbeitet hatte. Von dort brachte er seine ersten Erfahrungen mit Traktoren und sein Technikwissen mit nach Herzfelde, wo er meine Mutter kennenlernte und heiratete. Zeitweise war er als Fahrer (ohne Fahrerlaubnis) beim Fürsten von und zu Putbus eingesetzt. Seinen LKW-Führerschein hatte er später in Berlin erworben.

Das Leben der jungen Familie

Ich heiratete 1952 meine erste Frau Hildegund, geb. Ringel. Sie war ein halbes Jahr älter als ich. Sie hatte ihre kaufmännische Ausbildung im Seidenhaus Brandt in Hamburg schon beendet und arbeitete dort als Buchhalterin. Unsere Tochter Cornelia wur- de 1953 geboren, sie war ein Wunschkind. Zuerst wohnten wir bei den Schwiegereltern in Wandsbek in einem kleinen Zimmer, ca. 15 m^2, zwei Erwachsene, ein Kleinstkind. Ich war die meiste Zeit auf Fernfahrt. Es war ein unmöglicher Zustand.

Als ich heiraten wollte, musste die Hochzeit mehrmals verschoben werden, weil ich nicht ohne Ladung - also leer - zur Feier kommen durfte. Als meine Tochter Cornelia geboren werden sollte, war ich am Samstag spät von einer 14-tägigen Fahrt nach Hamburg zurückgekommen. Die Niederkunft konnte stündlich eintreten. Sonntagfrüh, um ca. 6.00 Uhr stand der Fahrer unseres zweiten Lastzuges vor der Tür, mit 20 Tonnen Thomasphosphat für Schleswig; Empfänger eine bäuerliche Vereinigung. Ich musste mich anziehen und auf Wiedersehen sagen! Und ab ging es in Richtung Norden. Beim Wegfahren sah ich meine Frau das Haus zu Fuß verlassen, in der Hand einen kleinen Koffer. Sie ging um die Ecke ins Krankenhaus Wandsbek. Ich konnte ihr nur zuwinken. Meine neugeborene Tochter und die Mutter sah ich erst am Montagnachmittag. Es war eine Steißgeburt, bei der die Tochter am Hals verletzt worden war. Am Dienstag ging ich wieder auf Tour, die erst 12 Tage später wieder zu Hause beendet wurde.

Es war die Zeit, als ich mich mit meiner weiteren Entwicklung und der Zukunft von mir und meiner jungen Familie befasste. Da war als Erstes die Beschaffung einer eigenen Wohnung. Als Verheirateter mit Frau und Kind hatte ich einen Berechtigungsschein für eine Wohnung. Der Markt für Wohnungen in der von Bomben zerstörten Stadt war leergefegt. Die Altwohnungen hatten für jede Wohnung hunderte Bewerber – war also nichts. Die angebotenen Wohnungen waren aber auch in der gleichen Verfassung wie die

Wohnung meiner Eltern, nämlich nach heutigem Maßstab nicht einmal für Hartz IV Empfänger geeignet. Es hatte sich aber in den Jahren eine funktionierende Bauwirtschaft entwickelt, die von der DM-Währung gestärkt, neue Häuser auf den alten Ruinenfeldern errichtete. Es dauerte aber trotzdem ein gutes Jahr, bis wir was Entsprechendes gefunden hatten. Ich bekam mit meinem Bezugsschein eine Dreizimmer-Neubauwohnung, Parterre, in der Börnestraße Ecke Eilbeker Weg in Eilbeck angeboten. Die Woh- nung war so, wie ich mir immer eine Wohnung vorgestellt hatte.

Der Pferdefuß: Wir konnten erst einziehen nach Zahlung eines verlorenen Bauzuschusses in Höhe von 300,- DM. Ein kräftiger Schluck aus der Pulle. Hier muss ich meinen Vater tatsächlich noch nachträglich loben und danke sagen. Er übergab mir diesen Betrag trotz der Schwierigkeiten im Geschäft. Das war die andere, die gute Seite meines Vaters. Er gab gern, er half auch gern, wie sich später aber herausstellte, den Verkehrten leider zu viel.

Die Wohnung hatte Küche, Wohnzimmer, Schlafzimmer, Kinder- zimmer und „last but not least“ auch ein Bad, beheizt mit Kohle. Die Küche hatte einen Kohlekochherd und das Wohnzimmer hatte einen kleinen Kohleofen. Ein Keller für Kohlen etc. gehörte auch dazu. Ich musste auch das Schneefegen für das Eckgrundstück übernehmen. Wir zogen schnellstens um. Jetzt war der erste Schritt zur erkannten Verselbständigung getan.

Das Schlafzimmer bekamen wir geschenkt. Unsere Tochter war für meine Eltern natürlich ein Lichtblick. Oma schickte nicht nur monatlich mit Genehmigung meines Vaters große Pakete in die DDR an ihre große Familie. Von da an profitierte unsere Tochter auch davon. Das blieb auch bis zum Todes meines Vaters und meiner Mutter so.

Nichts für Weicheier

In der Zwischenzeit fuhr ich als Alleinfahrer einen Fernlastzug für einen Bekannten. Ziele waren Berlin und im wöchentlichen

Schnellverkehr Hamburg-Mannheim-Heidelberg und zurück. Reiner Stückgutverkehr. Die Strecke im Schnellverkehr ging mehrheitlich über die Autobahn. Hier war die gefährlichste Stelle die Autobahnbrücke Hannoversch Münden. Die Abfahrt von Süd nach Nord - heute mit einem Brems-Auffangstreifen rechts am Fahrbahnrand zur Rettung beim Versagen der Bremsen versehen. Damals war diese Einrichtung noch nicht vorhanden. Es war neblig, kurz vor Sonnenaufgang. Mein Vater hatte mir beige- bracht, sich Markierungspunkte am Rande der Straße zu merken. Ich war auf der Rückfahrt. Das Zurückschalten im Nebel war für mich am Autobahnrand nicht mehr erkennbar. Ich wollte aber auch nicht unnötig langsam im kleinsten Gang fahren. Ich fuhr schließlich Schnelltransport. Ich verließ mich auf mein Gefühl und hoffte, dass der Nebel verschwinden würde und ich dann sehen könnte, was erforderlich war, um heil unten anzukommen.

Zusatz: Diese Brücke war am Ende des Krieges gesprengt worden. Der Kraftverkehr musste dann später über Umleitungen (Landstraßen) von der Autobahn abfahrend benutzt werden, um auf der gegenüberliegenden Seite wieder auf der Autobahn weiterzufahren. Hier sind mehrere schwere Unglücke passiert, Busse stürzten in den Abgrund etc. Die Gefahr war bei meiner Fahrt nicht mehr vorhanden. Man durfte diese lange Brücke aber auch nicht mit zu hoher Geschwindigkeit überfahren, weil der Wind und besonders zur Winterzeit Glatteis auf der Brücke zu schweren Unfällen führen konnten. Heute wird darauf hingewiesen „LKW zurückschalten - Gefälle“. Das war damals noch nicht der Fall. Ich merkte plötzlich, dass mein Lastzug schnell an Fahrt zunahm. Ich fuhr im großen Gang. Ich fing an zu bremsen, es klappte zuerst ganz gut. Der Nebel wurde weniger, ich hatte fast 80 km/h auf dem Tacho.

Der Lastzug schob, die Ladung drückte erheblich, ich musste zurückschalten. Die Geschwindigkeit konnte ich trotz Bremsens nicht reduzieren, als ich die Brücke erkannte. Beim Bremsen fing der Anhänger an zu schlingern. Dazu die Brücke mit den Windverhältnissen!

Satz 1 meines Vaters in der Lehrzeit:

„Wenn Du in solcher Gefahr die Brücke befährst, versuche den Zug in der Mitte zu halten.“

Gesagt, getan, kein Überholverkehr. Das klappte kurz vor der Brücke. Der Lastzug hatte die Höchstgrenze des letzten Ganges schon überschritten, jetzt wurde der Motor durch das Gewicht des Lastzuges noch zusätzlich angetrieben. Der Motor konnte ausei- nanderfliegen. Der Zug schlingerte von links nach rechts und umgekehrt. Ich entschied mich, den Gang herauszunehmen und ohne Gang die Brücke zu überqueren. Gleich hinter der Brücke geht die Autobahn wieder in die Höhe. Hier wäre ich gerettet! Man ist in solchen Augenblicken nicht mehr in der Lage, auch nur einen Blick auf den Tachometer oder den Spiegel zu werfen. Ich sah weder nach links noch nach rechts. Wie hatte ich es gelernt? Solange man die sogenannte Steuerfestigkeit in der Hand mit dem Lenkrad spürt, ist „Polen noch nicht verloren“. Ich hatte nur das Ende der Brücke im Blick. Dort war ich gerettet. Es gelang mit Hilfe des Glückes im Unglück. Auf dem Parkplatz hinter der Brücke sah ich einen Polizeiwagen stehen. Ich schoss an ihm vor- bei. Meine Geschwindigkeit wurde langsamer, ich fühlte es nur am Lenkrad, und jetzt konnte ich auch wieder die Bremse ins Spiel bringen, um rechts am Autobahnrand anzuhalten.

Der Polizeiwagen war mir mit Blaulicht gefolgt. Aus dem Auto stieg ein Polizist, der Schwiegersohn aus einer alten Fernfahrerkneipe in der Nähe von Göttingen. „Bist du verrückt geworden?“ - war das erste, was ich zu hören bekam. Ich erzählte ihm von meinem Unglück (oder besser: Glück!). Mir zitterten jetzt erst die Knie. Ich war nicht in der Lage weiterzufahren. Der Polizist übernahm das für mich, bis zu seiner Fernfahrerkneipe. Sein Kollege folgte uns. Das alles sehr langsam und beschaulich – war das schön! Nach einer Zwangspause fuhr ich meinen Lastzug sicher nach Hamburg.

Als die Blockade Berlins durch die Sowjets beendet war, gehörten wir zu den Ersten, die wieder in Berlin eintrafen. Allein über die Fahrten nach Berlin und auch besonders über die Fahrten und Erlebnisse von Berlin durch die Sowjetzone in Richtung Westen könnte man noch stundenlang berichten. Ich erspare mir, über die einzelnen Schikanen besonders treuer Grenzsoldaten der DDR uns, den Westlern gegenüber, zu berichten. Es gab aber auch Uniformierte unter den Grenzern, die uns bei Bedarf hilfreich zur Seite standen. Vor allem erinnere ich mich an die Kontrollstationen innerhalb der DDR, die zur Überwachung der Durchlaufzeiten von Kontrollpunkt (Station) zu Station eingerichtet waren. Wir teilten uns oft mit den uns bekannten Grenzern brüderlich nicht nur Zigaretten und Kaffee, bei einer „genehmigten" größeren Pause in mancher Nacht.

Eines Nachts hatten wir im Kontrollpunkt eine Pause hinter uns, wir wollten den Rest der Fahrt antreten. Beim Abschied trat der Chef dieser Dienststelle an unseren LKW und sagte so ganz nebenbei, er würde uns empfehlen, in der nächsten halben Stunde sehr wachsam zu sein. Anhaltesignale in der DDR müssten sofort und unmittelbar beachtet werden. Wir hatten den nächsten Bereich gerade verlassen, vor uns fuhren mehrere LKW in die gleiche Richtung. Hinter uns folgte uns ein LKW. Ich selbst fuhr, als ich im Rückspiegel ein schnellfahrendes Kfz erkannte, das gerade blaues Blinklicht eingeschaltet und den uns folgenden LKW überholte. Das Kfz kam näher und ich erkannte einen alten Feuerwehrwagen aus der Vorkriegszeit, der sich uns näherte. Hinter uns schaltete er die Sirene ein. Mir fiel es wie Schuppen von den Augen, das war die Warnung. Ich ging voll rechts ran, stoppte sofort. Als das Feuerwehrauto uns überholt hatte, fuhr es vor uns rechts ran und zwei Vopos stoppten uns. Zuerst verlangten sie unsere Papiere, und auf meine Frage, warum sie mich angehalten hätten, war die Antwort: „ Sie sind nicht nur zu schnell gefahren, sie haben auch darüber hinaus die freie Durchfahrt unseres Einsatzwagens be- hindert.

Sie hätten sofort anhalten müssen, was sie nicht getan haben." Eine Geldstrafe von 50,- DM würde uns die Verletzung des DDR-Rechts kosten. Die Wagen hinter uns stoppten sie eben- falls. Das war die Frechheit in Hochpotenz. (Ohnmacht gegen Macht).

Ich lehnte die Forderung kategorisch ab und verlangte, den zuständigen Offizier zu sprechen. Was natürlich nicht möglich war. Hinter uns hatten die Typen mehr Erfolg. Wie wir später erfuhren, hatten sie die 50,- DM bezahlt. Plötzlich besprachen die beiden Vopos sich, setzten sich in das Feuerwehrauto und rasten hinter dem vor uns fahrenden LKW hinterher. Ich fuhr weiter, als ich nicht viel später zwei der uns vorausfahrenden LKW am Straßenrand stehen sah, kontrolliert von den beiden Vopos. Hier waren sie wieder erfolgreich. Sie machten DM-Gewinne auf ihre Art. Ich rechnete beim Vorbeifahren damit, angehalten zu werden, aber nichts passierte. Gut und böse liegen oft dicht beieinander. Von der Polizei als „Dein Freund, Dein Helfer" hatten diese Typen bis zur Wiedervereinigung nichts gehört.

Der hilfsbereite Sowjetsoldat

Das Auftreten von Sowjetsoldaten in der Nachkriegszeit führte zu Angstausbrüchen. Am Kontrollpunkt Autobahn Berlin Ausfahrt Dreilinden wurden wir immer kontrolliert. Papiere und Durchfahrtzeiten zwischen den Kontrollpunkten wurden noch einmal kontrolliert. Ich hatte angehalten. Ein Sowjetsoldat, bewaffnet mit seiner Kalaschnikow, hatte dies angeordnet. Es war zur Winterzeit, es war sehr kalt. Er trug die typische Winterbekleidung, Fellmütze und Mantel. Beim Anfahren würgte ich den Motor meines damaligen Trucks ab. Ich versuchte, den Wagen wieder zu starten. Es klappte nicht. Der Russe beobachtete uns intensiv, aber auch unser LKW erregte seine Aufmerksamkeit. Ich hatte die Haube geöffnet, als er zu mir kam. Er wies mit der Hand unter das Fahrerhaus und erzählte mir einiges auf Russisch, was ich natürlich nicht verstand. Er versuchte mir klarzumachen, dass er diesen Typ LKW kannte und mir helfen wollte.

(Info: tatsächlich könnte er Kenntnisse über diesen Typ LKW gehabt haben. Was sich ja auch anschließend bestätigte. Die Sowjetunion hatte während des Krieges erhebliches Kriegsmaterial aus den USA erhalten. Darunter befanden sich auch tausende LKW dieser Art.)

Der junge Sowjetrusse im Zwielicht der großen Peitschenlampen, der Schnee und ich vor meinem LKW, mit dem Problem. – Ein Bild für die Götter oder vielleicht auch nur aus einem Film. „Ich Kamerad", sagte er plötzlich, nahm seine Kalaschnikow von der Schulter und drückte mir diese bekannte Schusswaffe in die Hand. Ich stand wie festgenagelt da und - ich muss gestehen - ich wusste nicht, was ich machen sollte. Er nahm mir die Entscheidung ab, in dem er mir meine Taschenlampe aus der Hand nahm und sang- und klanglos am Fahrertrittbrett unter meinem LKW verschwand. Ich bückte mich und sah im Schein meiner Taschenlampe, wie er versuchte, am Rahmen meines LKW in der Nähe des Getriebes etwas zu bewegen. Es klappte leider nicht, erklärte er mir per Gestik und mit den Händen, als er wieder aus der Unterwelt an die kalte frische Winterluft gelangt war. Man konnte ihm ansehen, dass er etwas erwartet hatte. Ein nachdenkliches Gesicht machte mir seinen Misserfolg klar.

Dieser „böse Iwan" war ein lieber, hilfsbereiter, mitfühlender Mensch. „Ein Comrad" aus Russland.

Mit dem Daumen zeigte er auf das Armaturenbrett, wo sich der Anlasserknopf befand. Ich sollte darauf drücken, das erwartete er von mir. Ich wollte aber schnellstens „entwaffnet" werden, reichte ihm das Gewehr zurück, als ich vor Schreck fast das Gerät losgelassen hätte. Von oben bis unten, der Mantel mit Öl und Fett verschmiert, Hosen und Stiefel nicht viel besser. Ich wusste nicht, ob ich lachen oder weinen sollte. Ich machte ihn auf seinen Zustand aufmerksam. Er beguckte sich von oben bis unten, stand kurz verdutzt da und sagte plötzlich zu mir, laut lachend:

„Mags niß, ist Mantel meine Freund."

Ich hätte ihn umarmen können. Jetzt wollte ich noch einmal den Anlasser drücken, bevor ich den hinter uns stehenden Kollegen um Abschlepphilfe bitten wollte. Der Motor sprang tatsächlich an! Die Freude war nicht nur auf meiner Seite, auch mein Freund und Helfer hatte tatsächlich etwas mit seiner Arbeit bewirkt. Zigaretten, Schokolade und meine Taschenlampe waren des Soldaten Lohn. Das war meine erste Verbrüderung mit unserem ehemaligen Gegner. Erst 1977 hatte ich in Amerika (Washington DC) als Soldat und Mitbegründer einer internationalen Offiziersvereinigung Gelegenheit, russische Gastfreundschaft kennenzulernen.

Mit Hilfe unserer LKW-Transporte versuchte die Bundesrepublik Deutschland die alte Hauptstadt Berlin logistisch zu unterstützen. Diese Versorgung per LKW geschah über die von den Alliierten mit der Sowjetunion vereinbarten Straßenkorridore und den dazu gehörenden Grenzübergängen. Dazu kamen die Prüfstellen innerhalb der DDR, die von den Vopos betrieben wurden. Die Hauptstrecke war die Autobahn Helmstedt–Berlin–Dreilinden. Die auch von uns benutzten Strecken Lübeck-Schlutup sowie die 3. Strecke über Lauenburg-Boitzenburg nach Berlin. Diese Strecken endeten in Ostberlin hinter dem ehemaligen Olympiadorf. Die 4. Strecke über Hof/Bayern war die Verbindung Süddeutschland-Berlin.

In der ersten Zeit nach der Versorgungsblockade der Russen in Berlin fuhren wir sogar ohne erhebliche Probleme in den Ostsektor Berlins, wie zum Beispiel an den Alexanderplatz. Hier war unser beliebtes Ziel das große HO-Geschäft. Mit unseren umgetauschten D–Mark 1:4 oder mehr Ostmark erwarben wir für billiges Geld Hemden und Unterwäsche. Die wurden nach der mehrtägigen Benutzung als Putzlappen benutzt. Aus dem Ostsektor fuhren wir zu dieser Zeit noch Mobiliar für Westdeutsche, die auf spezielle Genehmigungen durch die DDR durchgeführt wurden. Später wurden diese Transporte verboten. Alle Transporte mit Möbeln (Umzüge) mussten dann von den Eigentümern persönlich begleitet werden. Die meisten dieser Transporte, die ich durchgeführt hatte, waren von für Geld angeheuerte Personen, Frauen oder Männer, die uns von Berlin bis Helmstedt begleiteten. Hier verließen sie dann unsere LKW und fuhren per Anhalter wieder über die Autobahn nach Westberlin zurück. Hier wurden von einigen gute Geschäfte gemacht.

Ein spezieller Transport

Wir fuhren im Auftrag der Bundesbahn. In Berlin bekamen wir den Auftrag, einen bekannten Gastronomen Berlins, den Besitzer der Schöneberger Rathausgaststätte von Berlin nach Wiesbaden umzuziehen. Sein Bruder war der Kurdirektor von Wiesbaden. Er war Nichtraucher, aber körperlich in nicht besonders guter Verfassung. Motorwagen und LKW wurden bis auf die letzte Ecke mit dem Umzugsgut ausgenutzt. Es handelte sich für unsere Verhältnisse um besonders teure und auch zum Teil historisch bedeutende Möbelstücke. Bei der Vorbesprechung verlangte der Kunde, dass er mit uns im Fahrerhaus mitfahren konnte, wir aber während der ganzen Fahrt nicht rauchen dürften. Wir hatten das akzeptieren müssen. Zu der Zeit rauchte ich noch, von meinem Beifahrer ganz zu schweigen. Ein Trinkgeld erleichterte uns die Entscheidung. Eine so teure Fracht Möbel auf einem Planlastzug! Der einzige Schutz waren einige Decken, Stroh und Sackmaterial.

Bis Helmstedt wurde zwischendurch nur eine Zigarette geraucht, dann ging es weiter. Am Kontrollpunkt Ost-Marienborn Vopos, scharfe Kontrolle. Normalerweise wurde ein Teil der Ladung auf der Rampe der Kontrollstation inspiziert. Wir hatten den Herrn auf diese Prozedur vorbereitet. Der erste Vopo erwischte eine besonders teure Vase, die ihm aus der Hand fiel und zerbrach. Ich weiß nur, dass unser Mitfahrer, der Eigentümer, einen Hustenanfall bekam. Hier halfen uns wieder einmal unsere Erfahrungen mit den Vopos (später nicht mehr machbar). Ich erklärte dem Schichtführer die Lage, Zigaretten und Kaffee wechselten die

Besitzer. Ich bat ihn wirklich um Hilfe. Rückfrage an den Eigentümer, dann 100,- DM (cash) an die Kontrolleure übergeben. Der Schichtführer gab mir die Frachtpapiere zurück. 100,- DM verschwanden in seiner Hand. Ein kurzer Blick und dann die Bemerkung, wir sollten etwas verzögern, bevor wir wieder die auf der Rampe stehen- den Möbel einluden. Der leitende Offizier wurde bei Schichtwechsel ausgewechselt. Dann könnten wir fahren. Der Kunde war glücklich, wir waren froh. Am Ende der Fahrt wurde unsere Arbeit mit je 50,- DM Trinkgeld entlohnt. Zur damaligen Zeit für uns ein guter Schluck aus der Pulle. Apropos, beim Abladen fand mein cleverer Beifahrer auch noch zwei Flaschen Sekt . . . wo der wohl herkam. Wir haben ihn auf das Wohl unseres Kunden getrunken.

Der Kapitän der Landstraße als Fluchthelfer

Erfahrung und Leichtsinn können dicht beieinander liegen. Das Risiko wird meist unterschätzt, die Folgen können erheblich sein. Wir waren als Spezialisten für den Ost-West- und West-Ostverkehr bei unseren Frachtgebern bekannt. In dieser Zeit, aber auch schon vorher, waren die Ausgänge der Städte und Orte (Autobahnen und Landstraßen) Sammelpunkte für Menschen, die von A nach B wollten. So wie meine Mutter und ich nach Überquerung der DDR-Grenze nur mit LKW und Traktoren über die Landstraße nach Hamburg gelangten, so hatte sich im Laufe der Zeit das sogenannte Anhalterwesen an Straßen und Brücken weiterentwickelt. Männer, Frauen, Kinder nutzten die Chance, ohne Fahrkar- ten und Bahn, schnell ihren Standort zu wechseln. Aber auch Ausländer, Dänen und Schweden auf dem Weg nach Italien oder zurück, befanden sich auf dem Straßentrip.

Oft hatten wir mehrere Mitfahrer im Führerhaus, wenn dieses nicht ausreichte, wurde der Rest auf der Ladefläche des Zugwagens untergebracht. (Wie ich es selbst einmal erleben musste. Auf der Mitfahrt von der Wasserkuppe bis nach Hamburg.) Auch von und nach Berlin wurden unsere LKW genutzt. Mit Plakaten wurden uns die gewünschten Orte angezeigt. In der Ostzone war es uns verboten, DDR-Bürger mitzunehmen. So wie wir es geschafft hatten, versuchten auch nach uns viele von Ost nach West zu wechseln (zu fliehen). Bis der „Eiserne Vorhang“ dieses fast unmöglich machte. Jede Flucht beinhaltete das Risiko, nach Gefangennahme als Republikflüchtiger ins Gefängnis zu kommen. Die Fälle von Erschießung Republikflüchtiger sind ja bekannt. Trotzdem wurde immer wieder getrickst. So auch von uns gegenüber der eingesetzten Vopo.

Ein Erlebnis besonderer Art

Ich war allein in meinem LKW auf der Rückfahrt von Westberlin nach Hamburg. Ich benutzte die Autobahn Berlin-West- Helmstedt. Nach Kontrolle in Dreilinden befand ich mich hinter dem Berliner Ring, weit hinter der Abfahrt Potsdam. Es war so um Mitternacht, als ich einen jüngeren Mann im Lichtschein meiner Scheinwerfer erkannte. Er winkte und zeigte mit dem Daumen, dass er mitgenommen werden wollte.

Im Rückspiegel war kein Kfz erkennbar und auch von vorn auf der Gegenseite weit einsehbar kein Fahrzeug. Ich hatte nur eine Person gesehen. Ich hielt kurzerhand an, ließ mit meinem Suchscheinwerfer die rechte Fahrbahn absuchen. Nur eine Person!? Der Mann kam hinterher gelaufen und kam zu mir ans Fahrerhaus. Was ich getan habe, war für mich nicht ungefährlich! Es konnte eine Falle sein, ein Volkspolizist sein oder sogar ein Überfall! Vorsichtshalber hatte ich die Brechstange (lag immer bereit) in die linke Hand genommen.

In dem Licht der Innenbeleuchtung und der geöffneten Tür stand ein junger Mann, nicht unsympathisch. Meine Frage war: „Wie kann ich ihnen helfen, brauchen sie Hilfe?“ Ich ließ ihn einsteigen und er erzählte mir, dass er Fuhrunternehmer sei, er wollte in Richtung Westen über die Grenze, um Ersatzteile für einen ehemaligen LKW-Mercedes der deutschen Wehrmacht zu besorgen. Diese Ersatzteile waren in der DDR nicht erhältlich und in Helmstedt wollte er diese Teile käuflich erwerben. Er wollte schwarz über die damals noch größtenteils grüne Grenze, ohne Stacheldrahtzäune. Er bat mich, ihn bis vor den Autobahnkontrollpunkt Marienborn mitzunehmen.

Ich hatte vom ersten Augenblick an Vertrauen zu dem Mann. Ich war froh, einen Mitfahrer zur Unterhaltung bis Helmstedt zu haben. Ich sah keine direkte Gefahr für uns beide durch die Vopos. Eine mobile Kontrolle hatte ich noch nie erlebt und auch noch nicht davon gehört. Ich war sehr müde; nach einer Fahrt von Hamburg nach Berlin. Im Hamburger Hafen die Beladung mit Apfelsinen, dann die Fahrt plus Entladung auf dem Großmarkt und jetzt wieder leer zurück. In Langelsheim im Harz musste ich als Rückladung Split aufnehmen. Die Hamburger Straßen hatten es nötig.

Circa 30 Minuten erzählte er mir seinen Lebenslauf in der DDR. Ich glaubte ihm, dass er ein Fachmann der Landstraße war. Spontan schlug ich ihm vor, meinen Lastzug zu fahren, damit ich mich etwas erholen konnte. Gesagt – getan. Er war tatsächlich ohne Zögern auf mein Angebot eingegangen. Er kam, sah und siegte. Die ganze Aktion hatte mich wieder wachgemacht. Ich ließ ihn sogar bis zur DDR-Raststätte Magdeburg fahren. Hier wollte ich tanken und billigen Alkohol und westdeutsche Zigaretten einkaufen. Auch Essen und Trinken konnte man hier käuflich erwerben, in DM natürlich. Wir aßen zusammen, unterhielten uns beim Essen mit einigen westdeutschen Kollegen.

Eine - nein mehrere - Kuriositäten sind in diesem Zusammenhang erwähnenswert. Die sozialistische DDR schämte sich nicht, unversteuerten Diesel sowie westdeutschen Alkohol und Zigaretten an uns Westdeutsche für DM zu billigen Preisen zu verkaufen. Man erhielt über die dort ausgegebenen DM sogar eine Quittung der HO-eigenen Firma. Normalerweise musste man vorzeigen, wie viel DM man mitführte. Beim Ausfahren aus der DDR musste man die gleiche Menge wieder nachweisen. Ausnahme: hier. Der Nachweis wurde am Grenzausgang voll anerkannt. Man wurde sogar freundlich behandelt, denn man unterstützte auf diese Weise die DDR und betrog die eigene Bundesrepublik Deutschland. So einfach kann Politik sein.

Apropos: auf der Westseite (Helmstedt) wurden unsere Tanks vom westdeutschen Zoll kontrolliert, ob wir nicht eventuell Ostdiesel im Tank hatten. Dieses Zeug war billig - in Ostdeutschland produziert - stank es aber erheblich. Am Anfang hatten die Zöllner West schon manche Erfolgsquote. Aber wir tricksten sie auch aus, denn durch Zusätze von westdeutschem Kraftstoff verschwand der penetrante Gestank und durch das Mischen auch der stinkende und stark qualmende Rauch am Auspuff. Es war zuletzt ein lustiges Spiel. Die Zigaretten hatten wir in der Decke unseres Fahrerhauses immer passgenau unterbringen können. Alkohol wurde im Ersatzradkasten verstaut oder eventuell in der doppelten Zollplane. Es hatte immer geklappt.

Wir näherten uns Marienborn, ich hatte das Lenkrad wieder übernommen. Wenn er, mein Beifahrer aus der DDR links oder rechts an der Kontrolleinrichtung Ost vorbeigehen wollte, müsste ich ihn zwei bis drei km vorher auf der Autobahn absetzen. Ich hatte Bedenken und schlug ihm vor, als mein Beifahrer die Grenze zu überqueren. Ich hatte eingehende, nicht immer gute Erfahrungen mit den Grenzern der DDR. Wir waren aber auch durch die fast wöchentlichen Fahrten von und nach Berlin mit den Lücken dieses Systems vertraut. Ganz besonders war die Kenntnis einiger, zur damaligen Zeit noch vernünftiger und noch nicht durch kommunistische Umerziehung geschädigter Grenzsoldaten für uns wich- tig. Irgendwie ritt mich in diesem Falle wieder einmal der Teufel. Die Nachtzeit war optimal, der Verkehr mehr als gering. Die Nachtwache von 3 bis 4 Uhr ist die schwierigste Wachzeit, die Ermüdung in der Zeit ist sehr groß. Es war aber trotzdem nicht ungefährlich.

Die Zeit, in der wir Personen im Reserveradkasten des Anhängers versteckt hatten, war schon längst vorbei. Es gab auch noch keine Sperren oder Schlagbäume, die man durchfahren musste, nach- dem man kontrolliert war. Es gab nur das Stück Niemandsland zwischen der Ostrampe und der Weststation von Westpolizei und Westzoll. Ich überlegte mir, wie die Sache ablaufen sollte. Ich übernahm die Hauptrolle bei dieser Aktion. Den Motor sollte er laufen lassen, ich wickelte unterdessen die Papiere Ost-West ab. Er sollte erst einmal am Lenkrad bleiben, den Rückspiegel rechts im Auge behalten; über die rechts offene Beifahrertür die Unterhaltung zwischen mir und dem Vopo mithören. Sollte sich jemand meinen Fahrer näher ansehen und er eventuell zur Personenkontrolle gezwungen werden, war der Punkt erreicht, dass ich von der Rampe in das Führerhaus springen würde oder auch noch etwas später auf das Trittbrett und dann in das Fahrerhaus . . . Er sollte dann mit Vollgas im 1. Gang zuerst auf der rechten Seite bleibend Richtung Westen fahren.

So weit, so gut. Der Kollege war bereit und wir ließen die Aktion wie geplant ablaufen. Der Grenzer war sogar der Wachführer der Schicht, mehr als eine Handvoll Grenzer waren in einer Schicht. Wir, der Grenzer und ich, kannten uns. Ich ging ganz langsam mit meinen Papieren zum Abfertigungsfenster, hinter dem ein Vopo meine Papiere überprüfte. Dazwischen hatte ich mir eine Zigarette angezündet, die angebotenen Westzigaretten nahmen die Wachführer an. Ein freundliches „Auf Wiedersehen“ von mir und „Eine gute Fahrt“ vom Vopo beendeten den mehr als einfachen Stopp am Grenzübergang Marienborn. Ich ging ganz betont langsam zu meinem Lastzug. Das Herz war auf hoher Frequenz. Laut sagte ich zu meinem neuen Beifahrer, „dann wollen wir mal unsere Pflicht tun“. Wir fuhren ganz langsam an, während ich noch auf dem Trittbrett stand. Nun konnte uns nichts mehr passieren; unser Anhänger schützte uns vor den Schusswaffen der Vopos. Der Weg zur Demarkationslinie war kurz. Wir befanden uns auf westlichem Gebiet. War das eine Freude! Für meinen neuen Ostfreund und auch für mich. Er fuhr bis Helmstedt, wo ich ihn bei Mercedes absetzte.

Unser Wiedersehen 1956 in Hamburg auf dem Autohof Amsinck- straße. Er als Westunternehmer (Ferntransporte) und ich als

„Schütze“ der Bundeswehr während des 1. Heimaturlaubs (in Uniform).

Damalige Verkehrsverhältnisse

Es war die Zeit, wo Privatautos kaum vorhanden waren. Die Autobahn war nicht wie heute mit tausenden Kfz belegt. Auf der Fahrt über die Strecke von Berlin bis Helmstedt begegneten uns im Schnitt nicht mehr als 200 Fahrzeuge. Überholt zu werden kam selten vor. Die Ostdeutschen träumten noch vom Privatverkehr. Unfälle gab es kaum. Die wenigen Fahrzeuge bezogen sich mehr auf LKW. Die geringe Geschwindigkeit der LKW zu der Zeit, die körperliche Überlastung der Fahrzeugführer und die Einsamkeit der eintönigen Fahrt (ohne Radio) führten dazu, dass man ein- schlief. Mir persönlich mehrmals passiert. Oft wohl nur als Sekundenschlaf, aber mit der Folge, dass man links in den Grünstreifen oder rechts von der Fahrbahn ins Grüne fuhr. Die typische Reaktion ist der Schreck. Ich hatte auf einer Fahrt Pferde auf der Autobahn gesehen (zumindest im Traum), ich ging voll in die Bremse. Keine Pferde! Aber der Grünstreifen, in dem ich mit der Vorderachse stand.

Die Autobahnen alter Art, Bautyp Vorkriegsmuster, hatten weder links noch rechts Schutzzäune wie heute. Ich bin dann weiterge- fahren, laut singend, mit dem Willen, am nächsten Parkplatz ein kurzes Nickerchen zu machen. Wunschdenken! Der nächste Park- platz kam irgendwann, ich fühlte mich durch Singen und einen Schluck Kaffee aus der Thermokanne wieder fit. Verkehrt gedacht, der Schlaf, das Schlafbedürfnis und sogar „die Pferde“ kamen wieder. Ich hatte dann das Glück, dass ich dieses Pferdegespann sah, wie es die Autobahn vor mir überqueren wollte. Wieder Vollbremsung, Stopp! Aufwachen! Es war wieder einmal gut gegan- gen. Wecker suchen, eine Stunde einstellen, eine Stunde Schlaf. Fenster links und rechts öffnen. Es half. Die eine Stunde musste ich den Vopos am Ende erklären.

Im Winter gab es andere Möglichkeiten. Beispiel mein Vater. Er fuhr dann den größten Teil einer Strecke, mich ließ er nur kurzfristig ans Lenkrad, um mich nicht zu überlasten. Zehn Stunden waren für ihn kein Problem. Bei Müdigkeit wurde im Schneesturm angehalten. Den mitgeführten Eimer mit Schnee gefüllt. Ein Handtuch mit Schnee in den Nacken gepackt; dann ging es weiter. Später habe ich diese Methode auch praktiziert. Die Lenkzeiten meines Vorbildes konnte ich leider nicht erreichen. Pausen meines Vaters am Lenkrad bei Müdigkeit bedeuteten für mich, ihn auf die Minute genau zur angeordneten Zeit zu wecken. Einmal im Winter auf den vereisten Straßen, schlief er mit dem Kopf über dem Lenkrad. Ich war auch müde und wollte ihm etwas mehr Ruhe geben. Leider schlief ich auch ein. Ich wachte nach 30 Minuten wieder auf, weil ich vor Kälte klapperte. Ich weckte meinen Vater. Der rastete aus. Er hatte mir gesagt, dass er 15 Minuten schlafen wollte. Das ist mir nie wieder passiert. Genau auf die Minute wurde mein Vater von mir geweckt. Die nächsten Tage waren für mich kein Vergnügen.

Helmstedt ist mir auch noch aus folgendem Ereignis in bester Erinnerung. Von dem Unteroffizier, der uns Pimpfe während des Marsches nach Küstrin beschützt und dafür gesorgt hatte, dass wir dort unversehrt ankamen, habe ich im Abschnitt „Russische Gefangenschaft“ berichtet. Der Stuka, wegen seiner Kopfbedeckung von uns so genannt, hatte uns seine Heimatadresse gegeben. Leider war mir diese Adresse im Gefangenenlager Lands- berg/Warthe verloren gegangen. Ich wusste nur noch, dass seine Eltern in der Nähe von Helmstedt wohnten. Sein Vater war Elek- triker auf der Kohlenzeche. Jeden Heiligabend gingen meine Ge- danken zurück. Wo Stuka wohl sei? Hatte er die Gefangenschaft überlebt?

Auf der Rückfahrt von Berlin nach Hamburg übernahmen wir Fracht in Helmstedt. Auf der dortigen Braunkohlenzeche übernahmen wir 25t Briketts für die Stadt Hamburg. Die Fabrik liegt ungefähr zwei Kilometer vom Stadtkern entfernt. Wir hatten im Morgengrauen die Ladung auf unseren Lastzug geschüttet bekommen. Etwa zur Frühstückszeit fuhr ich von der Zeche kommend auf der Straße, die am Bahnhof vorbeiführt. Mein Beifahrer döste in der Ecke des Fahrerhauses rechts von mir vor sich hin. Genau an der Straßenecke, am Bahnhof links von mir, standen ein Mann und eine Frau mit Brötchenbeuteln und klönten miteinander. Ich sah den Mann, ich erkannte ihn sofort, auch nach den Jahren vom Kriegsende bis zu diesem Zeitpunkt.

Es musste Stuka sein!

Ich ging voll in die Bremse, mein Beifahrer schoss nach vorne. Diese Vollbremsung erschreckte auch die beiden Brötchenholer. Ich sagte meinem Beifahrer, dass ich diesen Mann dort kenne. Es war unser Retter auf dem Marsch nach Küstrin. Ich ließ den Lastzug stehen, sprang aus dem Fahrerhaus auf die Straße und brüllte für alle hörbar: **„Stuka!“**

Die Antwort kam sofort: **„Mensch, Hitlerjunge Quex!“**

Die nächste Stunde gehörte uns beiden. Er erzählte mir, warum er in Küstrin so plötzlich verschwunden war. Er war erwischt worden, wie er ein Motorrad bei einem Außenkommando heimlich instandgesetzt hatte, das er in den Trümmern der zerstörten Stadt Küstrin gefunden hatte. Es war klar, er wollte damit flüchten. Sie brachten ihn zuerst in den „Bau“- er wurde verurteilt und nach Sibirien gebracht. Er hatte dort zwei Jahre unter Tage arbeiten müssen. Er hatte Glück, danach entlassen zu werden. Seine russi- schen Sprachkenntnisse halfen ihm dabei. So wie mir auf dem

Marsch. So klein ist manchmal die Welt. Dieses wichtige Wiedersehen wird mir immer in Erinnerung bleiben.

Erlebnisse einer Fahrt von Berlin nach Hamburg

Eine Fahrt mit Schwierigkeiten nach Marienborn. Es war die Zeit der Leipziger Messe. Ich war mit unserem neuen Lastzug im Auftrag der Bundesbahn unterwegs. Ich hatte Rückladung von Berlin erhalten. 7,5t Stückgut für den Motorwagen, die ich persönlich geladen und verpackt hatte. Den Anhänger hatte ich zur Beladung bei einer großen, bekannten Spedition abgestellt. Laut der Ladepapiere war der Anhänger komplett mit Schuhen aller Art beladen. Zielort Hamburg. Empfänger: Eine große Verkaufskette. Der Anhänger war vom Zoll Berlin verplombt worden. Nichtsahnend fuhren mein Fahrer und ich am Abend den Kontrollpunkt Marienborn/Helmstedt auf der Autobahn an.

Es muss 1952/53 gewesen sein. Es herrschte zu dieser Zeit schon starker LKW/PKW-Verkehr auf diesem Berlin-West-Korridor durch die DDR, in beiden Fahrtrichtungen. Meine Papiere wurden eingehend von den Vopos überprüft, als ein Vopo-Offizier von der Autobahn zu uns kam. Er forderte mich auf, den Anhänger zu öffnen. Er studierte immer noch ganz genau die Frachtpapiere persönlich. Das war schon etwas ungewöhnlich. Er suchte etwas und musste fündig geworden sein. Die Seitenplanken des Anhängers hatte ich geöffnet, die Plane aufgerollt, so dass alles gut sichtbar war. Ich sah die Ladung auch das erste Mal. Ich erblickte Schuhkartons und Kisten mit Schuhen bis an die Planendecke. Es war circa eineinhalb Stunden vor dem Wachwechsel der Vopo- Gang. Er verlangte von mir, alle Kartons auf der Rampe zu entladen. Ich fragte ihn, wie er sich das vorstelle. Mit zwei Mann wür- den wir mehrere Stunden brauchen, um zu entladen und wieder zu beladen. Er warnte mich, dass er mich von der Autobahn nach Marienborn unter Polizeiaufsicht schicken würde. Dort würde die gesamte Ladung dann überprüft. Ohne meine Hilfe. Uns bliebe also nur die Lösung, selbst die Ladung auf die Rampe zu bringen. Ich fragte ihn höflich, warum er diese Sonderüberprüfung an meiner Ladung durchführen würde. Er erklärte mir, dass er diese Ladung Schuhe schon vor zwei Tagen auf der anderen Seite, in Richtung Berlin abgefertigt hatte. Er sagte seinen Leuten, diese Ladung sei der Beweis, wie man im Kapitalismus durch Betrug viel Geld auf Kosten der arbeitenden Bevölkerung verdienen würde.

Interessant war für mich, dass der Empfänger dieser Ladung Schuhe wohl ein großes Kaufhaus in Hamburg war. Als Versender fungierte nur die verladende Spedition. Ich übernahm Fracht von und nach dem Standort (A nach B), über die Geschäfte anderer machte ich mir keine Gedanken. Ich als „Proletarier" würde aber auch hier mit meiner Arbeitskraft und die meines Beifahrers missbraucht. Das führte dazu, dass wir fast die Hälfte der Anhängerladung auf der Rampe hatten. Wir mussten dann auch jeden der Kartons und Kisten öffnen und versuchen, mit Hilfe eines Untergebenen auch die Stückzahl zu ermitteln, was natürlich hirnrissig war.

Vor dem Wechsel verschwand der Offizier, so schnell, wie er erschienen war. Plötzlich war wieder Vernunft und Verständnis und vielleicht auch Mitleid bei der Wachmannschaft vorhanden. Einige der Vopos waren mir bekannt, der eine sagte im Vorbeigehen, ich sollte langsam machen, der Hauptmann würde vor dem Wachwechsel verschwunden sein. So war es auch. Mir war alles egal, ich hätte am liebsten diese ganze Ladung angesteckt und verbrannt. Hunderte geöffnete Schuhkartons, mit und ohne Papier, aus den Kartons genommen und begutachtet, aber nicht wieder in die Kartons gelegt. Wie sollte ich dieses Chaos beseitigen? Mir fiel nur eine Lösung ein, nämlich die, das Ganze per Schaufel wieder auf den Anhänger zu bringen. Die Hilfsbereitschaft der Vopos war vorhanden.

Damenschuhe, Herrenschuhe, Stiefel, Stiefeletten, Sportschuhe, Latschen etc. etc. lagen in allen Farben und Größen auf der Rampe. Bei der Übergabe der Schaufel fragte ich zwei der Vopos, welche Schuhe sie denn gerne hätten. Wenn sie mir helfen, würde ich ihre Wünsche erfüllen. Gesagt, getan. Das Glitzern in ihren Augen verriet mir, was sie mochten. Mit Hilfe ihrer Füße wurden die gewünschten Schuhe zur Seite geschoben. Hinter der Rampe war ein freier Raum, dort deponierten mein Beifahrer und ich wohl an die 20 Kartons mit Schuhen. Wir mussten ja unser Geschäft erledigen und auch Pausen zum Erholen haben. Die Wachablösung begann, die Vopos gaben mir meine Frachtpapiere zurück und wir durften unsere Ladung wieder von der Rampe auf den Anhänger bringen. Einen Kollegen der hinter uns stehenden LKW hatte ich gebeten, das Büro der Bundesbahn, welches sich auf der Westseite der Autobahn befand, von unserem „Glück" zu informieren. Aufladen hieß, mit zwei Schaufeln mehrere hundert Schuhe jeder Sorte als Mischware auf den Anhänger zu bringen. Die Vopos sahen zu, ich sorgte auch noch dafür, dass die von der Rampe gefallenen Schuhe von der gleichen Sorte und Größe waren. Die neu eingesetzten Vopos kamen auf diese Art und Weise auch in den Genuss, echte Wertschuhe zu besitzen. Wir durften weiterfahren.

„Kleine Geschenke erhalten die Freundschaft".

Der Kapitalismus lässt grüßen! Auf der Westseite ließ uns der Westzoll in Ruhe. Wir meldeten unsere Ankunft im „Bundesbahnbüro" an. Nach einem ausgiebigen Essen im Barackenlokal Auto- bahn erstellten wir den Bericht über unser „Besonderes Vorkommnis." Wir unterschrieben den Bericht. Die kurze Inaugenscheinnahme durch den Bundesbahnbeamten wurde schriftlich bestätigt.

Als wir in Hamburg eintrafen, erwarteten uns schon Kontrolleure und Gutachter. Das Abladen überließen wir dieses Mal dem Empfänger. Ich habe keinen Abschlussbericht gesehen. Verwunderlich! Hatte der Vopo Hauptmann nicht doch den richtigen Riecher . . .

Die Ladung aus Westdeutschland nach Berlin und wieder zurück in den Westen innerhalb von zwei Tagen hatte etwas mit dem

Sonderstatus Westberlin zu tun. Das „Besondere Vorkommnis“ hatte wieder jemandem finanzielle Vorteile gebracht.

Apropos: Bei der Säuberung unseres Anhängers fanden wir in der Zollplane noch etliche Schuhe, die wir dankend entgegennahmen. Später habe ich erfahren, dass sie das Auszählen unter Aufsicht der Bahnbeamten abgebrochen hatten. Die Versicherung wird wahrscheinlich bezahlt haben.

Es gäbe noch über viele Erlebnisse als „Kapitän der Landstraße“ im Nachkriegsdeutschland zu berichten. Das Leben auf der Landstraße war hart. Der Umgangston untereinander immer laut und deutlich. Verbale Auseinandersetzungen sowie sogar handgreifliche Auseinandersetzungen mit Konkurrenten waren üblich. Die Faust regierte oft bei Auseinandersetzungen. Heute frage ich mich, warum diese Art damals als normal empfunden wurde. Ich habe zu meiner Schande auch nachgeahmt, was mein Vater oder andere vormachten. Die Männer am Steuerrad, wie sie damals hießen, hatten mehrheitlich den Krieg an den Fronten überlebt. Die Masse kam aus dem Unterführerbereich oder aus dem beim Militär bekannten Bereich der Obergefreitenklasse. Die kannten nicht den Ton eines Mädchenpensionats.

Ein Beispiel: Wenn eine Hand oder Faust in deine Gesichtsnähe kommt . . . schlage zu, gefragt wird später.

Beim Biertrinken in irgendeiner Kneipe, wie z.B. im Münchener Hofbräuhaus oder ähnlichen Örtlichkeiten. Als 19jähriger wartete ich in München auf Rückladung nach Hamburg. Mit uns noch ein halbes Dutzend anderer Fernfahrer, Parkplatz Güterbahnhof München. Am Abend gingen wir mit mehr als einem Dutzend Kollegen in einen bekannten Bierkeller. Alle frisch gewaschen, geputzte Stiefel und einige sogar in besserer Kleidung. Als wir die Gaststätte betraten, wurden wir vom Portier abgewiesen. Wir waren zusammen auf einem leeren LKW vorgefahren. Der Grund der Abweisung: in dieser Gaststätte würde Krawattenzwang bestehen. Ein Fuhrunternehmer aus Holstein löste das Problem dadurch, dass er die Planenleine der LKW abschnitt, jeder von uns bekam einen Strick um den Hals und so standen wir in kurzer Zeit wieder vor der Tür. Als der Portier uns wieder ablehnte, packte der Fuhrunternehmer (ein Zweizentner-Mann) den Portier, nahm ihm die Mütze ab und setzte ihn auf seinen Stuhl. So ermöglichte er mit der Portiersmütze auf dem Kopf ungehindert unseren Durchgang. Es wurde noch ein lustiger Abend. Als der Chef persönlich kam, beurteilte er die Lage und hieß uns willkommen.

Wir standen in Mannheim auf einem Güterbahnhof, warteten mit mehreren Transportern aus Baden auf Ladung. Die Kantine war der abendliche Treffpunkt fast aller anwesenden Fahrer. Man kannte sich, man kannte auch den Betreiber der Gastronomie und seinen hochdekorierten Schutzhund der Marke Schäferhund. Es wurde natürlich auch Alkohol getrunken. Wir hatten für den nächsten Tag eine Ladung bekommen. Die anderen jedoch nicht. In fortgeschrittener Stunde ging ich zu unserem Lastzug, um zu schlafen. Mein Vater blieb da. Ich sah, dass an unserem Anhänger ein Reifen ohne Luft war. Da wir ja schon mehr als einen Tag an dem Ort standen, war mir klar, dass jemand Luft wissentlich abgelassen hatte. Das Ventil war auch entfernt worden. Ich ging zurück zu meinem Vater und berichtete ihm das Gesehene. Es war klar, dass der Täter unter den Anwesenden sein musste. Es gab auf Befragen aber keiner zu. Aber eine Gruppe aus Baden freute sich diebisch über den Vorfall und machte darüber bewusst dumme Bemerkungen. Mein Vater stand auf, packte den Rädelsführer am Hals und schon ging die Prügelei los. Gemäß Anweisung meines Vaters stand ich mit dem Stuhl hinter ihm und schützte ihn. Es traute sich aber keiner von den Anwesenden einzugreifen, bis auf den uns schon länger bekannten Wirt. Besitzer eines preisgekrönten abgerichteten Schäferhundes. Der Versuch, die beiden Streithähne zu trennen misslang. Nun wollte er seinen Hund einsetzen. Dieses führte dazu, dass mir mein Vater den Stuhl aus der Hand riss und den Hund damit angriff. Der zuerst sehr giftig auftretende Schäferhund ergriff nach dem ersten Schlag mit dem Stuhl die Flucht in die Küche. Mein Vater, der Wirt und ich hinterher. Gottseidank hielt man meinen Vater mit seiner Aggressivität auf und wir verließen auf Anordnung des Wirtes die Kantine. Wir bekamen verboten, diese Kantine wieder zu betreten.

Wir hatten eine Ladung Dachziegel auf einer großen Baustelle zu entladen. Der Boden war nicht unbedingt fahrsicher. Mein Vater suchte Bretter zur Verstärkung des Bodens, damit wir ohne einzusacken zum Abladeort kommen konnten. Mehrere dieser Balken hatten wir schon verlegt, als der Polier dieser Baustelle erschien und uns verbal massiv angriff. Mein Vater ließ sich dadurch nicht stören, er versuchte gerade einen besonders schweren Balken aufzuheben. Er rief mich zur Hilfe. Mit viel Mühe hatte ich die noch am Boden liegende Seite hochgehievt, als sich der Polier auf meinen Vater stürzte und ihn schlug, damit er den Balken fallen ließ. Mein Vater tat es auch, aber so, dass dieser schwere Balken diesem Zwei-Meter-Mann auf die Zehen knallte. Die verständliche Reaktion erfolgte postwendend. Er schlug meinem Vater ins Gesicht. Der ließ sich dieses nicht gefallen und schlug mit aller Kraft zurück. Die beiden prügelten sich - zuerst mit Fäusten - dann schlug der Polier mit einer Latte meinem Vater auf den Kopf. Der revanchierte sich mit einem Kinnhaken, der Polier war out. Zwischenzeitlich kamen einige Leute von der Baustelle zur Schlichtung. Der Polier stand wieder auf - er sah erheblich poliert aus! Mein Vater sah aber auch nicht viel besser aus. Es stand 1:1.

Als wir dann abladen wollten, mussten wir die Dachziegel an die Ladekante stellen. Von da an übernahmen die Baulöwen den Transport. Mein Vater hatte nicht nur erhebliche Schmerzen, darüber hinaus waren die Hand und der Unterarm so stark angeschwollen, dass er weder etwas anfassen noch sich auf dem Entladeplatz bewegen konnte. Die Schmerzen müssen sehr schlimm gewesen sein, so hatte ich meinen Vater noch nie gesehen. Nach der Entladung fuhren wir direkt ins Eilbeker Krankenhaus in die

Chirurgie. Der Oberarzt war ein guter Bekannter meines Vaters.

Die Diagnose: Handwurzelbruch, sofortige Operation. Bevor ich meinen Vater verließ, fragte er, wie lange er mit dem Gipsarm gehen müsste. Am liebsten hätte er ganz darauf verzichtet. Ich hörte aber noch, wie er den behandelnden Arzt Dr. Bäker bat, den Gips auf der Seite der Innenhand mit einer Kuhle zu versehen. Denn er brauchte ja zum Schalten die rechte Hand und auch den Arm. Operation schnell und gut gelungen. Mein Vater schaltete selbstverständlich mit Hilfe der „eingebauten Kuhle" im Gipsverband. Dieser ging sehr weit über den rechten Arm. Es war eine Behinderung. Eines Morgens vor dem Wegfahren drückte er mir einen sogenannten Fuchsschwanz in die Hand. Befahl mir, den Gipsverband um mindestens 30 cm zu verkürzen. Das Sägen musste ich natürlich genau nach seiner Anweisung durchführen. Mehrere Tage später wurde noch mehr vom Gips entfernt. Als der Tag der Gipsentfernung kam, wurde festgestellt, dass nach gelungener Operation der Bruch wohl verheilt war. Aber leider waren einige Teile nicht richtig zusammengewachsen. Der Mittelfinger war nicht mehr funktionsfähig, aber mein Vater hatte seinen Wilen gegen alle fachlichen Vorschriften durchgesetzt. Nun konnte er wieder schalten. Allerdings war dieses Thema für alle Zeiten tabu.

Die Sache mit dem Mercedesfahrer

„Der Apfel fällt bekanntlich nicht weit vom Stamm", so sagt es der Volksmund! Ich bin mir sicher, dass auch bei mir viele Dinge und Verhaltensweisen mit den von meinem Vater übernommenen Genen vorhanden waren und einige noch vorhanden sind. Der Zeitraum von 1945 bis 1952 war die Phase, in der ich immer in engem Kontakt zu meinem Vater stand. An vielen Aktionen war ich mitbeteiligt. In dem Alter neigt man dazu, seinem Vorbild oder

„Alphatier" nachzueifern, so auch bei mir. Wie z.B. auf einer

Fahrt von Hannover in Richtung Süden.

Kurz vor Alsfeld - auch wieder auf einer Straße mit Kopfsteinpflaster. Es war um die Frühstückszeit. Ich fuhr, mein Vater schlief in der Schlafkabine. Es war vor Beginn des bergigen Geländes, als mich ein Mercedesfahrer mit voller Geschwindigkeit überholen wollte. Durch einen entgegenkommenden PKW musste er sein Überholmanöver abbrechen. Anschließend fuhr er mit „full speed" bis auf Kabinenhöhe, dann zog er ohne Grund seinen Wagen nach rechts. Ich musste voll in die Bremsen gehen. Ich kam zum Stillstand. Mein Vater fiel fast aus der Kabine; erste Reaktion von ihm, mich zu beschimpfen. Ich war auf 180 – wegen des Mercedesfahrers und auch wegen meines Vaters.

Am Stadteingang von Alsfeld begann die Straße anzusteigen. Einzelne Kurven beim Bergaufstieg verlangsamten die Geschwindigkeit. Als wir in einer der Kurven anhalten mussten, weil hier zwei PKW zusammengestoßen waren, erkannte ich den Mercedes wieder, der mich bewusst vor einer knappen halben Stunde geschnitten hatte. Wir stiegen aus, ich zeigte in Richtung der karambolierten PKW und sagte meinem Vater, dass das der Mercedes sei, der mich fast in den Graben gedrückt hätte. Die Unfallfahrer stritten sich. Mein Vater fragte den Ersten: „Sind Sie der Fahrer des Mercedes?" Der bejahte. Er hätte es lieber nicht getan! Mein Vater packte ihn am Kragen und schmierte ihm einige Ohrfeigen. Das war vielleicht ein Theater. Eine Frau kam dem geschlagenen Mann zur Hilfe. „Lassen Sie meinen Mann los!" Ich hatte zwischenzeitlich mitbekommen, dass der zweite beteiligte Unfallwagen ebenfalls ein Mercedes war. Ich machte meinen Vater sofort darauf aufmerksam. Den Fahrer – einen jungen Mann – konnte ich identifizieren. Mein Vater schnappte sich den Mann und wollte ihn auch noch ohrfeigen. Ich konnte es noch im letzten Augenblick verhindern. Der Polizei erklärte ich, dass dieser Fahrer aus Richtung Hannover, wie wir kommend, der rücksichtlose Schuldige sein könnte. Meinen Vater brachte ich dazu, sich bei dem geohrfeigten Mercedesfahrer und dessen Frau zu entschuldigen. Nach der Vernehmung durch die Polizei konnten wir weiterfahren, nicht ohne dem versehentlich Gezüchtigten schriftlich zu versichern, dass wir als Zeugen bei einer Gerichtsverhandlung zu seinen Gunsten aussagen würden.

Mein Vater und auch ich waren um eine Erfahrung reicher. Wir haben glücklicherweise nach unserer Rückkehr in Hamburg nur ein Schreiben des Betroffenen erhalten, wo wir ihm tatsächlich behilflich sein konnten. Wir haben nichts mehr über diesen Vorfall erfahren.

Ich selbst, wie gesagt, habe auch einmal eine Geschichte erlebt, die mich 100,- DM Bußgeld für das Deutsche Rote Kreuz gekostet hatte!

Nach einer schweren Nachtfahrt von Hamburg nach Frankfurt hatten wir am Morgen unseren Empfänger der Ladung heil erreicht. Mein Vater, meine Mutter und ich hatten diese Fahrt unternommen. Wir waren alle erschöpft, weil wir fast die ganze Nacht im strömenden Regen und fast eineinhalb Stunden im schweren Gewitter gefahren waren. Es war eine Terminladung, die pünktlich am Morgen, spätestens um 8.00 Uhr, vor der Tür des Empfängers stehen musste.

Wir hatten es geschafft. Wir mussten aber die gesamte Ladung auf der Straße entladen, weil die Einfahrt zu eng für unseren Lastzug war. Mein Vater war mit den Papieren im Büro des Empfängers, ich hatte die Seitenklappen des Lastzuges rechts geöffnet. Wir waren bereit zum Abladen. Meine Mutter schlief im Fahrerhaus. Hinter unserem Lastzug hupte jemand wie ein Verrückter. Ich war mit meiner Arbeit beschäftigt und kümmerte mich nicht um die Geschichte. Plötzlich standen zwei Männer vor mir, der eine in Uniform eines Herrschaftsfahrers, der andere ein vornehmer Herr. Der Fahrer forderte mich auf, sofort die Straße freizumachen, damit er mit seinem PKW weiterfahren konnte. Ich verstand zu- erst nichts, bis ich erfuhr, dass auf der Gegenseite unseres Lastzuges ein größerer Lieferwagen die Fahrspur blockierte. Der Fahrer war nicht auffindbar.

Was hatte ich damit zu tun? Ich bat sie, sich um den Fahrer dieses Transporters zu kümmern, ich hätte vorschriftsmäßig meinen Lastzug auf dieser Straße zum Entladen aufgestellt. Ich musste mich um mein Entladen kümmern. Ende der Vorstellung. Weiter Gehupe hinter mir. Die beiden, Fahrer und Chef, waren wieder in ihrem PKW aktiv. Die Drohung, angezeigt zu werden, hatte ich natürlich unmissverständlich und laut genug kommentiert. Ich ging zum Fahrerhaus und wollte einen Schluck Kaffee zu mir nehmen. Da sah ich einen Opel Kapitän vor meinem LKW stehen. Darin die schon erwähnten zwei Personen. Sie hatten es also ge- schafft, den anderen Fahrer zum Wegfahren seines Wagens zu ermuntern. Ich hatte die Brechstange in der Hand. Ich brauchte sie zum Bewegen einer größeren Kiste. Da stiegen die beiden mir bekannten Typen aus dem Wagen. Sie stellten sich vor meinem LKW auf. Der Fahrer zückte Papier und Bleistift, sein Fahrgast (Chef oder wer auch immer) holte tatsächlich sein Monokel aus der Tasche und bückte sich, um mein Kennzeichen auch genau zu erkennen. Da platzte mir tatsächlich der Kragen (Nachahmungseffekt?). Ich ging auf beide Typen los, in der Hand die Brechstange. Ich jagte sie zu ihrem Wagen. Ich hörte nur noch etwas von

„…Anzeige…“. Ich reagierte sofort verbal - mit schwerem Geschütz. Ich betitelte dabei den Einen als „kahlköpfigen Portiersjungen“. Sie hatten einen schnellen Abgang.

Ich dafür aber später eine Gerichtsverhandlung wegen „Beleidigung und tätlicher Bedrohung“. Das Resultat war, ich musste vor dem Richter kleine Brötchen backen. Ich musste alles erklären. Auf die Frage des Richters an den Kläger, was ich denn gesagt hätte, fing der Vornehme von beiden („Portiersjunge“) an zu stottern. Er sollte es doch nur einmal wiederholen. Er konnte es nicht. Er ver- wies auf seine Aussage. Der Richter fragte, ob ich den Kläger als „kahlköpfigen Portiersjungen“ bezeichnet hätte. Ich schwächte ab und musste aber zugeben, dass es in der Hitze der Auseinandersetzung so gewesen sein könnte. Ende der Durchsage. Ich musste mich bei dem richtigen „Herrn" öffentlich entschuldigen. Das Geld musste ich aber noch zusätzlich bezahlen.

Solche oder ähnliche Fälle haben sich noch öfter ereignet.

Es ist für mich kein Ruhmesblatt. Als Entschuldigung könnte ich natürlich behaupten, dass die Verrohung durch den Krieg und das Kämpfen ums Überleben nach dem Krieg, uns zu solchen Verhaltensweisen gebracht hatten.

„Organisieren" bedeutete stehlen, geübt als Landser, praktiziert auch als Zivilist in der damaligen Zeit. Die Zeit des Schwarzmarktes war zu Beginn der 50er Jahre nahezu beendet. Die rechtlichen Verhältnisse begannen sich zu stabilisieren. Umgangsformen, Kultur und Lebensstil begannen sich auch in der arbeitenden Bevölkerung durchzusetzen. Diebstahl war wieder ein kriminelles

Vergehen, das von Staatswegen angeklagt wurde. Ich hatte mit dieser Umstellung keine Probleme.

Dabei halfen mir die Freundschaften der Kirchenpauer Oberschule, wie zum Beispiel mein Freund Levefre, der Primus unserer Klasse. Das Privatinstitut Dr. Brechtefeldt war ein wichtiger Abschnitt meiner Jugendzeit. In der Klasse waren in der Mehrzahl nur Jugendliche der Oberen Gesellschaftsklasse (Jungen und Mädchen). Unsere Klassenlehrerin bat zweimal im Monat zum Tee. Wer konnte, war dort gern gesehen. Diskussionen, Musikvorührungen der begabten Mitschüler hinterließen bei mir bleibende Erinnerungen. Besprechungen wichtiger Buchautoren, Theaterbesuche der Klasse gehörten genauso dazu, wie z.B. auch das Schwänzen einzelner Schulunterrichte, wenn im Sommer das Wetter an der Binnenalster zum Besuch der Bootsstege einlud. Paddeln und Rudern waren dann ein schöner, nachhaltiger Ersatz der geschwänzten Schulstunden. Den Ausfall der Schulstunden mussten wir aus eigener Tasche (ganze Klasse) dem betreffenden

Lehrer bezahlen. Ein großer Abschlussball im Winterhuder Fährhaus gehörte zum Gesamtprogramm.

Das Verhältnis zu meinem Vater

Seit meiner Hochzeit und der Geburt unserer Tochter Cornelia hatte sich unser Verhältnis wesentlich verbessert. Sie akzeptierten unseren Lebensstil und liebten darüber hinaus ihr Enkelkind. Wo sie konnten, verwöhnten sie das Kind. Mein Vater erkrankte 1957 schwer. Das Transportunternehmen musste er verkaufen. Er fing dann als Kraftfahrer bei der Firma Edeka Hamburg an. Nach sehr kurzer Zeit übernahm er den Gemüseeinkauf und die Verteilung der Ware an die einzelnen Edeka-Geschäfte in Hamburg. Er hatte entsprechend seiner Fähigkeiten und seines Organisationstalentes wieder die Kurve bekommen. Er war bis zu seiner Pensionierung bei der Edeka Hamburg in Schenefeld. Zuletzt als Fuhrparkleiter des Hamburger Betriebes. Er konnte noch einige Jahre seines Lebens in Ruhe und Frieden in seiner Wahlheimat Hamburg verbringen. Urlaube auf dem Lande, z.B. im Weserbergland, machten ihm und meiner Mutter viel Freude. Hier konnten sie in der Pension eines Bauernhofes ihre Kenntnisse aus ihrer Jugend erfolgreich einsetzen. Der Bauer erwartete sie schon immer zur Erntezeit. Die Anerkennung schlug sich dann in den hausgemachten Geschenken, wie Wurst, Schinken und vielem mehr nieder. Wir profitierten auch davon. Auch in seiner Edekazeit und meiner Abwesenheit unterstützten sie meine Frau. Verlobung und Hoch- zeit meiner Tochter waren die letzten Höhepunkte ihres Lebens. Auch ihre Besuche bei uns in Celle, mit Gundi, meiner neuen Frau, verschönerten ihr Leben. Nach dem Tod meines Vaters holte ich meine Mutter von Hamburg nach Celle. Im Seniorenheim Bie- lawsky verstarb sie mit 98 Jahren. Die von meinem Vater immer erwarteten 100 Jahre erreichte sie leider nicht.

Ich bin überzeugt, dass sich meine Eltern über meine persönliche Entwicklung und die meiner jeweiligen Familie freuten. Auf ihren Sohn waren sie stolz. Heute, nach Ablauf von 81 Lebensjahren, bin ich mir sicher, dass ich ohne die Gene meines Vaters viele Dinge und viele Erfolge sowie auch lebensgefährliche Situationen nicht erfolgreich gemeistert hätte.

Wenn ich in den Spiegel schaue oder mir Bilder meines Vaters als jungen Mann ansehe, dann weiß ich, dass ich ein echter Blindenhöfer bin. Mut, Zuverlässigkeit, Leistungswillen, Einsatzbereitschaft und Kommunikationsfähigkeit haben mein Leben bestimmt. Ich trat in die Fußstapfen meines Vaters.

Ich möchte heute, am 27. Dezember 2011, diesen Teil meines Lebens als Erinnerung beenden. Für die vergangenen zwei Jahre bin ich vor allem meiner Frau Gundi zu Dank verpflichtet. Trotz eigener körperlicher Probleme hat sie mich behütet und beschützt.

Vielen Dank!

Ich hoffe noch auf einige Jahre gemeinsamer Zukunft. Gemeinsam sind wir stark. Die Dreierverbindung mit unserem liebenswerten, neuen kleinen Kobold Debbie ist wieder vorhanden. Der kleine Hund hält uns jung. Wir stehen wieder, wie so oft in unserem Leben, in voller Verantwortung für ein Lebewesen. Unsere Katze Nelly rundet die Blindenhöfers ab.

Gegenseitige Rücksichtnahme und Anerkennung sind Voraussetzungen für eine glückliche Zukunft in einer Gemeinschaft!

Vom Rekruten zum Hauptmann

Der Bilanzbuchhalter unserer Firma war ein Berufsoffizier der deutschen Wehrmacht, er war jahrelang Stabsoffizier beim General Wenck. Schon 1954 bekam er Angebote aus Bonn, beim „Amt Blank" anzumustern. Er lehnte diese Angebote ab. Sein ehemaliger Chef, General Wenck, ebenfalls. Der war schon zu dieser Zeit in der Ölbranche in führender Position tätig. Er erkannte mein Verhältnis zu meinem Vater und natürlich auch die Situation der Firma. Er gab mir den Ratschlag, mich als Freiwilliger beim Amt Blank zu bewerben. Die ersten Soldaten wurden 1955 nach Bonn eingezogen. Er kam auch aus der Unteroffizierslaufbahn und war bis zum Stabsoffizier befördert worden. Er wusste von meiner Vergangenheit, meinem Traum, Offizier zu werden. Meine Kriegserfahrung und die damaligen Ausbildungen könnten mir beim Einstieg in die neuen aufzustellenden Streitkräfte der „Bundeswehr" eine Hilfe sein.

Gesagt, getan. Meine damalige Frau war damit einverstanden. Mein Wunsch nach ortsnaher Verwendung war die Voraussetzung zu der Entscheidung. Vieles habe ich in meiner militärischen Laufbahn erreicht, aber in den ersten drei Jahren war es mir nicht möglich, in Hamburg oder Umgebung verwendet zu werden. Die Ausbildungseinrichtungen waren nur an den Truppenschulen der einzelnen Truppengattungen vorhanden. Ich bestand die Aufnahmeprüfung und wartete auf die Einberufung. Leider war es nicht möglich, beim 1. Kontingent in Bonn dabei zu sein. Erst 1956, bei der ersten Teilung am 2. Juli, war ich dabei. Nächste Entfernung von zu Hause ca. 500 km, Ort: Sonthofen Allgäu. Jägerkaserne. Verband Truppenschule, Lehrbataillon 2.Kompanie. Grundausbildung Teil 1 Infanterieausbildung drei Monate, Teil

2. Spezialgrundausbildung Kfz- und Panzer-Instandsetzung drei Monate. Dienstgrad: Schütze.

Dann Verwendung heimatnah. Besoldung 360,- DM inkl. Unterkunft, freie Verpflegung und Uniform, Ausgeh- und Arbeitsanzug

– Kampfanzug. Waffe: Gewehr M1 - US-Leihgabe. Urlaub: Verlas- sen des Standortes nur mit Urlaubsschein z.B. von Sonthofen nach Oberstdorf etc. Nach drei Monaten eine Familienheimfahrt, drei Tage, die Hälfte davon ging für die Zugfahrt hin und zurück drauf; 3. Klasse.

Zapfenstreich 22 Uhr. Methode Stubendurchgang - es musste ein Fehler gefunden werden! Stubendienst meldete dem Unteroffizier vom Dienst die Stube ab. „Alle Soldaten anwesend. Stube gereinigt und gelüftet". Später musste der sogenannte Einsatz-Bereitschaftsstuhl gemäß Vorschrift gebaut sein. Bei absoluter Dunkelheit mussten alle Sachen „Waffen und Gerät am Mann" sein. War das eine Umstellung für die meisten von uns. Ich war mit 26 Jahren der älteste Rekrut unter den 18- bis 20-Jährigen. Ausbilder: ehemalige Wehrmachtsangehörige. Dienstgrade vom Unteroffizier bis zum Kommandeur des Lehrbataillons. Oberstleutnant war Otto Schmidt, Dipl.-Ing. Später wurde er General der Technischen Truppen. Mein erstes und mein längstes Vorbild in der Bundes- wehr. „Otto", wie wir ihn alle nannten.

Die erste Verpflichtung als Soldat hatte eine Dauer von drei Jahren, das heißt von Juli 1956 bis 1959 (Zeitsoldat). Dann folgte der nächste Abschnitt. Hier war die Verpflichtungszeit als Zeitsoldat auf das Erreichen des 32. Lebensjahres begrenzt. Das heißt, auf genau zwei Jahre und zehn Monate. Hier würde ich am Scheideweg zwischen Weiterverpflichtung oder Ausscheiden mit einer Abfindung stehen. Mein Ziel war, durch besondere Leistungen den Vorschlag meines ersten Kommandeurs, Oberstleutnant Otto Schmidt zu befolgen:

„Blindenhöfer wird vorgeschlagen, von der Unteroffiziers- in die Offizierslaufbahn zu wechseln“.

Eigenhändige Unterschrift des Wehrpaß-Inhabers
(Ruf- und Familienname)

2

Wehrpaß-Inhaber:

Blindenhöfer
(Familienname)

Aldo Paul Friedrich
(Vornamen, Rufnamen unterstreichen)

100530B62019
(Personenkennziffer)

Flensburg, den 31. Mai 1958
(Bezirks-/Kreis- Wehrersatzamt)

Kreiswehrersatzamt Flensburg
(Dienststempel)

(Unterschrift)

Regierungsrat
(Amtsbezeichnung)

Blutgruppe: A   Rhesusfaktor positiv — negativ 0
(Nichtzutreffendes streichen)

3

In den fünf Jahren und zehn Monaten war ich in zweimal in Sonthofen, Schule der Bundeswehr und fünf Monate in Unna-Massen

wieder Sonthofen sechs Monate	Aufbau
Schleswig (Schlei)	Aufbau
Nienburg/Weser Artilleriebataillon (Honest John)	Aufbau

Hamburg-Rahlstedt (Heimatort)

Hinzu kamen folgende Lehrgänge:

- Fahrlehrerlehrgang in Mittenwald
- Idar-Oberstein: SchirrmeisterLehrgang
- Sonthofen: Grundausbildung Infanterist (Schütze)
- Grundausbildung Kfz - Panzer-Instandsetzung
- Sechs Monate Unteroffizierslehrgang allgemein; hier z. T. vom Kommandeur (Kdr) freigestellt, um 2½ Monate von
- Anfang Januar an als Gefreiter eine Gruppe Rekruten auszubilden.
- Unteroffizier Teil II Kfz – Panzer-Ausbildung – Technische Verwaltung etc.
- Kurzverwendung Unna-Massen
- Gruppenführer Kfz–Panzer-Instandsetzung in Schleswig/ Schlei; schwere Instandsetzungskompanie (InstKp) 1.Korps
- Drei Monate Gruppenführer militärischer Ausbildung
- Verwendung ohne Lehrgang in der 5. InstKp (Instandsetzungskompanie) als Führer der gesamten technischen Verwaltung!
- Kompanie-Dienstgrad: Unteroffizier

1958 und 1959 (ich wurde zwischenzeitlich mit dem Dienstgrad Stabsunteroffizier versehen), musste das Instandsetzungsbataillon, zu dem unsere schwere Instandsetzungskompanie gehörte, für das 1. Korps 200 Rekruten militärisch ausbilden. Dazu kamen 20 Offiziersanwärter.

Kompaniechef (KpChef) war Major Eck, der auch Chef der 5. InstKp war. 1. KpOffz - Oberleutnant Braesel und - man höre und staune - als 2. KpOffz der Stabsunteroffizier (Stuffz) Aldo Blindenhöfer (!) Gemäß Führungsbefehl wurde ich vom 1. Korps mit der zeitlichen Übernahme dieser Funktion beauftragt. (Als Offiziers – Diensttuer! gemäß Führungsbefehl). Zwei Züge wurden mir übergeben. Die Züge wurden von Feldwebeln (Fw) geführt, die schon bei der Deutschen Wehrmacht als Unteroffizier ihre Kriegserfahrungen erworben hatten. Vom Alter waren sie in der unteren Hälfte der 30er Jahre. Sie hatten nur zu gehorchen! Eine nicht einfache Sache! Der Spieß, ein altgedienter Hauptfeldwebel, meldete mir einmal die Kompanie. Hier bat ich unseren KpChef darum, wenn Meldung der Kp erforderlich war, doch vom Stellvertreter des Spießes durchführen zu lassen. Große Abschlussbesichtigung durch den Artilleriekommandeur (ArtKd) – des 1.Korps. Belobigung und Versprechen.

Juli 1956 Jägerkaserne Sonthofen

Sept. 1956 mit Kamerad Marschewski

Technische Truppen in Sonthofen

Die Bandbreite des zu lernenden Stoffes war sehr groß, oft auch sehr schwierig. Die Allgemeinbildung war der erste Teil. Danach musste ein fundamentiertes, technisches Wissen in Kraftfahrzeug- und Waffentechnik erworben werden.

Ich war zu der Zeit 26 Jahre alt, verheiratet und Vater einer kleinen Tochter und nur an den Wochenenden zu Hause in Hamburg. Mein Ziel war, mir mit Hilfe der Bundeswehr und besonderer Leistungen eine bessere Zukunft zu schaffen. Schon nach drei Monaten musste ich mich auf Befehl meines Bataillons-Kommandeurs Oberstleutnant Otto Schmidt innerhalb von 14 Tagen an der Schule Technische Truppen in Sonthofen im „Do-it-yourself-Verfahren" auf Themen der Kfz-Technik, wie Aufbau und Funktion der Einspritzpumpe im Dieselmotor vorbereiten.

Drei Stunden Unterricht pro Tag vor 20 Rekruten!

Ich musste mir das gesamte Ausbildungsmaterial nach Dienst beschaffen. Ich brauchte zu meinem praktischen Wissen dieses Thema betreffend technisch-fachliche Unterstützung. Fünf Päckchen Zigaretten und ein hilfsbereiter älterer Monteur der Firma Bosch in Sonthofen waren meine Partner. Sie ermöglichten mir mit Genehmigung des Firmeninhabers in der kurzen Zeit nicht nur meine fachlichen Kenntnisse, sondern darüber hinaus meine pädagogischen Fähigkeiten auf das Niveau eines Lehrers zu verbessern. Methodisch hatte ich mir meinen gedachten Ablauf der Ausbildungsstunden ausgearbeitet. Dazu hatte ich mir das benötigte Ausbildungsmaterial besorgt. Hilfsmittel im Unterricht war zu der Zeit nur die Wandtafel.

Es war eine tolle Zeit. Dieses alles musste ich zusätzlich zu meiner eigenen Grundausbildung in Technik, Gefechtsdienst, Waffenkunde etc. schaffen.

Ich schaffte es. Zuhörer waren mein Bataillons-Kommandeur, mein Kompanie-Chef Major Wingens und die Kameraden. Die

Auszubildenden stammten aus der Ausbildungskompanie des Feldzeug-Lehrbataillons. Unterrichtet wurde in der Jägerkaserne der Schule Technische Truppen in Sonthofen.

Sonthofen im Januar 1957 - Gruppenfoto der Ausbilder

Es war der erste große Erfolg, den ich mir persönlich verdient hatte. Es war mir im Laufe der folgenden Jahre wichtig, immer wieder Themen zu erarbeiten, um erfolgreich auch auf mir unbekannten Gebieten zu sein.

Sie werden Offizier!

Das Versprechen war wirklich „ein Versprechen". Die Personalabteilung in Bonn berief sich auf die gerade erlassene Verfügung.

„Keine Umwandlung über 28 Jahre von der UffzLaufbahn in die OffzLaufbahn". Hier erfolgte von mir umgehend mein Versetzungsantrag von Schleswig nach Hamburg. Er wurde abgelehnt. Als besondere Anerkennung aber wurde meinem Antrag zum Erwerb des Fahrlehrerscheines stattgegeben. Vorher aber wurde mir der FwLehrgang abgelehnt. Die Zeit in Schleswig war damit beendet. Dafür bekam ich nach bestandenem Fahrlehrer-Lehrgang in Mittenwald-Winterkampfschule (drei Monate Ausbildung) und später den Marschbefehl und die Versetzung nach Nien- burg/Weser Langendamm. Neuaufstellung des RakArtBtl 1. Korps unter Führung von OTL Szuppan, USA-Fan, ausgebildet und ehemaliger VerbindungsOffz in den USA. Ein ausgezeichneter Führer, wie sich herausstellte.

Mein neuer Auftrag: als Schirrmeister der 2. Btl (das schießende Btl ohne Ausbildung) die Aufstellung zu übernehmen. Ob mir das wohl gestunken hatte? Das Bataillon war ausgestattet mit dem ballistischen Raketensystem „Honest John“, den „ehrbaren Johannes“. Ein wenig makaber, wenn man wusste, dass jede unserer Raketen 750 kg atomaren Sprengstoff enthielt. Die Sprengkörper wurden von dem US-Attachement bewacht. In der Nähe von Nienburg - in einem Munitionslager. Das gesamte Gerät kam aus den USA. LKW, Raketenwerfer, Bodenwindmeßgeräte. Dazu ein Kranwagen (deutscher Herstellung), eine Planierraupe (ebenfalls deutsch) 60 PS Deutz. Als Angehöriger der Waffengattung Instandsetzung musste ich meine Uniformabzeichen meiner Stammtruppe entfernen, was mir natürlich nicht gefiel. (Später wurde es doch durch Entscheidung des Kdr wieder korrigiert). Als ich mich in Langendamm, einer sehr schönen Kasernenanlage zum Dienst meldete, war ich sehr erstaunt.

Vom Chef der Stabsführung war ich schon erwartet worden. Hier traf ich auf zwei Hauptleute und Dipl.-Ing., auch Angehörige der „blauen Zunft“ mit dem „Zahnrad und dem Kanonenrohr“. Es war eine „Vernehmung“; was ich wann gemacht hätte. Hier wurde mir auch erklärt, dass alle Angehörige des Führungspersonals (Offz und Uffz) sich freiwillig zu dieser Spezialtruppe gemeldet hätten.

Bevor sie aber ihre Verwendung antreten konnten, mussten sie sich alle ohne Ausnahme einem Test stellen (der vom Kdr Oberstleutnant Szuppan persönlich entwickelt worden war). Ich war also wieder einmal eine Ausnahme! Meine Meldung beim Kdr OTL Szuppan gefiel mir. Nach 20 Minuten grober Einweisung in die zu erwartende Arbeit direkt vom Kdr im Beisein der beiden technischen Offiziere. Den einen habe ich noch in sehr guter – und später nach Jahren in schlechter Erinnerung. „Major Baron", ehemaliger hauptamtlicher HJ-Führer, nach Kriegsende Eintritt beim Bundesgrenzschutz. Die Zeit, die ich als Angehöriger des RakArtBtl in Langendamm zubrachte, war eine aufregende Zeit. Es gab keine Vorschriften, alles wurde nach den Grundsätzen der US-Army in eine deutsche Fassung umgewandelt. Der Kdr, lange Jahre in den USA tätig gewesen, hatte nicht nur die erworbenen Kenntnisse aus den USA mitgebracht. Er hatte sogar dort seine erste Frau mit einem US Offizier getauscht. Er war mit dieser Amerikanerin, einer Katze und einem Hund von dort wieder nach Deutschland zurückgekehrt. Als Offizier mit Generalstabsausbildung entwickelte er Taktik und Einsatzgrundsätze, nach denen das gesamte Btl speziell täglich innerhalb und außerhalb der Kaserne ausgebildet wurde.

Das 2. Btl war die Schießende, in der ich Schirrmeister war. Es war die am stärksten geforderte Einheit. Er verlangte viel, wusste aber Soldaten mitzureißen. Sein „Tick": Wie die Amerikaner mussten wir, wenn es sein musste, 24 Stunden unter dem „Helm" kämpfen üben. Dafür durften wir in Munster nach mehrfach exerzierten Übungen bei der Rückkehr am Kasernentor unter den Klängen des Musikkorps im slow march einfahren. Natürlich hatte er dafür gesorgt, dass auch die Frauen und Kinder seiner Soldaten anwesend waren. Er setzte dafür zwei Busse ein. Die Mehrzahl des Bataillons wohnte in einer Neubausiedlung in Nienburg. Es war jedes Mal ein erhabener Anblick, in Paradeaufstellung an unserem Kdr vorbeizufahren. Anschließend folgte dann ein Grillabend auf dem Kasernengelände.

Szuppan war 1936 Mitglied der deutschen Sportler bei den Olympischen Spielen in Berlin. Sein zweiter Tick war, alle Offiziere mussten sich reiterisch betätigen. Sein dritter Tick war das

Volleyballspiel. Hauptsport im Bataillon, Pflichtsport bei der Bundes- wehr. Höhepunkt nach nur mehreren Monaten Ausbildung, das öffentliche, vom Fernsehen übertragene, erste „Übungsschießen“ in Munsterlager auf der Schießbahn. Es war eine erstklassige Show. Nur musste ich dafür sorgen, dass keiner der vielen Berichterstatter den Abschuss der ersten Boden-Boden (ballistischen) Raketen mit dem Tod oder schweren Verletzungen bezahlen musste. Das war anstrengender als die ganze Ausbildung. In letzter Minute konnte ich einen Selbstmordverdächtigen hinter einem Gebüsch in nächster Nähe des abschussbereiten Raketenwerfers vertreiben - es war nicht einfach. Der Bataillons-Chef, mein direkter disziplinarischer Vorgesetzter, war ein Hauptmann und Kriegsteilnehmer. Im Privatberuf Landwirt. Seinen Bauernhof in der Nähe von Osnabrück bewirtschaftete seine Frau.

Blindenhöfer sofort zum Kommandeur

Eines Tages kam der Befehl „Blindenhöfer sofort zum Kommandeur“. Dort Meldung. Frage: Wie lange braucht man, um die Prüfung als LKW-Fahrer der Bundeswehr zu erlangen? „Mit Pkw-Fahrerlaubnis und Erfahrung: In drei Wochen!“. „Dann fangen wir morgen mit ihrer Ausbildung an. Bereiten Sie den LKW vor!“

„Meldung über Ablauf heute Abend!“ Junge, Junge, ich war ja schon allerhand in meiner Laufbahn gewohnt, aber so etwas noch nicht. Es klappte. Den LKW mit Fahrschuleinrichtung bekam ich vom Panzerbataillon in unsere Kaserne. Am nächsten Tag, 10 Minuten vor 12 Uhr, standen der geliehene LKW 5t Marke Mercedes und ich vor dem Stabsgebäude des Raketenartilleriebataillons (RakArtBtl) in Langendamm. Im Vorzimmer des Kdr hatte ich mich angemeldet. Ich marschierte wieder zu meinem Fahrschul-LKW. Plötzlich öffnete sich ein Fenster im 1. Stock des Stabsgebäudes und der Kdr persönlich lehnte sich hinaus. „Welcher Anzug ist befohlen?“ war die Frage an mich. Kurze Antwort: „Normalerweise Arbeitsanzug, wie der Fahrlehrer!“ „o. K.“, „in 20 Minuten sind wir abmarschbereit“. Fenster flog zu. 20 Minuten später kam der Oberstleutnant Szuppan aus dem Gebäude. Ich meidete vorschriftsmäßig. „Stuffz Blindenhöfer mit Fahrschul-LKW wie befohlen zur Stelle“. Der Kdr trug tatsächlich Arbeitsanzug wie ich. „Fangen Sie an, ich frage, wenn ich etwas nicht verstan- den habe“.

Erste technische Überprüfung vor Antritt der Fahrt, Ölstand, Wasserkühlung, Keilriemen, Fahrbefehl etc. etc. Ich machte vor, er machte nach . . . „Learning by doing“. Das war in seinem Sinne. Keilriemen, Luftpresser, Entlüftung der Druckluftbehälter etc. etc. Es war mehrfach erforderlich, sich unter den LKW zu legen. Nicht nur an den Händen verschmutzt, krochen wir beide aus der Motorhaube und unter dem LKW hervor. Es konnte losgehen. Der Wachposten am Kasernentor wusste natürlich nicht, wie er sich verhalten sollte, als er den Kdr am Lenkrad des Fahrschulwagens erkannte. Der Wachführer, ein Unteroffizier, handelte instinktiv richtig, er meldete seiner Wache beim Kdr, „ohne besondere Vorkommnisse!“ so heißt es im militärischen Sprachgebrauch. Ich hatte den Kdr über Schaltung, Kupplung und Gangwechsel informiert. Auch darüber, dass ich nach dem Gesetz für andere Teilnehmer der verantwortliche Fahrzeugführer sei. Im Übungsgelände außerhalb der Sichtweite der Kaserne übten wir das Schal- ten. Natürlich mit zweimal kuppeln: Das erste Mal Kupplung treten, Gang raus, das zweite Mal die Kupplung treten, dann ein Gang höher rein. Beim Zurückschalten vom höheren in den niedrigeren Gang musste man bei den damaligen LKW mit noch nicht synchronisierten Schaltgetrieben Zwischengas geben. Also einmal kuppeln, Gang raus, Zwischengas angepasst dosiert, wieder Kupplung, niedrigen Gang einlegen, Kupplung wieder freigeben. Am Anfang nicht ganz einfach. Aber Übung macht den Meister! Anfahren, anhalten, Armaturenbeobachtung, Spiegelbeobachtung etc. Nach einer Stunde ging es wieder zurück in die Kaserne. Trotz großer sportlicher Leistungsfähigkeit hatte ich ihn ins Schwitzen gebracht. Ordnungsgemäßes Abstellen des LKW, Fahrbefehlaustrag. Gut gemacht. Er fragte nach meinem Urteil. Als USA-Fan und „Automatikfahrer“ hatte er es gut gemacht. Während der 20 Stunden praktischer Ausbildung habe ich ihm nichts geschenkt. Ich hatte ihm gesagt, dass ich seine Ausbildung nicht als „Show“ betrachte. Zweimal vor Nachtfahrten, Abendessen bei ihm zu Hause. In einer Kaffepause während einer anderen Nachtfahrt bestellte ich mir, bevor ich zur Toilette ging, Kaffee und Kuchen. Als ich zurückkam, saß mein Kdr am Tisch und hatte sich gerade Tee mit Rum bestellt. Ich sagte ihm, dass Alkohol am Lenkrad leider nicht gestattet sei. Ich würde von der Fernfahrerkneipe selbst zurückfahren. Richtig wohl habe ich mich dabei natürlich nicht gefühlt. Mir fiel dabei aber mein erster Kdr Oberst Otto Schmidt ein, der für mich Vorbild war. Der hätte von mir erwartet, dass ich so handelte. Er war väterlich und vorbildlich.

Mein Fahrschüler und derzeitige Kommandeur sah mich an, lächelte, bat den Ober an unseren Tisch und bestellte anstelle des Tees mit Rum ein Kännchen Kaffee.

Ein anderes Erlebnis, es war am Tage und die Höchstgeschwindigkeit betrug 40 km/h, durch Verkehrszeichen reduziert. Er fuhr ohne Reaktion mit 60 km/h weiter, ich ging in die Bremse. „Was ist?“ „Entschuldigung, ich musste die Höchstgeschwindigkeit auf 40 km/h reduzieren. Das Verkehrszeichen wirkt auf der Stelle“.

„Hier fahre ich immer so, die Beschilderung ist nicht korrekt angeordnet“ (?) – Ich erklärte ihm, dass ich mich als Kraftfahrer und Fahrlehrer genau an die Straßenverkehrsordnung zu halten habe. Als Soldat bin ich geradezu zur Einhaltung von Recht und Gesetz verpflichtet. Den Befehl, den mir ein Vorgesetzter, der dazu befugt ist, erteilt, verpflichtet mich, ihn umgehend auszuführen. Ausnahmen: Verstoß gegen Menschenwürde oder Genfer Abkommen etc. – Er akzeptierte meine Bemerkung, beim nächsten Verkehrszeichen bremste er vor dem Zeichen ab. Ich war zufrieden. Für die Fahrprüfung musste auch das Wenden auf der Straße geübt werden. Zwischen zwei Bordsteinen musste der LKW ohne Überfahren der Bordsteine gewendet werden. Die Kunst lag in der richtigen Bedienung der Kupplung, der Lenktätigkeit, des rechtzeitigen Abbremsens etc. Hier verlängerte er sogar einmal die vorgesehene Fahrstunde, so lange, bis er allein – ich außerhalb des LKW – in kürzester Zeit diese Aufgabe richtig löste. Ich zeigte ihm, was ich von ihm fordere. Ich machte es vor, er nach. Hier blieb er „Gottseidank" hinter meiner Zeit erheblich zurück. Er musste es akzeptieren.

Er bestand bei einem ihm unbekannten Militärkraftfahrprüfer ohne jede Beanstandung. Als Anerkennung bekam ich einen Tag Sonderurlaub. Gleichzeitig aber auch den Auftrag, drei junge Offiziere innerhalb von zwei Monaten bis zur Fahrschulprüfung Klasse B-C auszubilden und auch dem Prüfer vorzustellen. Da ja die Tage der Woche und teilweise auch die eine oder andere Nacht dringend für die Ausbildung der Soldaten des Bataillon gebraucht wurden und ich am Tage keine Stunde Freiraum hatte, blieb nur die Improvisation übrig. Ich brachte meine Zeit nach Feierabend ein, natürlich für die ganze Woche. Das Wochenende fuhr ich als Beifahrer unseres 1. Technischen Offiziers Hauptmann Boron von Nienburg nach Hamburg. Am Sonntag um 17.00 Uhr ging es vom Treffpunkt „S-Bahnhof Berliner Tor" wieder mit ihm zurück nach Nienburg (Weser). Ich musste dafür keinen Pfennig bezahlen. Das war Offiziers-Anstand.

Jede verfügbare Zeit in der Woche wurde in Nienburg und Hannover ausgebildet. Während der Ausbildung war ich Vorgesetzter auf Zeit, bezogen auf meinen Auftrag. Wegen Zeitmangel wurde nur die Fahrklasse B ausgebildet. Hierzu benutzte ich einen Borgward Mannschaftswagen mit acht Sitzplätzen. Innerhalb einer Woche war das bei ihnen angekommen, wer der „Boss" auf und im Ausbildungs-LKW war.

Es hat immer viel Freude und Spaß gemacht. Nicht nur mir, auch meinen Fahrschülern. Kaffepausen gehörten zur Ausbildung in Hannover oder auf der Strecke. Da sie auch die „Reitausbildung" (vom Kdr befohlen) mitnehmen mussten, gehörten die hannöverschen Einkäufe von Pferdepeitschen, Sporen, Stiefeln etc. auch zu meinen Aufgaben. Ich konnte die „drei Typen" durch die Prüfung bringen. Eine Planierraupe 60 PS Deutz in meiner Batterie gehörte auch zur Ausstattung. Einweisung durch die Firma Deutz, die Ausbildung in der Praxis durch den Schirrmeister. Der war ich. Mit meinem Halbwissen musste die Fahr- und Bedienungserlaubnis erworben werden; als Planierraupenfahrer sollte ich auf Anordnung meines Technischen Offiziers in Munster ein hügeliges Gelände in einen ebenen Fußballplatz umwandeln. Nach zwei Stunden Schwerstarbeit gab ich auf. Ich hatte das Gelände planiert, aber ob daraus später tatsächlich ein bespielbarer Fußballplatz geworden ist, entzieht sich meiner Kenntnis.

Aus Zeitmangel hörte ich mit dieser Arbeit auf! War nicht mein Job; von da an wusste ich, was richtiges Fahren von Planierraupen bedeutet.

Das Bataillon musste schnellstens als Schwerpunktwaffe des 1. Korps gegen russische Panzerkräfte auf dem Gefechtsfeld einsatzbereit sein. Als meine Batterie einsatzbereit war, wurde ich zum Kdr befohlen. Er eröffnete mir, dass ich endlich zum erforderlichen Schirrmeister-Lehrgang nach Idar-Oberstein gehen könnte. Ich wurde dort mit den Artilleriegeräten vertraut gemacht. Über ballistische (atomare) Sprengköpfe oder herkömmliche 750 kg Sprengköpfe konnte mir dort niemand etwas erzählen. „Countdown" etc. kannten sie nicht. Dafür wussten sie dort aber, dass wir Bodenwindmessgeräte in der schießenden Batterie hatten. „3 – 2 Halt! Wind hat sich gedreht" - war die Klassifizierung unseres Bataillons. Als ausgebildeter Kfz- und Panzerinstandsetzungs- Mann war ich ihnen dafür auf diesem Gebiet überlegen. Die „Kanone" im Truppengattungsabzeichen und das „Zahnrad" habe ich dort gut vertreten können. Rückmeldung beim Kdr. Kommentar des Kdr: „Von Ihnen habe ich nichts anderes erwartet!" Umzug von Hamburg nach Nienburg! (Nein – nicht für mich). Ich musste diesen Umzug ablehnen, weil ich nicht wusste, was nach Ablauf von fünf Jahren und zehn Monaten Verpflichtungszeit auf mich und meine Familie zukam. Ich beantragte schriftlich meine Versetzung nach Hamburg.

Nach kurzer Überlegung schlug mir der Kdr vor, bis zur vollen Einsatzbereitschaft seines Bataillons mit der Versetzung zu war- ten. Ich war einverstanden. Nach dem Abschuss der ersten Übungsrakete mit Fernsehauftritt in Munster musste ich zum Kdr. Er erklärte mir, dass ich der einzige seines Offizier- und Unteroffi- zier-Korps sei, den er zur Versetzung freigebe. Bei einer großen Abschlussbesprechung gab der diese Entscheidung auch vor allen Offizieren und Unteroffizieren bekannt. Als besondere Anerkennung bemühte er sich um einen Lehrgangsplatz für den Feldwebel-Lehrgang für mich. Ich konnte wählen zwischen Artillerie- schule und Luftlandeschule (Altenstadt). An meiner eigenen Truppenschule, TechnTruppe I und II, war kein Lehrgangsplatz frei. Die Chance nutzte ich mit der sofortigen Zusage nach Altenstadt zu den Fallschirmjägern zu gehen. Ich ging. Eine Fehlfarbe für die Kameraden der Fallschirmjäger. Für mich eine Herausforderung. Ich wollte und konnte beweisen, dass ich der Mann mit der großen Verwendungsbreite war.

Harte Ausbildung in der Luftlandeschule

Das Kapitel Altenstadt hat auch besondere Erinnerungen und Erlebnisse, die für meine weitere Entwicklung von Bedeutung waren. War ich in Idar-Oberstein die Fehlfarbe, so war ich unter mehr als 100 Stabsunteroffizieren der Luftlandetruppe als „Blauer“ eine Zumutung. Was die Infanteristen konnten, konnte ich auch. – Drei Hörsäle . . . Namen von Hörsaalleitern, . . . OLt Raub, OLt Fuhr, OLt-Kamerad. Ich gehörte zum 1. Hörsaal, Leitung OLt Fuhr. Das Alphabet hatte mich in diesen Hörsaal gebracht. Nach drei Wochen wurden die Hörsäle umgruppiert. Jeweils die Besten von den drei Zügen wurden in den 1. Hörsaal unter Leitung von

OLt Fuhr umgesetzt. Ich gehörte zu den 12 Stabsunteroffizieren, die das Glück hatten, ihn als Lehroffizier weiter zu haben. Er war einer der fähigsten jungen Offiziere, die ich in meiner soldatischen Laufbahn kennengelernt habe.

Das bewahrheitete sich bei unserem späteren Wiedersehen in Aachen als General der Infanterie der Bundeswehr. Er stammte aus einer Wiesbadener Juristenfamilie. Ein Soldat aus Überzeugung, ein intelligenter, überaus sportlicher Typ. Für ihn bedeutete „Führen" Können und Herzblut; die ihm anvertrauten Soldaten vorbildlich auszubilden und darüber hinaus zu erziehen. Erziehung ist von Ausbildung nicht zu trennen. Er war für mich ein Mann der „Inneren Führung" und überzeugt von der zeitgerechten Menschenführung.

Ich stand im 1. Hörsaal in direkter Konkurrenz zu allen anderen Kameraden der Fallschirmjägern „Airborn" - darauf waren sie alle stolz. Das Elitedenken der Soldaten einer Einheit, die für besondere Einsätze geschult werden, ist für mich positiv. Jeder muss sich auf den anderen verlassen können. „Buddysystem" der US-Army. Es kann natürlich auch zu negativen Verhaltensweisen führen, wie beispielsweise die Forderung der Ausbilder, Liegestütze über offenen Messern zu „üben". Die sogenannte „Springerzulage" für ihre Sonderstellung machte sie zu Privilegierten innerhalb der Bundeswehr. Ich sah darin den Lohn für die mit ihrem Beruf verbundenen Gefahren. In den drei Monaten hatte ich Gelegenheit, viele dieser Risiken kennenzulernen. Ohne körperliche und geistige Stärken ist man in so einer Einheit total überflüssig.

Aber auch meine eigene persönliche, körperliche und geistige Stärke wurde abverlangt. Gefechtsmarsch vom „Sauwald" mit vollem Gepäck und Waffen zurück zur Kaserne nach Altenstadt (Luftlandeschule). Schon erschöpft von der allgemeinen infanteristischen Ausbildung im Gelände, wurde der Rückmarsch im „Rangermarschstil" der USA durchgeführt. 100 Meter Dauerlauf, 100 Meter Sturmschritt. Hier half nur der Wille, mich nicht als

„Nicht-Airborn" zu blamieren. Die „Springer" wussten, wie man diese Art der Fortbewegung erfolgreich bestehen kann. Die Ge- meinheit war, dass diese Art zu laufen vom führenden Hörsaal- leiter, dem damaligen OltKamerad mal kürzer und mal länger befohlen wurde. Das heißt, wenn ich den Anschluss an die Kame- raden wieder gefunden hatte und auf Sturmschritt umschalten wollte, starteten die vor mir laufenden „Airborn" schon wieder mit der ersten Gangart. Dazu kam das obligatorische Singen beim Laufen. Ich kann mich daran erinnern, dass ich mir vorgenommen hatte, diesen „Vorsänger" bei nächster Gelegenheit in den „Orkus" zu schicken. Ich erreichte wohl mit zehn Minuten Verspätung die Kaserne.

Ein kurzer Blick meines Oberleutnants Fuhr zeigte mir, dass er mich als „gut" befunden hatte. Auch meine Kameraden im Hörsaal sagten nichts, aber der eine oder andere fragte, ob wir denn oft lange Märsche machten, was ich natürlich verneinen musste. Am Ende des Freiwilligenlehrganges hatte ich mich integriert. Diese Art der Ausbildung war für Mitglieder der sogenannten

Fernspähkompanien im Ernstfall überlebensnotwendig. Hinter den feindlichen Linien abgesetzt, mussten sie sich als Kleingruppe zur eigenen Truppe durchschlagen. Der erste „Ranger" der Bundeswehr war erst einige Monate zuvor von einem bestandenen Lehrgang aus den USA an die Luftlandeschule gekommen. Es war Hauptmann, den Namen habe ich vergessen. Er hielt jahrelang den Absprungrekord der Airborn der Bundeswehr. Ein Kerl ohne Nerven. Der Höhenrekord im freien Fall zeichnete ihn ganz besonders aus. Er fungierte als Lehrer bei den deutschen Fallschirmjägern, bei den „Fernspähkompanien". Ich hatte den Eindruck, dass er einige Sprünge zu viel hinter sich hatte. Survivaltraining, auf einem Bundeswehrspaten gebratene Regenwürmer zu essen – hier musste ich kapitulieren! Den Experten schmeckte diese Mahl- zeit prima! Ich konnte mich nur noch übergeben. Fairerweise konnte ich diese Übung auslassen.

Samstag kurz nach dem Frühstück: Alarmübung – schnellste Bewegungsabläufe, alles mit der Stoppuhr gemessen. Es wurde solange geübt, bis jeder wusste, wo Unterhose, Kampfanzug, Waffen und Gerät lagen; sogar bei Dunkelheit wurden diese Übungen durchgeführt und bewertet. Dann gab es zur „Erholung" das Springen vom Zehnmeterturm. Bis ich den höchsten Punkt des Sprungturmes erreicht hatte, waren etwa zwanzig Minuten vergangen, weil währenddessen noch Übungen zu absolvieren waren.

Ich hatte in der Kaserne mehrfach Soldaten mit großen Pflastern an den Ohren gesehen. Es waren Verletzungen, die beim Turmspringen passieren konnten:

Ich hatte die Absprungplatte erreicht. Vorschriftsmäßige Meldung:

„Stuffz Blindenhöfer Truppengattung meldet sich zum Sprung". Ein sogenannter „Absetzer" im Rang eines Obergefreiten stand vor mir. Ich sah in die Tiefe und in die Ferne: Über den Kasernendächern die wunderschönen Berge Bayerns! Zeit zum Genießen hatte ich nicht. Unter dem Turm stand OLt Fuhr, mein Hörsaalleiter. Er brüllte mich von unten an: „Name? Dienstgrad?" Ihm war meine Stimme nicht laut genug. Ich musste alles mehrmals wiederholen. „Sind Sie bereit zu springen?" „Für wen springen Sie?" - „Für die technische Truppe" entgegnete ich provozierend.

„Schauen Sie mich an!" Ich tat es. „Springen Sie!" Das war für mich der große Moment. Ich zählte zweitausend, eintausend, hoptausend! Ich wartete nicht auf den Schlag in den Rücken, da- rum hatte ich den Absetzer gebeten. Meine Gedanken an klemmendes „Gurtzeug" (Verlust der Männlichkeit oder die mir bekannten angerissenen Ohrlappen) waren vergessen. Ich drückte mich aus den Leisten der Sprungtür und schaute dabei wie befohlen OLt Fuhr an. Ein herrliches Gefühl, ich setzte mit der Laufrolle in Richtung Erde ca. 50 Meter vom Turm entfernt sicher auf der Erde auf. Während am Seil bergabrollend, griff ich wie befohlen mit beiden Händen in das Gurtzeug über meinem Kopf.

Es war toll!

Ich meldete Vollzug beim OLt Fuhr; er war mit mir zufrieden, jagte mich aber noch einmal auf den Turm. Beim Emporklettern auf der Treppe erzählten wir unter den Kameraden von unseren Erfahrungen mit den Sprungübungen. Mein Hintermann prophezeite mir, dass der zweite Sprung ein Angstsprung sei. Viel Zeit zum Nachdenken hatte ich nicht. Beim Springen aus dem Flugzeug gibt es kaum Verweigerer: Beim Turmspringen im Rahmen der Ausbildung waren es ca. 10% der Auszubildenden, die nicht springen konnten! Verweigerer wurden sofort von der Ausbildung ausgeschlossen.

Ich stand wieder vor meinem Absetzer. Der gleiche Zirkus. Befragung - Antwort – Sprungbereitschaft. Aber dann rief OLt Fuhr:

„Sehen Sie nach rechts!“ Ich tat es und sah eine Tafel. „Was sehen Sie?“ „Eine Tafel“. „Lesen Sie laut vor!“ - „Hier stehe ich nun, ich kann nicht anders, Gott helfe mir, Amen!“ „Sprung frei!“ Ich hatte einen kurzen Augenblick, ich wusste ja, es kann nichts passieren, ich kann es ja! Plötzlich hatte ich tatsächlich Angst; bevor der Absetzer nachhalf, sprang ich.

Ein Marschwettkampf mit vollem Gepäck, Waffen, Ausrüstung am Anfang einer 36-Stunden-Übung. Start war in der Kaserne, immer drei Mann in einer Gruppe. Ziel unbekannt, auch die Entfernung war nicht bekannt. Es war leichter Nieselregen, aber ich wollte unbedingt gewinnen, meine Kameraden spielten mit! Es ging ca. 2,5 km bergauf und bergab. Wir hatten die vor uns marschierenden Gruppen überholt. In der Ortschaft Peiting kreuzte uns eine Gruppe von links - die konnten uns nur über eine Abkürzung überholt haben. Das war uns eine Erfahrung: Wir waren sauer über das unfaire Verhalten dieser Gruppe. Vor uns wartete eine starke Steigung. Unsere Moral war am Boden, wir waren körperlich ausgepumpt. Eine Pause war nicht drin. Ich übernahm das Kommando und den Tornister des am stärksten geschwächten Kameraden. Das Gewehr übernahm ein anderer Kamerad. Die Feldflaschen wurden im Anstieg, beim Versuch das Tempo zu halten, ausgetrunken.

Die Überholer kamen wieder nach einer der Kurven vor uns in Sicht. Wir setzten alles dran, sie zu schlagen, als plötzlich die Steigung zu Ende war und sich vor uns eine Ebene zeigte. Wir hatten wieder Mut, als an der rechten Seite der Straße ein Jeep der Bundeswehr stand. Davor der OLt Kamerad – Hörsaalleiter vom zweiten Hörsaal. Arrogant mit Fallschirmhalstuch, die Zigarette im Mund. „Na, es hat ja wohl nur zum zweiten Platz gereicht" waren seine Worte. Ich hätte ihm an die Gurgel gehen können.

Schleswig im November 1957

Ein Fatzke, wie es sich später einmal mehr herausstellen sollte. Ein Menschenschinder aus meiner Sicht. Als wir an ihm vorbei waren, rief er ganz gemein uns nach, „am nächsten Weg rechts". Dort war dann tatsächlich unser Gewaltmarsch zu Ende. Dort waren schon unsere „Überholfreunde!"

Pause nach fast zwei Stunden! Unseren Hörsaalleiter hatten wir die ganze Zeit über nicht gesehen. Die Leitung lag beim besagten OLt-Kameraden. Der verkehrte Name für ein schlechtes Beispiel. Ich konnte diesen Typen nicht riechen, er konnte mich allerdings auch nicht leiden. Dem war ich zu erfahren und als Nichtfallschirmjäger zu stark im Unterricht und in den Übungen.

Was war das für eine Freude, als plötzlich unser Hörsaalleiter in Begleitung eines Stabsunteroffiziers der Luftlandeschule schweißnass und total erschöpft eintraf. Sie hatten beide dieselbe Strecke im Rangerlauf absolviert. Ihre Zeit war fast eine Stunde kürzer als unsere Zeit.

Sie waren Sieger und Vorbilder, wie es die Vorgesetzten von Soldaten sein sollten.

Dreck und Regen brachten die nächsten Stunden und die Verteidigungsstellung in der Nähe eines Baches, wo wir in Schwierigkeiten in Stellung gegangen waren. Wir waren Verteidiger. Der OLt-Kamerad war der Feindführer (rot). Wir hatten unser Lager im Wald aufgeschlagen. Blitz und Donner, ein schweres Gewitter hatte uns die ganze Nacht getroffen. Wir schliefen in Zweimannzelten, gebildet durch die zwei Zeltplanen der „Zeltgemeinschaft". Ich war mit dem OLt Fuhr in einem Zelt. Das Wasser des Baches war so angestiegen, dass wir auf einer Insel lagen. Tee wurde im Zelt aus einem Topf aus einer Feldflasche getrunken. Ich rauchte damals noch, der OLt Fuhr ebenfalls. Die letzte Zigarette wurde abwechselnd geraucht. Das Wetter war so schlecht, dass der OLt nur eine kleine Anzahl als Posten aufstellte. Er wollte, dass wir uns erholen. Dagegen, wie wir später erfuhren, mussten die Leute vom OLt-Kameraden die ganze Nacht Spähtrupp laufen, um uns zu finden. Er selbst übernachtete im Jeep mit Fahrer! Gefunden hatten sie uns nicht. Das war der Typ des Wichtigmachers, ich hatte nichts anderes von ihm erwartet.

Kameradschaft ist und war nicht nur vertikal, sondern auch horizontal zu verstehen. Später las ich in der Bildzeitung, dass dieser Kamerad einen Wachposten nachts beim Schlafen erwischt hatte und ihn in seinen Kofferraum eingesperrt haben soll. – Nicht der Dienstgrad gilt, es gilt soldatische Pflicht und der zu erfüllende Auftrag.

Einsatz auf dem Bauernhof

Fast am Ende des Feldwebel-Lehrganges bei der Luftlandeschule sprach mich OLt Fuhr an. Er wohnte mit seiner Frau und einem Kleinkind auf einem nahegelegenen Bauernhof in Altenstadt/Allgäu. Die Frau des Bauern (seines Vermieters) war gerade verstorben. Hilfe bei der Ernte war zu der Zeit nicht zu bekommen. Er fragte mich, ob ich bereit wäre, dem Bauern für eine Woche bei der Heuernte zu helfen. Klar, ich kannte das „Geschäft" vom Erntemähen als Pimpf. Mit mir halfen noch zwei weitere Kameraden dem Bauern; fast eine Woche waren wir von 13.00 Uhr bis spät in den Abend bei der Bauernarbeit. Das Wetter war herrlich, aber nur für Urlauber! Wir standen unter dem Druck in den wenigen Stunden am Tag, das Heu trocken in die Scheune zu bringen. Meine Erfahrungen vom Heueinbringen waren noch frisch. Aber waren zu meiner Zeit Pferd und Wagen die einzigen Transportmittel, so hatte der dortige Landwirt zwei große Anhänger mit in Spezialleichtbauweise gefertigten Aufbauten im Einsatz. Das Aufladen mit der Heugabel war wegen der Höhe des Aufbaus nicht mehr möglich. Modern ausgestattet, wurde der Traktor mit der erfahrenen Hand seines Fahrers zum Belader des Anhängers. Dieses geschah mittels Gerätschaften, die am Traktor montiert waren und vom fahrenden Traktor aus bedient wurden. Das Heu wurde von der Erde über eine Rolle in den Elevator befördert. Von dort wurde das Heu über den hohen Aufbau direkt auf den Anhänger gebracht. Das Tempo entsprach der Fahrgeschwindigkeit des Traktors. Jetzt kamen wie ins Spiel. Das Heu musste von der Mitte des Anhängers schnellstens mit der Heugabel nach allen Seiten verteilt werden. Das so auf dem Wagen verteilte Heu war auch noch im Schnellverfahren per Fuß zu verdichten. Alles bei Außentemperaturen von 25°. Verbunden mit viel Staub und Schweiß!

Auf den Fahrten von der Weide zum Bauernhof lagen wir immer der Länge nach im Heu. Erholung im Schnellverfahren! Dort an- gekommen, gab es zunächst zu essen und zu trinken. Dann begann das Entladen in der Scheune. Diese geschah eigentlich mit einem elektrisch betriebenen Greifer. Verteilen mussten wir das Heu allerdings wieder per Hand mit der Heugabel. Auch hier Temperaturen und Staub wie gehabt. Unsere Bundeswehrhalstücher schützten uns etwas.

Danach wieder zurück und die nächste Fuhre laden. 6-8 Fuhren pro Tag. Am Ende der Woche hatten wir unseren Auftrag erfüllt. Unsere Belohnung waren Schinken und Wurst für unsere Familien zu Hause.

Ein Erlebnis mit meinem „Freund“, dem OLt-Kameraden

Ein Erlebnis mit meinem „Freund“, dem OLt-Kameraden. Fast am Ende des 9. Feldwebel-Lehrganges stand Planen und Durchführen eines Spähtruppunternehmens mit Kampfauftrag auf dem Dienst- plan. Planung und Durchführung gemäß Befehl. Stabsunteroffizier Aldo Blindenhöfer. Alles durchzuführen als Nachtübung. So auch geschehen. Beurteilung durch OLt-Kamerad: i.O. – hatte ich nicht erwartet! Dienstaufsicht durch OLt-Kamerad. Beginn: Überprüfung des gedachten Ablaufes. Dieser wurde vorher schriftlich fixiert. Kurz und gut. Alles klappte ohne Probleme; nach fünf Stunden waren wir wieder in der Kaserne. Aber bei der Abschlussbesprechung kam ein Anruf: OLt-Kamerad zum Kommandeur! Nach 30 Minuten war unser Leitender wieder zurück:

kreidebleich und stinkig. Schon während unserer Übung waren Anrufe aus der Bevölkerung beim Offizier vom Dienst eingegangen, die sich beklagten, dass einige Fernsehprogramme durch unseren Funkverkehr gestört wurden. Eine sofortige Überprüfung ergab tatsächlich, dass wir dafür verantwortlich waren. Mir konnte dieser Fehler nicht angehängt werden. Die verantwortliche Leitung hatte der OLt-Kamerad!

War das eine Freude!

Nicht nur für mich, auch für meine Kameraden.

Ärger bekam ich aber mit dem Inspektionschef des 9. Fw-Lehrganges, einem Major älteren Baujahres, von Hause aus Franke, wie mein Vater. Vom Verhalten auch wie mein Vater. Vorfall: Inspektionsunterricht durch den Chef persönlich. Der Major „befahl" uns allen, 30,- DM zu spenden. Empfänger: Bundeswehrverband. Begründung: Hilfsmöglichkeit zur Unterstützung von Soldaten und deren Familien bei Krankheiten etc. etc. Darauf meldete ich mich zu Wort. Ich erklärte vor mehr als 100 Mann, dass ich nicht bereit sei, diesen Betrag zu leisten.

Begründung. Erstens: Staat und Soldat sind in Treue miteinander verbunden, das heißt, in solchen Fällen muss und soll der Dienstherr dafür eintreten.

Zweitens: Ich könnte es mir mit meinem Gehalt während der drei Monate in Altenstadt nicht leisten, für zwei Tage per Bahn nach Hamburg zu meiner Familie zu fahren. Das Geld wäre nicht vorhanden. Das vor der Tür stehende Weihnachtsfest – ich hätte noch nicht mal Geld, meiner Frau ein Weihnachtsgeschenk zu kaufen. Ich als „Nichtfallschirmjäger" hätte keine Sprungzulage, die mir diese Möglichkeiten eröffneten.

Ruhe im Saal. Pause. Major verschwunden, OLt Fuhr ebenfalls. Pausenende: Wink von OLt Fuhr. „Da haben sie sich aber einen schlechten Dienst erwiesen!" „Sie waren aber im Recht". „Wegtreten!"

An einem Wochenende war die ganze Meute der Lehrgangsteilnehmer wieder einmal auf Achse. Kneipentour. War nicht mein Bier. Meine zwei stärksten Konkurrenten waren wie immer dabei. Stuffz Uwe Maus und der lange Zweimetersoldat Spieß Pohl. Beide wirklich Klassesoldaten und tolle Kameraden. Der lange Pohl besaß ein eigenes Auto wie die meisten der Lehrgangsteil- nehmer. Eine Dauphiné aus Frankreich. In diesem Wagen wurden 4 oder 5 Personen mitgenommen. Ich weiß nicht, wie die alle in diese kleine Knutschkugel passten. Die Streiche nach durchgeführten Kneipentouren waren allen bekannt. Wir, mein Schlafgenosse und ich, hatten eine Einladung zur Mitfahrt abgelehnt. In Erwartung der Streiche hatten wir unser Zimmer abgeschlossen und auch die Fenster bis auf einen Luftschlitz geschlossen. In der Nacht wurden wir beide durch einen wahnsinnigen Knall geweckt. Wir sprangen aus den Betten. Im Zimmer war durch stinkenden Rauch kein Überblick zu bekommen, was passiert war. Wir rissen die Tür und die Fenster auf. Der Wind reinigte die Luft und wir sahen das Unglück! Die Detonation konnte nur von einem Sprengkörper stammen. Gardinen, Tisch und auch Teile unserer privaten Gegenstände waren beschädigt. Uns war klar, es war der Spaß dieser Kameraden. Zwischenzeitlich kamen aus den anderen Zimmern Kameraden, die uns halfen, wieder Ordnung zu schaffen. Der diensthabende Offizier der Kaserne kam auch zur Besichtigung. Klar war, der Sprengkörper war ein Übungssprengkörper der Bundeswehr. Frage a) Wer war oder waren die Täter? b) Hatte sie jemand gesehen oder erkannt? Beide Fragen konnte natürlich niemand von uns beantworten. Ermittlungen wurden nicht weiter durchgeführt. Es gehörte zum Geschäft.

Ein schönes Erlebnis

An einem Freitag vor der sogenannten Natopause bekamen wir die Nachricht, dass ein junger Leutnant der Luftlandeschule, der vor circa eineinhalb Jahren bei einer Luftlandeübung nur knapp dem Tod von der Schippe gesprungen war, in der nächsten halben Stunde wieder seinen ersten Absprung versuchen wollte. Das Unglück war passiert, weil sich der Hauptschirm nach dem Absetzen aus der Maschine nicht geöffnet hatte, also nur als Fahne vorhanden war. Auch der Notschirm öffnete sich nicht rechtzeitig. Er landete in den Bäumen eines kleinen Waldes. Seitdem hatten die Ärzte ihn zusammengeflickt. Körperlich war er wieder sprungtauglich. Für uns alle war aber die Frage, ist er wieder mental so stark, seinen Fasttod vergessen zu haben? Würde er den Sprung wirklich wagen? Er sprang nicht aus einer Propellermaschine, sondern aus dem Hubschrauber. Alle von uns hingen an den Fenstern unserer Hörsäle, und wir waren alle mit ganzem Herzen bei ihm. Wir konnten beobachten, wie er nur von einem Flieger- arzt begleitet in den Hubschrauber stieg. Beim Start konnten wir ihn durch die geöffnete Tür des Hubschraubers erkennen.

Der Absprung war auf dem nahegelegen Absetzplatz der Schule vorgesehen. Als der Pilot die Sprunghöhe erreicht hatte, kurvte er über unsere Hörsäle. Der junge Leutnant stand in der offenen Tür. Daneben konnte man den Absetzer erkennen, der für die letzte Überprüfung vor dem Absprung verantwortlich war. Springt er oder verweigert er? War unsere Frage. Wir hatten wohl alle diese Frage noch nicht beantwortet, als er genau nach Vorschrift aus der Maschine sprang. Er hatte sich wieder unter Kontrolle! („Wo ein Wille ist, ist auch ein Weg"). Hoffentlich bekommt er nicht wieder die Fahne! Dachte ich als „Nicht-Airborn". Wir konnten seine Landung von unseren Fenstern aus nicht mit verfolgen. Krach, Radau und die Begeisterung der vielen Beobachter zeigten uns aber an, dass er heil gelandet war. Airborn heißt garantiert nicht

Weichei! Hier sah ich meine Kameraden aber zum ersten Mal als Menschen wie ich. Die feuchten Augen waren bei fast allen erkennbar. Es war einer von ihnen, er war ein tapferer, mutiger junger Offizier in einer traditionsbewussten Truppe. Ein Vorbild für sie! Der Abend wurde ein langer. Im Unteroffiziersheim und natürlich auch besonders im Offizierskasino.

Ich habe von der „Springerzulage" gesprochen. Es handelte sich damals (wahrscheinlich noch heute) um eine Summe, aus meiner Erinnerung um die 200, - DM. Diese bekamen aber nur die, die ein Jahr die sogenannten Pflichtsprünge nachgewiesen hatten.

Ein Ausbilder ist mir auch noch eingefallen, der erwähnt werden muss. Der Feldwebel John. Spezialist für Waffen und Gerät. Hier lernte ich das Überqueren einer Minensperre durch Einsatz eines selbstgefertigten Sprenggerätes (Sprengschnur). Ferner das Zünden von Sprengkörpern, dazu die Ruhe beim Entfernen von- „scharfgemachten" Sprengkörpern. Über Handgranatenwerfen mit scharfen Handgranaten hatte ich schon vorher ausreichende Erfahrungen bei der Feldzeugtruppe erworben. Das Werfen unter gefechtsbedingten Verhältnissen war hingegen etwas völlig anderes. Hier sind die Faktoren Angst und eigene Nerven von großer Bedeutung.

Wie ich uns das Leben rettete

In Grafenwöhr auf dem Übungsplatz habe ich selbst einmal am eigenen Leibe erlebt, wie sich ein unerfahrener Benutzer einer Handgranate verhalten hat. Ausgangslage: Übungsgelände, Handgranatenwurfplatz. Zwei Mann - Schützenlöcher, umgeben von einem kleinen Schutzwall in Wurfrichtung. In dieser Wurf- grube waren auf engstem Raum ein Rekrut und ich als Ausbilder. Die praktischen Handgriffe waren drillmäßig gelehrt und geübt worden. Im Rücken dieser Handgranatenwurfstände war eine Holzwand als Wurf- und Sichtschutz vorhanden. Dahinter befanden sich die übrigen Rekruten unter Dienstaufsicht einiger Unteroffiziere. Zur Beruhigung der Nerven wurde Mau-Mau gespielt. Seitdem kenne ich dieses Spiel. Die Handgranaten mit Splitterring werden im Häuserkampf und im Nahkampf verwendet. Eine mörderische Waffe.

Bei der Bundeswehr benutzten wir die amerikanischen Handgranaten. Um bei der Detonation eine besonders große Wirkung zu erzielen, waren sie mit einem eingearbeiteten Splitterring ausge- stattet, der nach der Detonation eine größere Fläche mit den Splittern abdeckte. Größe: Sie passt in die fast geschlossene Hand. Die Wurfhand umfasst einen federbelastenden Bügel, der sich nach Abwurf der Granate öffnet und dabei den in der Handgranate eingebauten Zünder auslöst. Durch den Zünder und den Sprengsatz wird die Handgranate nach einigen Sekunden in ihre Einzel- teile zerlegt. Als Extra-Sicherung und Schutz vor Selbstzündung war die Handgranate mit einem Sicherungsstift versehen, der mit der zweiten Hand aus der Halterung gezogen wurde. Mein Rekrut und ich waren voll konzentriert bei der Sache. Ich fragte den Soldaten mit ruhiger Stimme „Sind sie bereit zum Wurf?" Ich beobachtete ihn die ganze Zeit, während er das Vorfeld vom Handgranatenwurfstand im Blick behielt. Ein wenig war die Spannung in seinem Gesicht und der Stimme erkennbar. Ich befahl sehr ruhig „Auf erkanntes Ziel Wurf frei!" Ich sah, wie er mit der rechten Hand die Handgranate hielt. Mit der linken Hand, wie geübt, zog er den Stift aus der Handgranate. Ich sah, wie dieser Stift aus seiner Hand auf den Boden fiel. Als er sich plötzlich zum Boden bücken wollte, stoppte er abrupt, dabei fiel ihm die nun scharfe Handgranate aus der Hand.

Drill ist eine besondere Erziehungsmethode. Sie ist aber nicht Selbstzweck oder gar Schikane an den Untergebenen.

Der Soldat wollte seinen erkannten Fehler korrigieren und bückte sich. Meine - mir ebenfalls durch Drill beigebrachte Reaktion - kam aus dem Unterbewusstsein. Ich war vor ihm an der Handgranate, packte sie und warf sie nach vorn aus unserem Wurfstand. Vor Erreichen des aufgestellten Zieles zerbarst sie in der Luft. Als Ausbilder hatte ich immer mit solchen Vorfällen zu rechnen. Sie sind Teil der Ausbildung zum Gruppenführer (Unteroffizierslehrgang). Stocksteif und blass wie die Wand hockte der Soldat in unserem Loch. Ich hob ihn hoch, klopfte ihm auf die Schulter und sagte: „Das haben wir beide doch gut gemacht." Das Ziel war getroffen. Ich hatte ihn im Arm und ich weiß nur noch, dass ich ihm sagte: „Was hier passiert ist, geht nur uns beide etwas an!“ Ich ging mit ihm aus dem Sicherheitsbereich zu den Mau-Mau-Spie- lern und meldete dem Oberleutnant Vollzug. Das Gesicht des jungen Soldaten war jetzt rosig. Wir hatten unseren Auftrag erfüllt. Ich nahm eine Zigarettenpause mit ihm zusammen; dann waren die anderen Rekruten an der Reihe.

Am Abend sprach mich der Oberleutnant an, was denn mit dem Soldaten war. Ich sagte ihm nur, dass er etwas ängstlicher war als seine Kameraden. Das Glück war uns wieder zugetan. („Fortune des Soldaten“ - Alter Fritz). Dieser Vorfall ist mir nicht aus dem Kopf gegangen. Den Soldaten habe ich nie wieder gesehen.

Das Lamm in der Grube

Als Abschluss hatte ich noch ein sehr schönes Erlebnis. Früh um 8.30 Uhr sahen wir während des Unterrichtsbeginns eine Herde Schafe vor unserer Kaserne. Die Hörsäle liegen auf einem Hügel, in Erinnerung eines Einsatzes am Ende des Zweiten Weltkrieges nach den deutschen Fallschirmjägern „Monte Casino“ genannt. Diese große Herde wurde von einem Schäfer und zwei Hunden geführt. Eine zusätzliche Begleitperson mit Fahrrad befand sich am Anfang dieser Herde. Wir durften unseren Unterricht unterbrechen und das Schauspiel von ganz oben bewundern. Die Ruhe der großen Herde, ab und zu gestört durch das Anecken einzelner Tiere. Immer umkreist von den Schäferhunden, die alles zusammenhielten. Wenn das nicht klappte, griff der Schäfer direkt mit seiner Schaufel und Sand ein. Er warf diesen Sand über eine längere Strecke direkt auf die ungehorsamen Tiere. Das alles an einem sonnigen Morgen.

Nachmittags hatten wir zur Abwechslung einen 20-Kilometer-Marsch. Bei der Rückkehr streiften wir das Vorgelände unserer Kaserne, wo diese Herde vorbeigetrieben wurde. Ich war am Ende unserer Marschgruppe und „musste“ schon längere Zeit. Da erblickte ich ein Gebüsch, das mir Schutz gab. Als ich mich wieder in Bewegung setzte, um Anschluss zur Truppe zu bekommen, kürzte ich die Strecke ab und ging über das Gelände in Richtung Kasernentor. – Halt, was war das? Ein leichtes Blöken und Wimmern. Ich guckte, horchte und ging in Richtung der Geräusche. Vor mir ein Schützenloch, zwei Meter tief und darin ein klitzekleines Schäfchen. Ich holte es aus dem Loch, zum Laufen hatte es kaum noch Kraft. Ich kam zur gleichen Zeit mit meinen Kameraden am Kasernentor an. Mein kleines Schaf und ich! Was nun? Wohin ist die Herde gezogen? Nach einer Stunde und Kontakten mit Hausbewohnern längs der Straße sowie zur Gemeinde: Wir bekamen das Nachtquartier der Herde heraus. Mit unserem Hörsaalleiter fuhren wir das kleine Tier zu seiner Herde zurück. Die hatte sich schon einige Kilometer entfernt. Der Schäfer erklärte uns, dass er beim Nachwuchs auf diese Art einige Jungtiere im Jahr verlöre. Das Lämmchen war nun da, wo es hingehörte. Alle Beteiligten hatten viel Freude an dieser Hilfsaktion.

Einige Tage später war das Kapitel Feldwebellehrgang erledigt. Das Buch „Verlorene Siege“, vom General von Manstein geschrieben, ist eine schöne Erinnerung an die drei Monate und wurde abschließend vom Generalmajor Reinhardt überreicht. Meinem Hörsaalleiter, dem damaligen Oberleutnant Fuhr, gehört meine Hochachtung. Er gehörte zur Sonderklasse innerhalb des Offizierskorps der Bundeswehr. Seine Leistungsfähigkeit brachte ihn in die Reihe der Generäle der Bundeswehr (ohne Wehrmachtserfahrung). Für mich ein Vorbild.

Zurück nach drei Monaten bei meiner Stammtruppe in Nienburg an der Weser. Meldung beim Kommandeur Oberstleutnant (KdrOTL) Szuppan. Kurzkommentar: „Von Ihnen habe ich nichts anderes erwartet!“ Als Belohnung bekam ich die Freigabe zur Versetzung nach Hamburg. Abschied mit allen Offizieren und Unteroffizieren. Würdigung meiner Leistungen bei der Aufstel- lung des RakArtBtl 1. Korps. Ich meldete mich ab. Die Zeit in diesem Verband hatte mir viel Spaß gemacht. Hier wurde unter Führung eines ausgezeichneten Kommandeurs die „Innere Führung“ mit einer zeitgerechten Menschenführung praktiziert. Meinem direkten Disziplinarvorgesetzten, einem Hauptmann der 2. Batterie des RakArtBtl, war ich besonders verbunden. Ihn zeichneten Lebenserfahrung, Menschlichkeit und vorbildliches Verhalten als Vorgesetzter aus. Hauptmann Boron, leitender technischer Offizier des Bataillons, ist mir noch in guter Erinnerung. Später traf ich ihn wieder, da hatten wir miteinander einige Probleme.

Versetzung nach Hamburg

Die Versetzung ging sehr schnell. Hamburg und meine Familie hatten mich wieder. Ich gehörte als Feldwebel und Schirrmeister zur leichten Instandsetzungskompanie (InstKp) Standort Rahlstedt – Boehn-Kaserne. Die Funktion und die dazu gehörenden Tätigkeiten und Erfahrungen hatte ich mir schon bei meiner Verwendung in Schleswig, bei der schweren InstKp aneignen können. Als Uffz und als Stuffz war ich, wie schon berichtet, als Kfz-Fachmann in der Kfz-Instandsetzung eingesetzt. Dass ich in der militärischen Grundausbildung als Gruppenführer eingesetzt wurde, habe ich ja bereits berichtet. Die sogenannte „Löwengruppe“ war damals meine 2. Gruppe in der Infanterieausbildung.

Als Stabsunteroffizier war ich bei der Offiziersausbildung (Grundausbildung) und Rekrutenausbildung als Offizier eingesetzt – Diensttuer gemäß Führungsbefehl des 1. Korps. Das Kuriose dabei war, dass diese schwere InstKp mit der eigenen Verwaltung als Bataillon gewertet wurde. Schön war auch für mich, dass ich über den Umweg Nienburg wieder in das Instandsetzungsbataillon (InstBtl) zurückkehrte, zu dem damals auch die weit von Hamburg entfernte schwere InstKp gehörte. Mein Vorteil war, dass ich in der Bataillonsführung kein unbeschriebenes Blatt war. Sie hatten mich für fähig gehalten, die von mir angestrebte

Laufbahn als Offizier auch ohne spezifische Ausbildung zu erfüllen. Der Nach- teil für mich war, dass ich einige Unteroffiziere in dieser leichten InstKp wiedertraf. Es waren ehemalige Kriegsteilnehmer, Unteroffiziere der alten deutschen Wehrmacht, die nach Aufstellung der Bundeswehr 1956 als Feldwebel und Oberfeldwebel übernommen worden waren. Sie waren mir drei Monate in Schleswig unterstellt.

Dazu kam, dass mir der Ruf vorausging, besonders genau zu sein. Ich bin aber überzeugt, dass der Neid bei den meisten der Hauptgrund war, mich abzulehnen. Einige der Unteroffiziere hatten mit mir zusammen auch den sechsmonatigen UffzLehrgang 1957 beim LehrBtl in Sonthofen absolviert. Sie kannten das Ergebnis, nämlich dass ich als Lehrgangsbester bestanden hatte. Diese penführer, Zugführer etc. hatten sie nicht.

Ich erspare mir die Aufzählung meiner vielen Beurteilungen durch die vielen Vorgesetzten.

Aber ein Zeugnis füge ich bei:

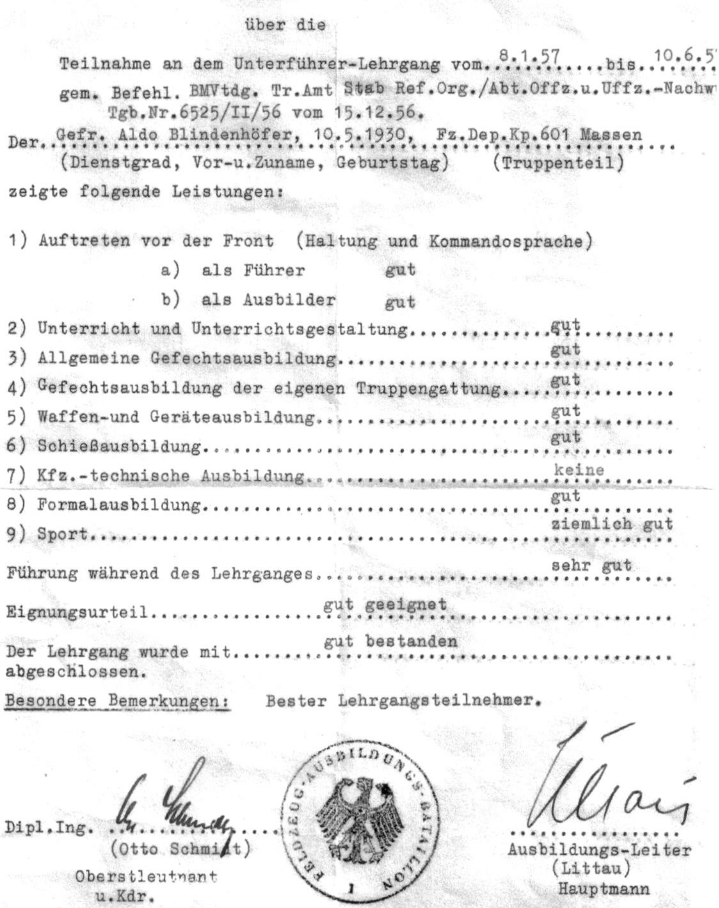
über die

Teilnahme an dem Unterführer-Lehrgang vom 8.1.57 bis 10.6.5[illegible]
gem. Befehl. BMVtdg. Tr.Amt Stab Ref.Org./Abt.Offz.u.Uffz.-Nachw[illegible]
Tgb.Nr.6525/II/56 vom 15.12.56.

Der Gefr. Aldo Blindenhöfer, 10.5.1930, Fz.Dep.Kp.601 Massen
(Dienstgrad, Vor-u.Zuname, Geburtstag) (Truppenteil)

zeigte folgende Leistungen:

1) Auftreten vor der Front (Haltung und Kommandosprache)
   a) als Führer gut
   b) als Ausbilder gut
2) Unterricht und Unterrichtsgestaltung ... gut
3) Allgemeine Gefechtsausbildung ... gut
4) Gefechtsausbildung der eigenen Truppengattung ... gut
5) Waffen-und Geräteausbildung ... gut
6) Schießausbildung ... gut
7) Kfz.-technische Ausbildung ... keine
8) Formalausbildung ... gut
9) Sport ... ziemlich gut

Führung während des Lehrganges ... sehr gut

Eignungsurteil ... gut geeignet

Der Lehrgang wurde mit ... gut bestanden abgeschlossen.

Besondere Bemerkungen: Bester Lehrgangsteilnehmer.

Dipl.Ing. (Otto Schmidt)
Oberstleutnant u.Kdr.

Feldzeug-Ausbildungs-Bataillon 1

Ausbildungs-Leiter (Littau) Hauptmann

Mein Hauptgegner war ein Oberfeldwebel, den ich während der Rekrutenausbildung in Schleswig mehrmals wegen Fehlverhalten gerügt und sogar verwarnt hatte.

1. Vorfall: Marsch zum Übungsplatz Langsee. Der besagte Oberfeldwebel befahl seinem Zug „Tiefflieger von links“. Diese Einlage sollte die Soldaten schnellstens in eine geeignete Deckung bringen.

So gut, aber gleichzeitig warf er einen Übungssprengkörper in Richtung der in Deckung gegangenen Soldaten. Mit dem Erfolg, dass ein Soldat dabei am Oberjochbein im Gesicht verletzt wurde. Er musste zur Behandlung ins nächste Krankenhaus.

Besonderes Vorkommnis Nr. 2: Im Übungsgelände am Langsee. Ein Zug bei der Annäherung unter gefechtsmäßigen Bedingungen nahe an einem verlassenen Bauernhof. Ein zweiter Zug, der Zug des besagten Oberfeldwebels in Deckung. Der Oberfeldwebel hatte „Feuererlaubnis“ auf erkannte Ziele befohlen. Es entstand ein Feuergefecht mit Platzpatronen bei der weiteren Annäherung des ersten Zuges. Plötzlich hörte ich mehrmaliges Knallen einer Leuchtschusspistole. Ich sah dann, wie ein Geschoss dieser scharfen Munition in das Dach eines alten Bauernhauses einschlug. Der zweite abgegebene Schuss traf einen in Deckung liegenden Soldaten am Gesäß. Er erlitt leichte Verbrennungen.

Bei der Sicherheitsbelehrung hatte ich auf den ordnungsgemäßen Einsatz der Übungsmunition hingewiesen. Ich musste ihn auch verwarnen als ich sah, dass er seinen Soldaten praktisch vorführte was passiert, wenn man abgeschossene Munitionshülsen umgekehrt in den Gewehrlauf steckte und dann das geladene Gewehr in Richtung Gegner abfeuerte. Er wollte zeigen, wie weit so ein Ding fliegt. – Ende der Vorstellung! Dieser Mann war der beste Freund meines Kompaniechefs. Beide, unser Chef und der Oberfeldwebel hatten in Russland in derselben Kompanie gekämpft. Dass sie „per Du“ waren, muss ich wohl nicht mehr erwähnen. Trotz alledem, die Zeit in dieser Kompanie entsprach meinen Vorstellungen. Zu der damaligen Zeit gehörten Alarmübungen sowie Gefechtsausbildung in größeren Rahmenübungen zur Tagesordnung. Eine Kompanie zu benachrichtigen ist in einer kasernierten Mannschaft kein Problem. Diese Einheit hatte einen Großteil an Mannschaftsdienstgraden, die in der Kaserne wohnten. Die Offiziere und Unteroffiziere lebten auch nur teilweise in der Kaserne, der größere Teil aber lebte außerhalb und musste ebenfalls alarmiert werden. In der Zeit hatten nur ganz wenige Soldaten Telefonanschlüsse zu Hause. Zur vollen Einsatzbereitschaft waren aber nahezu alle Angehörigen der InstKp erforderlich.

Uffz Blindenhöfer als Gruppenführer Seefliegerhorst Schleswig

Eingeteilte Alarmfahrer fuhren durch Hamburg von Haus zu Haus, um diese Soldaten zu alarmieren. Dazu gehörte auch das Einsammeln der Soldaten, unabhängig vom Dienstgrad. Ich wohnte damals in Hamburg-Eilbek. Ich fuhr täglich per Fahrrad in die Kaserne, Zeit ca. 25-35 Minuten. In der Wohnung stand ein Stuhl, mit meiner Kampfausrüstung bestückt. Waschen und Rasieren entfielen, Essen und Trinken ebenfalls. In ca. 15 Minuten saß ich auf meinem gebraucht gekauften Drahtesel. Auf ging´s Richtung Boehn-Kaserne. Die großen Verlegungen von Hamburg auf die verschiedenen Großübungsplätze waren immer eine Herausforderung für alle Teilnehmer.

Unsere InstKp arbeitete zur Normalzeit in Werkhallen innerhalb der Kaserne. Bei Gefechtsübungen musste das zur Instandsetzung des Brigadegerätes erforderliche Gerät der Gefechtsausstattung mitgenommen werden. An Kfz waren es ca. 75 Stück. Vom Krad über 0,25t DKW (Zweitaktmotoren), 3t LKW Marke Ford, die

die gesamte Werkstattausstattung beinhaltete. Diese LKW hatten Spezialaufbauten (sogenannte Koffer) auf den Fahrgestellen montiert, alles geländegängige Kfz mit Allradantrieb. Als Motoren fanden zu dieser Zeit nur „Ottomotoren", d. h. Benzinmotoren Verwendung. Nur der Betriebsoffz-LKW war ein Mercedes 5t, sowie die Zugmaschinen Marke Faun (Nürnberg), die die Panzertransportauflieger zogen. Der KpChef fuhr einen Opel Pkw. Ein amerikanischer Bergepanzer Marke M-74 gehörte ebenfalls zu der Ausstattung der leichten InstKp der Brigade. Ein Spezial-Uni- mog mit Koffer stand mir als Schirrmeister für die Pflege und Wartung der eigenen LKW zur Verfügung. Jeder größere Mot- marsch musste vorher bei der sogenannten Verkehrskommandantur angemeldet und genehmigt werden. Zu dieser Zeit übernahmen wir die Verkehrsregelung auf Straßen und Kreuzungen mit eigenem Personal. Kradfahrer und Jeepbesatzungen sorgten dafür, dass wir sicher über die Verkehrskreuzungen kamen.

Motmärsche in einer Größenordnung von mehr als sechs Kfz durchzuführen, war schon damals unter den Verkehrsverhältnissen schwierig. Eine Marschkolonne von ca. 75 Kfz zusammenzuhalten, muss immer wieder geübt werden. Das langsamste Kfz bestimmt die Marschplanung und -durchführung. Genau festgelegte technische Halte mussten an geeigneten Stellen durchgeführt werden. Als Schirrmeister war ich auch für eigene ausgefallene Kfz zuständig.

Ein Ausfall musste mit einer Fahne am stehenden Kfz angezeigt werden. Anfang und Ende einer Marschkolonne war mit Flaggen erkennbar. Die Verbindung zwischen Kolonnenführer und Marschkolonne wurde damals durch die sogenannten Meldefah- rer (Kradfahrer) hergestellt. Sie mussten bei Wind und Wetter (Sommer und Winter), bei Tag oder Nacht und auch auf dem Übungsgelände fahren: das auch noch mit abgedunkelten Scheinwerfern. Ich selbst habe mehrfach ein Krad genommen und bin selbst im Gelände gefahren. Somit wusste ich, welchen Strapazen und Gefahren diese jungen Soldaten ausgesetzt waren. Oft, z.B. im Winter, habe ich sogar auf verschneiter Straße die Kradfahrer vom Motorrad genommen und die Kräder auf einen der Unimogs geladen. Damit habe ich mir viel Ärger wegen der Entscheidungen eingehandelt. Das Leben der Kradfahrer war höher zu bewerten, als die Möglichkeit, Erfahrungen zu sammeln. Trotz der vielen Übungen hatten wir keine Ausfälle durch Verletzungen bei unseren Kradmeldern.

Es war die Zeit, in der ich das erste Mal ein richtiges Familienleben im Kreise meiner Familie erleben konnte. Ich konnte meine Tochter täglich sehen. Ich hatte das erste Mal in meinem Leben ein Familienleben. Das Leben mit der Familie am Dienstort war für uns drei gewöhnungsbedürftig. Ich hatte mein eigenes zu Hause.

Ich erspare mir, über viele Dinge in dieser neuen Einheit zu berichten. In der heutigen Zeit wird viel über Korruption, Beziehungen etc. berichtet. Auch zu der damaligen Zeit hatte ich einige Dinge miterlebt, die Vernachlässigungen von Pflichten einiger Vorgesetzter beinhalteten. Vom Einsatz einzelner Soldaten als Wagenwäscher für den Chef. Von der Reparatur der eigenen Kfz innerhalb der Kaserne, bis zum Diebstahl von „Waschbenzin“, das dann als Treibstoff für das eigene Privat-Kfz benutzt wurde.

Ich möchte nicht all meine Erfahrungen darzustellen.

Ich wurde Zivilist

Ich wurde nach fünf Jahren und zehn Monaten Dienstzeit entlassen. Als Feldwebel mit 450,- DM Gehalt weiterverpflichtet zu werden, war nicht meine Absicht. Die Beförderung zum Oberfeldwebel war nicht möglich. Es hätten sechs Jahre sein müssen, um dieses zu erreichen. Eine zusätzliche Weiterbildung für die Rückkehr in das Zivilleben musste ich mir erkämpfen. Auch hier hätte ich für die Bundeswehrfachschule in Blankenese im Fach „Aufbaulehrgang Verwaltung" sechs Dienstjahre erreichen müssen. Einspruch von mir und „großzügige" Geste des BtlKdr ermöglichten es mir, diesen Lehrgang zu beenden. Erfolgreicher Abschluss und Versetzung in den folgenden Aufbaulehrgang Ver- waltung konnte ich erreichen.

Zum Abschluss bekam ich noch erheblichen Ärger mit meinem Disziplinarvorgesetzten, dem besagten Hauptmann.

Ein ehemaliges Mitglied unserer Kompanie war wieder zur Schule Technische Truppe I zurückversetzt worden. An der Schule war noch immer mein erster BtlKdr von 1956, jetzt Oberst Otto Schmidt. Der erfuhr von meinem Ausscheiden und den Gründen. Er verlangte von meinem Chef, dem Hauptmann, dass er mich zu dem Thema (Ausscheiden) vernehmen sollte und dieses alles schnellstens auf dem Dienstwege an die Schule Technische Truppen in Sonthofen zu melden. Meine Begründung war kurz und bündig:

Ich scheide aus, weil mein Ziel, Offizier in der Bundeswehr zu werden, für mich nicht erreichbar ist.

Ich hatte dann meine Beurteilungen, meine Verwendungen, z.B. ganz besonders die „Offizierdiensttuer"-Verwendung im 1. Korps. Es war kein Geeigneter für diese Funktion im Bataillons-Bereich und im 1. Korps vorhanden gewesen.

Das war alles. „Es reichte mir."

Ich wurde Zivilist. Der Zivilist verdiente als Fahrlehrer aller Klassen in Hamburg im ersten Monat Mai 1962: 1200,- DM. Als Feldwebel bekam ich 450,- DM zu der Zeit (einschließlich Kinderzuschlag und Sonderzuschlag Großstadt Hamburg).

ENDE

Ich danke Eva-Maria Hoffmann,
der Schwester von Thomas Karner, die mit Akribie mein mitunter schwer leserliches Manuskript abgetippt hat.

Mein bester Freund Thomas Karner hat mit großer Sorgfalt den Text bearbeitet und das Buch gestaltet.

Herzlichen Dank!

Aldo Blindenhöfer, im Frühjahr 2015

Anhang

Übersicht der verwendeten Abkürzungen

Art	Artillerie
Btl	Bataillon
Fw	Feldwebel
Fz	Feldzeug
FzTrS	Feldzeug-Truppenschule
InstBtl	Instandsetzungsbataillon
InstKp	Instandsetzungskompanie
Kdr	Kommandeur
Kdt	Kommandant
Kp	Kompanie
KpChef	Kompaniechef
LehrBtl	Lehrbataillon
MG	Maschinengewehr
Offz	Offizier
OLt	Oberleutnant
RakArtBtl	Raketen-Artillerie-Bataillon
SPz	Schützenpanzer
Stuffz	Stabsunteroffizier
Uffz	Unteroffizier